Mónica Cavallé

El coraje de ser

La aventura del autoconocimiento filosófico

© 2023 Mónica Cavallé
© de la edición en castellano:
2024 Editorial Kairós, S.A.
Numancia 117-121, 08029 Barcelona, España
www.editorialkairos.com

Fotocomposición: Florence Carreté
Diseño cubierta: Katrien Van Steen
Impresión y encuadernación: Ulzama digital

Primera edición: Febrero 2024
Segunda edición: Mayo 2024
ISBN: 978-84-1121-231-1
Depósito legal: B 1.565-2024

Todos los derechos reservados.
Cualquier forma de reproducción, distribución, comunicación
pública o transformación de esta obra solo puede ser realizada
con la autorización de sus titulares, salvo excepción prevista por
la ley. Diríjase a CEDRO (Centro Español de Derechos Reprográficos,
www.cedro.org) si necesita algún fragmento de esta obra.

Este libro ha sido impreso con papel que proviene de fuentes respetuosas
con la sociedad y el medio ambiente y cuenta con los requisitos necesarios
para ser considerado un «libro amigo de los bosques».

*A las personas con las que he dialogado durante tantos años,
compañeros de camino que me enseñan e inspiran
constantemente con su coraje en la búsqueda de la verdad
y su conmovedora vulnerabilidad.*

Sumario

Introducción	17
Vivir frente a existir	17
El autoconocimiento filosófico	18
Sobre este libro	26
I. SER LUZ PARA UNO MISMO	33
1. De la separación a la unidad	34
La conciencia de separatividad	34
La conciencia de unidad	35
2. Ser luz para uno mismo	40
3. Examen de nuestra «mayoría de edad»	42
¿Cimento mi camino interior en ideas propias o en ideas de segunda mano?	42
¿Por qué somos reacios a pensar por nosotros mismos?	45
La senda de la verdad	48
¿Estoy en conexión con mi criterio interno?	48
¿Tengo una relación madura con la autoridad?	51
La actitud inmadura ante la autoridad	54
Derecha e izquierda	55
La actitud madura ante la autoridad	57

II. La fuente del criterio — 61
1. Dónde radica la fuente del criterio — 63
  Nous y *dianoia* — 63
    El sentido de la verdad, de la belleza
      y del bien — 66
    Qué significa pensar bien — 68
2. Signos de que no estamos en contacto
  con nuestro criterio — 69
3. Condiciones para contactar
  con nuestro criterio interno — 70
  Reconocer la presencia en nosotros
    de esa sabiduría impersonal latente — 70
  Amar la verdad por encima de todo.
    Querer ver — 72
    Abrirnos a la luz interior — 74
  Considerar la paz y el sufrimiento como guías — 76
    La guía de lo profundo no equivale
      a un superyó que nos juzga y nos critica — 79
  Habitar la atmósfera de la verdad — 80
  Dejar de buscar la luz en el ámbito analítico
    y en el conocimiento acumulativo — 81
  Entender que la fuente del criterio
    es un lugar silencioso y vacío de contenidos — 83
  Navegar la incertidumbre — 84
    Me comprometo a cometer muchos errores — 86
4. El verdadero significado de la palabra
  «coherencia» — 87

III. Presencia e imagen. Yo real versus yo ilusorio — 91
1. Vivirse como presencia — 93
2. Vivirse como imagen — 95
  Signos y efectos de vivirse como imagen — 97

3. La configuración del yo ilusorio	102
4. El yo-idea	102
Sujeto versus objeto	102
La configuración del yo-idea	104
Creencias limitadas básicas	
sobre la propia identidad	106
5. Los vacíos ontológicos	107
6. Formas de evitar o de compensar nuestros vacíos	109
Patrones defensivos o evitativos	110
Insensibilización	110
Huir de las situaciones activadoras	111
Patrones compensatorios	111
Buscar fuera	111
La creación de una imagen ideal del yo	112
7. El yo-ideal	112
Las falsas cualidades	113
Contradicciones presentes en el yo-ideal	114
8. El yo superficial	115
Las falsas necesidades	115
¿En el camino del autoconocimiento me mueve	
el yo profundo o el yo-ideal?	117
9. Volver a hacer pie en nosotros mismos	118
10. Las heridas ontológicas	119
IV. Actitudes que requiere la tarea	
del autoconocimiento. La vulnerabilidad	125
1. Las dos vertientes de la tarea	
del autoconocimiento	126
Hay que atender ambas vertientes a la par	128
2. Actitudes que requiere la tarea	
del autoconocimiento	131
Interés en ver la verdad sobre nosotros mismos	131

Honestidad, valentía y coraje	132
Hábito de autoobservación	132
Capacidad de mirarnos con creciente objetividad y serenidad	132
Disposición a ser vulnerables	133

3. Obstáculos en la tarea del autoconocimiento — 133

La falta de autoaceptación	133
El moralismo	134
La vanidad y el orgullo	135
El autodesprecio	136
La impaciencia	137
La búsqueda de perfección	138
Los criterios errados a la hora de medir nuestro progreso	138

4. El camino de la vulnerabilidad — 140

Creencias limitadas que nos hacen resistir nuestra vulnerabilidad	141
La vulnerabilidad equivale a debilidad	141
La vulnerabilidad nos hace sentir más el dolor	143
La vulnerabilidad puede llevar al desbordamiento y al drama emocional	146
Si soy vulnerable, no pondré límites y quedaré a meced de personas abusivas	147
La vulnerabilidad es la puerta de la intimidad	147

V. Desvelando nuestra filosofía personal — 151

1. Las pasiones son errores de juicio — 152

La ilusión raíz de la que se derivan todas las demás ilusiones	153
«Esto ya lo sé»	154

2. Responsables de nuestro sufrimiento mental   156
**3. Ideas limitadas que configuran
nuestra filosofía personal**   159
    Las ideas erradas asumidas acríticamente
       del exterior   160
    Las generalizaciones infundadas   161
    Las «opiniones verdaderas»   165
**4. Cuando nuestras ideas teóricas entran
en contradicción con nuestras ideas operativas**   167
**5. Señales de la presencia de ideas erradas
en nuestra filosofía personal**   168
6. Pautas para iniciar la tarea del autoconocimiento   171
    Reconocer nuestros patrones limitados   172
    Reconocer el diálogo interno latente
       en los patrones descubiertos   174
    Rescatar las ideas inadecuadas   175

VI. Aprender a soltar   179
1. El Principio rector   181
2. La paz interior   185
    ¿Qué es lo que me roba la paz?   187
3. La disposición a soltar   189
    ¿A qué me estoy aferrando obstinadamente?   190
    Lo que soltamos viene a nosotros   192
    Soltar no equivale a resignarse   195
      Desear soltando lo deseado   196
    Soltar no equivale a ser indiferente   197
4. La confianza básica   199

12 Sumario

VII. EL MIEDO A SENTIR 201
  1. Decir «sí» a la propia vida 205
  2. La disposición a sentirlo todo 208
  3. La muerte espiritual 208
  4. El miedo a sentir 211
    Identificar nuestras formas cotidianas
    de huida del sentir 212
  5. Integrar nuestros sentimientos y emociones 215
    Efectos de esta práctica 217
  6. No huyamos del dolor 219
  7. Conclusión 221

VIII. EL SILENCIO DEL YO 223
  1. El misterio de la creación 225
    La fuente de todo acontecer 227
  2. Consecuencias del reconocimiento de que
    «yo no soy la fuente última» 231
    Soltar el voluntarismo 231
    No hace falta esfuerzo para ser lo que somos 234
    La humildad genuina o la «desapropiación» 236
  3. El silencio del yo 237
    La ilusión de ser el hacedor 242
    El verdadero significado de la renuncia 244
    La ilusión de la autoposesión 245

IX. VIVIR AL DÍA 247
  1. El secreto de la felicidad 249
  2. La alegría incondicional 251
  3. La carrera enloquecida hacia ninguna parte 255
    La carrera hacia delante 257
    La huida hacia atrás 260

Sumario **13**

4. Falsos atajos 261
5. El presente de la presencia no es estático,
  es flujo y dinamismo 262
  La aceptación proactiva 263
    De nuevo, el signo es la paz 265
6. El presente cuida de sí mismo 266

X. EL EGOÍSMO NOBLE 271
1. Avanzar en la dirección de la alegría 272
2. Requisitos necesarios para recorrer
  el camino de la alegría 276
  La autoescucha 277
  La completa autoaceptación 278
    Intuiciones que fundamentan
     el genuino amor propio 278
    Efectos de estas comprensiones 281
  Abandonar la búsqueda de aprobación.
    Asumir nuestra «soledad existencial» 283
  Superar las falsas concepciones
    sobre el egoísmo y el altruismo 286
    El egoísmo noble 287
    El verdadero significado
     del término «altruismo» 290
    El altruismo mal entendido 294
    El egoísmo vulgar 295
  Superar el miedo a nuestra luz y a nuestro poder 298

XI. EL MIEDO A LA PROPIA LUZ 299
1. Jerarquía de las alegrías 303
  La estratificación de los sentimientos
    y de los valores 306

14 Sumario

La verdadera felicidad 310
Sacrificar lo inferior por lo superior 311
2. El miedo a nuestra luz 314
Patrones limitados en los que se manifiesta el miedo
a nuestra luz y a nuestro poder 317
El miedo a la felicidad 320
El miedo a nuestra dimensión espiritual 323
El miedo al amor 324
Conclusión 325
3. Reconocer nuestras cualidades 326

XII. AMAR ES COMPRENDER 331
1. La comprensión de las acciones humanas 332
Frente al moralismo, actitud «científica» 334
La disposición a comprenderlo todo 337
2. Intuiciones filosóficas que posibilitan la comprensión 338
3. Comprendernos equivale a comprender a los demás 341
Comprendernos a nosotros mismos 342
La comprensión posibilita la integración 343
Comprender a los demás 345
4. Prácticas de comprensión 347
Ejercicio 1 347
Ejercicio 2 349
Ejercicio 3 351

XIII. AMAR ES DEJAR SER 356
1. Las relaciones son el gran espejo 356
2. Los cimientos de una vida afectiva plena 357
Amar es querer ver al otro tal como es 358
El amor no exige 360
Amar es dejar ser 364

Responsabilizarnos de nuestras heridas y vacíos,
    y encontrar en nosotros la fuente del amor   366
Relacionarnos y comunicarnos con vulnerabilidad   369
    La aventura del desvelamiento permanente   370

XIV. La acción bella   373
    1. La paradoja de la creatividad   374
    2. Los cimientos de la acción sabia y centrada   377
    Reconocer nuestro poder cocreador   377
    Enfocar ese poder cocreador adecuadamente   378
    Tener una dirección clara en nuestra acción   379
    Sostener esa dirección en la escucha
        de nuestra guía interna   380
    Ponernos a ello   382
    Hacer todo lo que podemos hacer hoy   383
    Hacerlo bien   383
    Desapegarnos del resultado de la acción   385
    3. Signos de la acción no centrada   388
    La lógica competitiva versus la lógica creativa   393
    4. Ser cauces o instrumentos de la vida:
    «Solo hemos hecho lo que debíamos hacer»   394

Epílogo   397
Bibliografía   399
Agradecimientos   403

Introducción

Vivir frente a existir

Escribía Oscar Wilde que «vivir es la cosa menos frecuente en el mundo. La mayoría de la gente simplemente existe».[1] Todos experimentamos momentos de plenitud vinculados a la expresión directa y auténtica de nosotros mismos: momentos de contemplación de la belleza del mundo en que nuestros sentidos se abren como si lo vieran por primera vez, de intimidad y comunión con otro ser humano, de fluidez creativa, de comprensión, de expresión confiada y libre..., llenos de frescura, sinceridad y significado, en los que, sin pretenderlo, nos sentimos totalmente coincidentes con nosotros mismos y unidos a los demás y a la realidad. Estos momentos permiten intuir, incluso a la persona más cínica y desencantada, lo que puede ser una vida en la que no meramente se existe, sino en

---

1. Oscar Wilde, *El alma del ser humano bajo el socialismo*.
   Los datos bibliográficos completos de los títulos mencionados en el libro figuran en la Bibliografía.

la que se vive en todo el sentido de esta palabra; una vida que conocen bien el artista genuino y el sabio, quienes experimentan una segunda inocencia, pues han sabido conservar en la madurez el tesoro de la pureza infantil.

Esta vida solo es posible cuando sabemos quiénes somos, cuando nos conocemos a nosotros mismos de modo experiencial: no cuando nos llenamos de ideas sobre nosotros, sino cuando nos asentamos en nuestro ser real, en la fuente de nuestras respuestas originarias y siempre nuevas, más allá de nuestras defensas, máscaras y falsos yoes, que se repiten hasta el hastío, que nos desconectan, aíslan e inhiben y dan lugar a respuestas reactivas, inauténticas y estereotipadas.

El autoconocimiento filosófico

Desde hace muchos años acompaño procesos de autoconocimiento filosófico que intentan favorecer esta conexión con nuestro centro originario, con el misterio creador que nos sostiene y atraviesa y que es la fuente de una vida verdadera.

«Pero ¿qué tiene que ver el autoconocimiento y la filosofía?», me preguntan a menudo. Esta pregunta pasa por alto que, si bien hoy en día el autoconocimiento se suele asociar de forma exclusiva a una disciplina moderna, la psicología, originariamente era una tarea específicamente filosófica, y «¿quién soy yo?», una de las preguntas existenciales básicas, junto a preguntas como: ¿qué es la realidad?, ¿qué es todo esto?, ¿qué me es posible conocer?, ¿cuál es la naturaleza del bien y del mal?, ¿cuál es la raíz del sufrimiento?, ¿cuál es el sentido de mi vida?, ¿cuál es mi fin último?, ¿qué es lo que anhelo realmente?, ¿qué valores han de guiar mi vivir?, ¿cuál es el fundamento de una vida significativa y valiosa?...

«Conócete a ti mismo». De este aforismo inscrito en la entrada del Templo de Apolo en Delfos –dios del Sol, la razón y la luz de la verdad–, Sócrates hizo el eje de su filosofía: el autoconocimiento es la entrada al templo de la sabiduría, la vía de salida de la cueva de la ilusión, lo que nos adentra en el misterio del Ser que anida en cada uno de nosotros.[2]

Más ampliamente, ese lema fue central para buena parte de los filósofos y escuelas filosóficas de la Antigüedad occidental. Heráclito, Parménides, Pitágoras, Platón, Plotino, los filósofos estoicos, cínicos, epicúreos, neoplatónicos, etcétera, proponían un modo de vida que entrañaba el cuidado del alma,[3] el examen

---

2. En el diálogo platónico *Fedro*, Sócrates responde de este modo a la pregunta de Fedro sobre si cierto mito griego es, o no, verdadero: «Yo, Fedro, no dispongo de tiempo, en modo alguno, para esas cosas, y la razón de ello, amigo, es esta: aún no he podido, según la inscripción de Delfos, conocerme a mí mismo, e ignorando todavía esto, me resulta ridículo considerar lo que no me concierne. De aquí que deje en paz esos mitos, ateniéndome a lo que usualmente se cree de ellos y, como decía ahora, no me entregue a su estudio, sino al de mí mismo: si acaso soy una fiera más complicada e inflamada de orgullo que Tifón, o si soy un ser pacífico y sencillo que participa por naturaleza de un destino divino y está libre de orgullo».

3. Otro principio socrático vinculado al anterior es el de *cura sui*: ocúpate de ti, del cuidado de tu alma. Sócrates afirmaba que su labor, la que le habían encargado los dioses, era incitar a los demás a que se ocuparan del cuidado de su alma: «Yo no tengo otra misión ni oficio que el de deambular por las calles para persuadir a jóvenes

de conciencia[4] y de las propias representaciones, la vigilancia atenta a uno mismo, la presencia de ánimo, la purificación de la mirada, el conocimiento de nuestro ser real, el recuerdo de Sí... Pues «si el ojo se acerca a la contemplación legañoso y no purificado [...] no verá nada, aunque le muestren lo que puede ser visto. El vidente puede aplicarse a la contemplación solo si antes se ha hecho semejante al objeto de visión [...] No puede un alma ver la Belleza sin haberse hecho bella» (Plotino, *Enéadas*).

Este énfasis en la importancia de la transformación y el conocimiento propios como condiciones indispensables para el retorno al verdadero yo y para la apertura de la mirada interior hermanaba las antiguas escuelas filosóficas de Occidente con las grandes sabidurías de Oriente, que siempre han volcado toda su penetración y pasión en la exploración interna: «Descubre quién eres y encontrarás todas las respuestas» (Nisargadatta, *Yo soy Eso*).

A lo largo de la historia del pensamiento occidental, la convicción de que el conocimiento y el cuidado de sí son requisitos indispensables para abrirnos a las grandes verdades existenciales y filosóficas y para cimentar una vida plena, en ocasiones, parecerá eclipsarse –sobre todo, con la deriva academicista de la filosofía–, pero siempre retornará, como ejemplifican estas

---

y ancianos de que no hay que inquietarse por el cuerpo ni por las riquezas, sino por conseguir que nuestro espíritu sea el mejor posible» (*Apología de Sócrates*).

4. La práctica del examen de conciencia diario es de origen pitagórico.

palabras de Immanuel Kant, para quien el conocimiento propio es «el primer mandato de todos los deberes hacia sí mismo» y la base de la tarea filosófica:

> Este mandato es: *conócete a ti mismo*, examínate, sondéate, no según tu perfección física, sino según la perfección moral [...] examina si tu corazón es bueno o malo, si la fuente de tus acciones es pura o impura [...]. El autoconocimiento, que exige penetrar hasta las profundidades del corazón más difíciles de sondear, es el comienzo de toda sabiduría humana. Porque esta última, que consiste en la concordancia de nuestra voluntad con el último fin, exige de nosotros, ante todo, apartar los obstáculos internos y desarrollar después la disposición originaria e inalienable de una buena voluntad. Solo descender a los infiernos del autoconocimiento abre el camino a la deificación. (*La metafísica de las costumbres*).

Pero ¿dónde radica, más exactamente, la relevancia filosófica del autoconocimiento?

El conocimiento de sí tiene un interés vital radical y un profundo alcance filosófico.

En primer lugar, es así porque solo protagonizamos nuestra propia vida cuando pensamos por nosotros mismos (si no pensamos por nosotros mismos, sencillamente no pensamos), cuando buscamos en nuestro interior el criterio de la verdad. Por tanto, es trascendental preguntarnos si estamos habitualmente en contacto con nuestra guía interna, si estamos viviendo una vida personal y propia, si nuestros objetivos vitales están alineados con nuestra verdad profunda, si coincidimos con nosotros mismos, o si, por el contrario, vivimos la vida que «se supone» que hemos de vivir, a la que nos ha conducido la inercia o el deseo de aprobación, pertenencia y conformidad con el entorno. Es fundamental ser conscientes de que todos encarnamos una filosofía de vida, conocer su origen, desvelar cuáles son nuestras concepciones básicas sobre la realidad: no solo las ideas que sostenemos en un nivel teórico, sino, sobre todo, las ideas que encarnamos, las que explican por qué vivimos como vivimos; examinar no solo nuestra conciencia superficial, sino las creencias, miedos, deseos y ambiciones latentes que muy a menudo ignoramos y que moldean nuestra acción.

Cuántos adultos experimentan en la mitad de la vida la desconcertante sensación de que, a pesar de haber hecho lo «correcto» según los parámetros de su círculo o sociedad, y de haber logrado cierto éxito en ese empeño, lejos de alcanzar la satisfacción esperada, sienten descontento, vacío y falta de sentido. ¿Por qué? Porque no han vivido realmente su vida: no han seguido un camino propio desde la escucha de su voz interior. Para la mirada profunda, este malestar existencial, que a menudo se considera indeseable o incluso una señal de enfermedad mental, es realmente un signo de salud espiritual: nuestra guía interna no está entumecida, sino viva y despierta y, a través de ese malestar, nos llama a una vida auténtica.

En segundo lugar, el conocimiento de sí tiene radicalidad filosófica porque, sin la atmósfera interna de veracidad que este proporciona, es decir, sin honestidad en la mirada que dirigimos hacia nosotros mismos, crearemos una realidad a nuestra propia imagen y no podremos abrirnos con una mirada limpia, desinteresada y objetiva a los demás, al mundo y a las verdades sobre la existencia. Solo al ir conociendo nuestro trasfondo de condicionamientos, prejuicios y creencias, podemos aspirar a pensar con objetividad sobre cosa alguna. Y solo en la medida en que se va silenciando la conflictividad y el desorden internos mediante el conocimiento propio, puede manifestarse en nosotros lo real.

Por otra parte, ¿podemos comprender a los demás si no nos comprendemos a nosotros mismos? ¿Tiene sentido aspirar a comprender las causas del conflicto y del desorden que vemos fuera de nosotros –por ejemplo, las guerras y los conflictos colectivos– si no descubrimos en nuestro interior cuáles son las raíces de la codicia, la hostilidad o el deseo de poder? ¿Podemos comprender las manifestaciones más elevadas del espíritu humano si no nos hemos sumergido en el fondo luminoso, creativo y puro que late en cada uno de nosotros?

En tercer lugar, el autoconocimiento no solo nos permite limpiar las lentes con las que contemplamos la realidad, no solo nos ayuda a conocer y purificar nuestros pensamientos y actitudes, no solo nos permite conocer *cómo* somos, sino que, fundamentalmente –y este es su principal objetivo–, nos revela *quiénes* somos en un sentido radical. Nos despoja de falsas identificaciones y nos abre al conocimiento de nuestra identidad más profunda, a la experiencia del Ser, fuente original de nuestra conciencia individual y de todo lo existente. Efectivamente, el autoconocimiento sapiencial ya no equivale al mero conocimiento de nuestra particularidad, de nuestra dimensión única e irremplazable, sino que, ante todo, es la puerta de acceso al corazón mismo de la realidad, a la única Vida, a la única Conciencia.[5] Por lo tanto, lejos de encerrarnos en nosotros mismos, de constituir una tarea narcisista, quiebra de raíz los muros de nuestro aislamiento, nos permite autotrascendernos y nos pone en íntima conexión con los demás y con la totalidad de la vida.

Se descubre, entonces, que la causa última de nuestro sufrimiento es la falta de conocimiento de nuestra verdadera naturaleza, y que esta ignorancia es la que nos lleva a buscar nuestra plenitud donde nunca puede encontrarse. Y se saborea que la fuente de la experiencia del sentido de la vida no está situada al final, en un futuro siempre elusivo, sino en nuestra misma raíz; y que, aunque realizáramos todos nuestros deseos, sin conocimiento propio, sin el florecimiento de nuestro ser real, nos sentiríamos inquietantemente insatisfechos y vacíos.

El conocimiento de lo que somos, por último, fundamenta la vida ética. Al regalarnos una mirada más profunda y objetiva, al abrirnos a la verdad, nos abre también al bien; de hecho, es la fuente de la virtud. Pues la acción virtuosa no es aquella que se

---

5. «Quien contempla la parte superior del alma [...] y descubre en ella un carácter sobrehumano, una divinidad y una Inteligencia, bien puede decirse que tanto mejor se conoce a sí mismo» (Sócrates, *Alcibíades*).

ajusta a ciertos estándares de corrección, sino la que se adecua a la verdad de las cosas, también a nuestra propia verdad; es la que se deriva del conocimiento de la realidad, también del conocimiento propio. «Todas las leyes y reglas morales pueden reducirse a una: a la verdad» (Goethe). Por ejemplo, podemos reprimir nuestros impulsos hostiles y realizar exteriormente conductas de apariencia amorosa, pero no podemos provocar en nosotros sentimientos genuinos de amor; estos se derivan de forma indirecta de un desarrollo interior, de una transformación de la propia conciencia que nos desvela nuestra radical unidad con todo lo existente, y la base de este desarrollo es el conocimiento propio. «El amor a los demás es el resultado del autoconocimiento, no su causa» (Nisargadatta, *Yo soy Eso*).[6]

Sin la experiencia de la unidad que nos fundamenta, nuestras llamadas a la fraternidad son solo palabras huecas, falsa caridad sin raíz. El conocimiento de lo que somos pone las bases del genuino amor a los demás y de la paz social; pues el amor no es un mero sentimiento, sino nuestra verdad última y la entraña misma de la realidad.

---

6. Krishnamurti lo expresa con su particular lucidez: «El ser virtuoso proviene de la comprensión de lo que sois, mientras que el hacerse virtuoso es aplazamiento, encubrimiento de lo que *es* con lo que desearíais ser» (*La libertad primera y última*). En otras palabras, al tratar de hacernos virtuosos, imponemos orden y control en nosotros mismos mediante la disciplina; pero esto solo añade más desorden, división y lucha internas, pues las causas del desorden, las concepciones erradas latentes sobre nosotros mismos y sobre la realidad, siguen ahí, solo que aún más negadas y reprimidas. El verdadero orden interno no surge de la imposición o del control, sino de la comprensión.

Finalmente, la filosofía es indisociable del conocimiento de sí porque la verdad no es algo meramente pensado, sino, ante todo, algo encarnado y vivido.

La indagación en el sentido de nuestra vida y en las grandes preguntas que nos plantea la existencia, la investigación en la naturaleza de la realidad, el descubrimiento de nuestra verdadera identidad y de nuestra verdad personal, nuestro camino espiritual, nuestra dedicación vocacional, la calidad de nuestros vínculos afectivos, nuestro compromiso social, nuestras tareas y responsabilidades cotidianas..., en definitiva, todas las grandes empresas de la vida, solo se abordan y se despliegan de forma adecuada y sabia cuando se cimentan en el conocimiento propio.

Sobre este libro

Este libro es una invitación a adentrarnos de forma práctica en el camino del autoconocimiento sapiencial y, más ampliamente, en la vida filosófica, a la que Aristóteles caracteriza en su *Ética a Nicómaco* como la más feliz; aquella en la que ya no se buscan consuelos ni escapes, pues se sostiene en el amor a la realidad, en el anhelo desinteresado y apasionado por la verdad.

El libro parte de las transcripciones de las charlas que impartí en los Diálogos Filosóficos que facilité durante los años 2018 y 2019. Cada sesión partía de un eje temático, en concreto, de la lectura previa de un capítulo de mi libro *El arte de ser*. En la primera parte de la sesión, yo hacía una reflexión que complementaba y enriquecía lo leído y en la que dilucidaba intuiciones sapienciales primordiales enfatizando sus implicaciones en todos los ámbitos de nuestra vida cotidiana. A esta intervención seguía la profundización dialogada en lo leído y escuchado.

Las reflexiones que son el punto de partida de este libro eran completas en sí mismas, por lo que este no requiere ninguna lectura previa; tampoco precisa de conocimientos especializados.

A lo largo de sus capítulos se abordan cuestiones como las siguientes:

Ser luz para uno mismo. ¿Descansamos en nuestras propias comprensiones o, en cambio, tendemos a cimentar nuestro camino interior sobre conocimientos de segunda mano? ¿Estamos en contacto con nuestro criterio, con nuestra guía interna?

La fuente del criterio. ¿Dónde radica la fuente del criterio? ¿Cuáles son los signos de que no estamos en contacto con nuestro criterio? ¿Cuáles son las condiciones que nos permiten contactar con él?

Presencia e imagen. ¿Cuál es la diferencia entre vivirse desde el yo real y vivirse desde el yo ilusorio, es decir, identificados con una determinada autoimagen? ¿Cómo se originan nuestros vacíos internos y con qué dinámicas intentamos evitarlos o llenarlos falazmente?

Actitudes que requiere la tarea del autoconocimiento. La vulnerabilidad. ¿Cuáles son las actitudes que requiere la tarea del autoconocimiento filosófico? ¿Por qué no hay autoconocimiento sin vulnerabilidad? ¿Por qué ser reales equivale a ser vulnerables?

Desvelando nuestra filosofía personal. ¿Cómo proceder a examinar nuestra filosofía personal? ¿Cómo reconocer los patrones limitados que obstaculizan nuestro desenvolvimiento natural y son fuente de sufrimiento evitable? ¿Cómo desvelar cuáles son las ideas erradas sobre nosotros y sobre la realidad que los originan? ¿Cómo se han conformado estas ideas y por qué muchas de ellas contradicen nuestras ideas teóricas sobre las cosas?

Aprender a soltar. ¿Qué es lo que nos roba la paz? ¿A qué nos estamos aferrando o qué estamos rechazando obstinadamente? ¿Por qué sin aprender a soltar no puede desarrollarse en nosotros la confianza básica? ¿Qué significa vivir con una pasión desapegada?

El miedo a sentir. ¿Cuáles son nuestras particulares formas de huida de los sentimientos incómodos? ¿Por qué el entumecimiento de la capacidad de sentir conduce a la «muerte espiritual»? ¿Cómo integrar y atravesar todos los sentimientos y cuáles son los frutos de esta práctica?

El silencio del yo. ¿Qué consecuencias prácticas tiene en nuestra vida el reconocimiento de que, como meros individuos, no somos la fuente última de lo que acontece en nosotros? ¿Necesitamos definirnos, etiquetarnos y aferrarnos a una cierta imagen de nosotros mismos para sentirnos ser? ¿En qué sentido el conocimiento de sí culmina en el silencio del yo?

Vivir al día. ¿El momento presente es un espacio dilatado en el que podemos expandirnos y descansar, o, por el contrario, estamos crónicamente inquietos, siempre esperando a vivir «de verdad» en el futuro? ¿Cuál es el factor que llena el momento presente de calidad y de hondura, el que lo torna fresco, significativo y nuevo? ¿Qué significa que el presente cuida de sí mismo?

El egoísmo noble. ¿Dónde fundamentar nuestro valor intrínseco? ¿Por qué es necesario superar nuestras falsas concepciones sobre el egoísmo y el altruismo para avanzar en la dirección de nuestro pleno desenvolvimiento?

El miedo a nuestra propia luz. ¿Por qué tememos nuestra propia luz? ¿Por qué nos resistimos a la expresión plena de

30 El coraje de ser

nuestras cualidades y dones y al reconocimiento de nuestra grandeza intrínseca? ¿Cómo se manifiesta este temor?

Amar es comprender. ¿Cuál es la relación con los demás que se deriva del conocimiento propio? ¿Cuáles son las condiciones de posibilidad de una vida afectiva profunda y de unos vínculos maduros y plenos? ¿En qué sentido la comprensión es el cimiento de la buena relación con nosotros mismos y con los demás?

Amar es dejar ser. ¿Qué es lo que bloquea nuestra satisfacción y plenitud afectivas? ¿Qué es lo que impide que nuestro corazón sea cálido, abierto y radiante? ¿Por qué solo amamos cuando dejamos ser y por qué esto es únicamente posible cuando estamos en contacto con el Amor que somos en lo profundo?

La acción bella. ¿Cuáles son los cimientos de la acción sabia y centrada? En nuestra actividad diaria, ¿pensamos en términos de acción lograda y bella o en términos de éxito y fracaso personal? ¿Cuál es el camino de la paz a través de la acción cotidiana? ¿Cómo convertirla en la forma más elevada de creación y de donación?

Los talleres, cursos y consultas que he venido facilitando durante décadas me han revelado la potencia del diálogo llevado a cabo en un clima de amistad filosófica. Cuando está movido por el amor a la verdad, nos permite experimentar que, si bien el camino filosófico de cada cual es singular, pues nadie nos puede suplir en él, de algún modo también es el de todos; que, si bien somos individuos únicos, estamos sostenidos por una Inteligencia común; nos permite desnudarnos de tics defensivos, contracciones, pretensiones y máscaras, para encontrarnos en un estado de vulnerabilidad que nos revela la ilusión de nuestra existencia separada y nos abre a la experiencia de la unidad.

Las páginas que siguen nacen del espíritu de esos encuentros y, como ellos, busca inspirar y acompañar en la aventura más apasionante y la que requiere más coraje: la de desnudarnos para poder vernos; la de vaciarnos de tantas ilusiones que tenemos acerca de nosotros para poder ser llenados, para que la potencia y riqueza de la Vida encuentren en nosotros un cauce libre que permita su plena expresión. Solo esta desnudez lúcida abre paso a una vida ancha, creativa y verdadera; una vida que no solo es una bendición para nosotros mismos, sino también para los demás y para el mundo.

I. Ser luz para uno mismo

El camino del autoconocimiento filosófico transita desde la conciencia de separatividad a la conciencia de unidad.

Un cimiento básico de esta tarea del autoconocimiento y, en general, del camino filosófico y espiritual, es la disposición a ser luz para uno mismo.

El examen al que nos invitan las siguientes preguntas nos puede revelar si estamos siendo luz para nosotros mismos y cuál es nuestro grado de «mayoría de edad» del pensamiento:

–¿Descanso en mis propias comprensiones o, en cambio, tiendo a cimentar mi camino interior sobre conocimientos de segunda mano?

–¿Estoy en contacto con mi propio criterio, con mi guía interna?

–¿Tengo una relación madura con la autoridad?

1. De la separación a la unidad

El camino del autoconocimiento filosófico se caracteriza, entre otras cosas, porque avanza siempre en un único sentido: el que transita desde la conciencia de separatividad a la conciencia de unidad.

La conciencia de separatividad

Denomino «conciencia de separatividad» a un determinado nivel de conciencia, en concreto, a un estado contraído del yo, a un estado subjetivo de aislamiento en el que nos sentimos desconectados de nuestra propia fuente, de modo que no reconocemos ni encontramos en nuestro interior, al menos de forma significativa y estable, un fondo ontológico que nos sostenga, nos guíe, nos inspire y nos proporcione un sentimiento de confianza básica.[1]

Hay personas que no solo no experimentan la presencia de este fondo en ellas, sino que tampoco admiten su realidad. Algunas, de hecho, niegan de modo abierto y enfático esta dimensión profunda que nos fundamenta y nos sostiene.

---

1. En los ámbitos psicológicos, la expresión «confianza básica» alude a la confianza que el niño adquiere aproximadamente en el primer año y medio de vida cuando ha sido bien cuidado y atendido, la que pone las bases de la confianza que esa persona tendrá en sí misma a lo largo de la vida. En este contexto, aludo con esa expresión a algo diferente: a la confianza incondicional en la realidad que se deriva de haber experimentado que su fondo es benéfico, sustentador e inteligente, una confianza ontológica que no se explica, sin más, por las vicisitudes psicobiográficas.

En la conciencia de separatividad, nos sentimos «arrojados al mundo» –como afirmaban algunos filósofos existencialistas– y, además, sin «manual de instrucciones», es decir, abandonados a nuestra suerte, a nuestros limitados recursos individuales.

En este estado experimentamos, en buena medida, el mundo circundante como algo amenazante frente a lo que hemos de estar en guardia, frente a lo que hemos de mantener una actitud básica de desconfianza y de control.

La conciencia de separatividad es un estado de dualidad: nos sentimos separados de nuestra propia fuente, divididos con respecto al mundo y también con respecto a los demás. Nos sentimos básicamente aislados, aunque estemos acompañados. Consideramos que nuestros estados internos son exclusivamente nuestros, totalmente privados. Experimentamos de forma habitual el dilema «yo o el otro»: el bien del otro parece contrario a nuestro bien; creemos que lo que damos al otro lo perdemos y que tenemos que quitarle algo, o bien rebajarlo, para tener más nosotros y para ser más; pues consideramos que, cuando el otro es más, nosotros somos menos. Asimismo, en este estado de conciencia tendemos a sentirnos o por encima o por debajo de los demás; suelen estar presentes este tipo de referentes comparativos.

La conciencia de unidad

Denomino «conciencia de unidad» al nivel de conciencia en el que no nos sentimos aislados, sino conectados; en el que experimentamos una unidad radical con nuestro propio fondo y, a través de él, con todos los seres y con la totalidad de la vida.

En este estado, nos sabemos –no de forma intelectual, sino sentida– cauces de una Inteligencia y de una Vida que, siendo nuestra en lo más profundo, siendo lo más originario y auténtico de nosotros, trasciende nuestra mera individualidad.[2] Nos sentimos conectados con algo que es mucho más grande que nuestra mera persona, lo que nos permite entregarnos, soltar y confiar.

Abandonamos el estado latente y crónico de miedo, alerta y control que inevitablemente acompaña a la conciencia de separatividad.

Experimentamos que basta con simplemente ser para que todo fluya con orden, belleza e inteligencia –algo inconcebible para quien está sumergido en la conciencia de separatividad–. Se establece, de este modo, un sentimiento profundo de confianza básica en la realidad.

Como decíamos, en este nivel de conciencia nos sentimos unidos al mundo circundante y a los demás. No hay dualidad ni conflicto. Ya no percibimos que lo que damos lo perdemos; todo lo contrario, sentimos que lo que no damos lo perdemos, pues una dimensión de nosotros deja de ser expresada, movilizada, extendida. No percibimos que el bien del otro y el nuestro, en lo profundo, estén en conflicto; a la inversa,

---

2.   Se trata de un fondo que es trascendente e inmanente a la vez.

experimentamos que nuestra propia afirmación profunda es la afirmación profunda del otro y que la afirmación del otro equivale a nuestra propia afirmación.

Si en el estado de conciencia de separatividad hay una vivencia de total privacidad, como si nuestros estados internos fueran exclusivamente nuestros, en la conciencia de unidad sabemos que, si bien nuestros estados internos son singulares, no son por ello absolutamente privados; entendemos que no estamos solos en ese espacio interno, pues, de algún modo, nuestras experiencias, alegrías, penas, inquietudes, preguntas, búsquedas y encuentros son los mismos que los de muchísimas personas que han vivido antes que nosotros, que son contemporáneas o que vendrán después de nosotros.

Asimismo, en la conciencia de unidad no nos sentimos por encima ni por debajo de nadie de modo intrínseco. Saboreamos nuestra igualdad esencial.

En su versión extrema, la conciencia de separatividad se corresponde con el grado máximo de ignorancia ética, filosófica y espiritual; la conciencia de unidad, a su vez, con el grado superior de desarrollo moral, filosófico y espiritual. Entre esos dos extremos se halla la amplísima escala de grados en la que los seres humanos nos desenvolvemos. Hay quienes habitan predominantemente en la conciencia de separatividad, quienes lo hacen en la conciencia de unidad y quienes se desenvuelven, sobre todo, en los términos medios de ese espectro.

La conciencia de unidad y la conciencia de separatividad entrañan dos sistemas de pensamiento radicalmente distintos que muestran, a su vez, mundos por completo diferentes,[3] pues los niveles de conciencia se corresponden siempre con niveles de realidad.

Un ejemplo quizá puede ilustrar cómo, cuando nuestra vida no se sustenta en algo más profundo y originario que nuestro pequeño yo, habitamos, en gran medida, en el estado de ser y de conciencia que hemos denominado «conciencia de separatividad».

Recientemente acudió a mi consulta un hombre joven con formación filosófica, inteligente y noble. Me hablaba de las dificultades que experimentaba en su reciente relación de pareja, en concreto, de su profundo miedo al abandono. El diálogo nos fue llevando más allá de esta situación particular desvelando un patrón estructural: una sensación crónica de soledad y de aislamiento (seguía siendo el niño que se sentía solo, desamparado, apartado y desprotegido en un mundo abrumador) y una apremiante necesidad de ser visto y reconocido para experimentar conexión. Temía de forma desordenada el abandono porque este le remitía, de una forma muy cruda, a esa sensación básica de aislamiento y desamparo. Afloraron, asimismo, otros patrones: desconfianza en la vida y, consiguientemente, necesidad de control («Tengo que estar alerta, no me puedo relajar. Todo sale adelante a fuerza de voluntarismo»); sensación de sinsentido existencial, del que huía

---

3. En sus versiones extremas, ambos estados de conciencia se asimilarían a lo que tradicionalmente se ha denominado el cielo y el infierno.

mediante la planificación y la anticipación mental («Si en mi horizonte no hay algo que me entretenga, como una pareja o un proyecto profesional, me vengo abajo, contacto con un profundo vacío»); una aguda necesidad de ser «especial», de ser reconocido y valorado; ambición y competitividad desordenadas; dificultad para descansar en el presente por la necesidad de obtener un rendimiento de todo; etcétera.

La impresión que me transmitía mientras articulaba sus inquietudes era la de que estaba sumido en un profundo estrés. No solo en el tipo de estrés propio de una vida agitada, sino, fundamentalmente, en un estrés de otro signo, más profundo, de raíz ontológica: el que acompaña inevitablemente a la conciencia de separatividad. Cuando carecemos de un cimiento ontológico, habitamos en el miedo y en la necesidad permanente de control. Cuando nuestra vida no está cimentada en un fondo que nos trasciende y, a la vez, nos sustenta, nos nutre y nos inspira, cuando se sostiene en un «abismo ontológico» (una expresión a la que él acudió en un momento dado), perdemos de vista que nuestra valía e identidad y el sentido de nuestra vida nos vienen ya dados por el hecho de ser; sentimos, por el contrario, que los hemos de construir permanentemente de la nada; se experimentan como algo muy frágil: «Un comentario, una crítica a mi trabajo, una mirada de descontento de mi pareja... –me decía– pueden echar todo eso por tierra y sumirme en la depresión y en el más absoluto sinsentido». En efecto, un imprevisto, unas simples palabras, y todo su mundo se quebraba, lo que evidenciaba la fragilidad de sus cimientos. A su vez, la sensación de que es preciso crear de la nada nuestro sentido interno de valía, identidad y significado existencial, y sostenerlo en el tiempo mediante nuestros meros recursos individuales, conduce a un estado de responsabilidad angustiosa, de voluntarismo e hipercontrol. Le comenté en un momento dado que me recordaba a un «hombre orquesta»: esa persona que toca varios instrumentos al mismo tiempo usando distintas partes de su cuerpo. Obviamente, simpatizaba con la filosofía existencialista en su vertiente más áspera: «El infierno son los otros»; «estamos "arrojados" al mundo»; «estamos "condenados" a ser libres»...

2. Ser luz para uno mismo

El camino del autoconocimiento filosófico y del desarrollo profundo –decíamos– transita de la conciencia de separatividad a la conciencia de unidad. A su vez, la luz que nos permite recorrerlo no es otra que nuestra propia luz, la de la Inteligencia profunda intrínseca a nuestro ser.

Escribía en *El arte de ser* que la condición de posibilidad del camino filosófico es la disposición a «ser luz para uno mismo» (Krishnamurti), a pensar por cuenta propia, a asumir nuestra «mayoría de edad» (Immanuel Kant) en el ámbito del pensamiento.

La mente de una persona ordinaria es como un niño, siempre apoyado en una muleta, en un objeto, en una persona, pero nunca caminando erguido, nunca de pie por sí mismo. ¿Cuánto tiempo se debe permitir que la mente permanezca en este estado infantil? Deja que la mente sea libre [...], no acudas a esta persona o a aquella. Que tu mente se pare sobre sus propios pies, que encuentre su centro de gravedad en sí misma.

Swami Rama Tirtha, *In Woods of God Realization*

Esta disposición a descansar en nuestro propio criterio se sostiene en el respeto absoluto que nos ha de merecer la fuente de discernimiento que encontramos en nuestro interior. La respetamos en nosotros y, por el mismo motivo, la respetamos en los demás, porque la presencia de esa luz en cualquier ser humano es la base de su dignidad y libertad. «Es que esa persona está siguiendo un camino equivocado...», nos decimos a nosotros mismos para justificar nuestra tendencia a no respetar las opciones vitales de los demás. Pero mientras no interfiera en la libertad de otros, esa persona tiene derecho a seguir su propio camino, a ser luz para sí misma.

Este respeto se deriva, en definitiva, del carácter sagrado de la luz que nos guía desde dentro: no la hemos creado nosotros, no podemos manipularla a nuestro gusto; si bien constituye nuestra voz más profunda, lo que nos es más íntimo, trasciende nuestra mera individualidad y nos demanda de forma incondicional. Se trata de una luz que se encuentra *en* nosotros, pero no es *de* nosotros.

Ser luz para uno mismo equivale a confiar plenamente en nuestra sabiduría profunda, en lo que en el capítulo próximo denominaré nuestro sentido interno de la verdad, de la belleza y del bien. Equivale, asimismo, a comprometernos con escuchar esa voz y convertirla en maestra y guía. Solo de este modo protagonizamos plenamente nuestra vida y puede tener lugar en nosotros un crecimiento interior genuino.

3. Examen de nuestra «mayoría de edad»

Ahora bien, ¿hasta qué punto estamos siendo luz para nosotros mismos? El examen al que nos invitan las siguientes preguntas quizá nos permita conocer cuál es nuestro grado real de «mayoría de edad» del pensamiento:

- ¿Cimento mi camino interior en ideas propias o lo cimento, en buena medida, en ideas de segunda mano? ¿Estoy pensando por mí mismo, descansando en mis propias comprensiones, o descanso en las comprensiones de otros?
- ¿Estoy en conexión con mi propio criterio, con mi guía interna?
- ¿Tengo una relación madura con las figuras o instancias que simbolizan la autoridad?

¿Cimento mi camino interior en ideas propias o en ideas de segunda mano?

Todos los seres humanos, al menos en ciertos momentos de nuestra vida, nos hacemos las «grandes preguntas»: ¿Quién soy yo? ¿Cuál es el sentido de mi vida? ¿Cuál es el sentido del dolor y del sufrimiento? ¿Dónde radica mi verdadero bien? ¿Qué quiero realmente? ¿Cómo tengo que vivir? ¿Para qué estoy aquí? ¿Cuál es el objeto de mi existencia? ¿Hacia dónde me dirijo? ¿Cuál es la razón de ser de todo lo existente?...

Tenemos una «actitud filosófica» solo en la medida en que estamos abiertos a las grandes preguntas de la vida.

Ahora bien, tener una actitud filosófica no equivale, sin más, a tener la disposición a abrirnos a las grandes preguntas. Equivale, asimismo, a tener el coraje de permitir que estas preguntas permanezcan abiertas. En otras palabras, no las tapamos prematuramente con respuestas de segunda mano, con respuestas leídas o escuchadas aquí o allá, por muy sensatas y bellas que nos parezcan. No nos agarramos a la primera idea, teoría o respuesta tranquilizadora que silencie nuestras dudas; pues, si procedemos así, acallamos en nosotros la indagación viva que es el motor, la fuente y la naturaleza misma de la filosofía.

Cuando creemos tener respuestas, pero, en realidad, se trata de respuestas que han alumbrado otros, el ardor de la indagación filosófica se apaga. Y cuando esto sucede, no solo se apaga en nosotros la pasión, la inquietud y el dinamismo filosóficos, sino que, además, dejamos de protagonizar un proceso de comprensión autónoma y de desarrollo auténtico, pagando el precio de nuestra propia integridad.

La persona que expresó esa idea luminosa que hemos asumido de segunda mano quizá llegó a esa conclusión a través de su propio desarrollo, de su experiencia directa; por eso sus palabras tienen autoridad. Pero ¿esa idea ha pasado la criba de nuestra propia experiencia?

De aquí la importancia de no tener miedo a admitir «no lo sé». De hecho, con mucha frecuencia es la respuesta más honesta que podemos ofrecer a los demás y a nosotros mismos. Efectivamente, empezamos a descansar en nuestras propias comprensiones cuando tenemos el coraje de admitir que todo aquello que conocemos de segunda mano en realidad no lo conocemos aún. Por supuesto, hay ideas de otras personas en las que intuimos verdad, que nos abren puertas, que despiertan e incitan nuestra búsqueda; pero ya no confundimos esas ideas-guía en las que nuestra sabiduría interna reconoce el aroma de lo verdadero con aquello que hemos comprendido y visto de primera mano.

Requiere mucho coraje admitir ante nosotros mismos y ante los demás que tenemos muchas menos certezas de las que pretendíamos tener, que nos habíamos revestido de certidumbres que no eran tales, de comprensiones que no eran realmente nuestras. Pero, como afirmaba Sócrates, admitir «solo sé que no sé nada» es el comienzo mismo de la sabiduría. El reconocimiento de nuestra ignorancia es la disposición que posibilita la apertura activa a la verdad.

¿Por qué a menudo nos resuenan de modo tan distinto mensajes similares expresados por personas diferentes? Porque no hablan desde el mismo lugar. En unos casos, sus palabras surgen de una compresión directa, hablan de primera mano; en otros, hablan de oídas. Los primeros hablan con autoridad, transmiten convicción; los segundos, no.

Asumir que nadie puede recorrer el camino de la filosofía por nosotros es el germen de la mayoría de edad filosófica. En efecto, nadie puede sustituir nuestro propio proceso de comprensión; nadie puede responder por nosotros a las grandes preguntas de la vida. Solo cuando admitimos esto, podemos aspirar a tener una filosofía propia, madura, realmente asimilada, elaborada al hilo de la propia experiencia de vida, es decir, una filosofía real.

Las personas que se acercan a la filosofía a veces buscan acallar sus preguntas; buscan respuestas que silencien su perplejidad. Pero no es esto lo que ofrece la filosofía en su vertiente sapiencial. Esta no nos proporciona teorías que ahuyenten nuestras dudas; nos invita a recorrer un camino. Y es a través de ese camino donde, al cabo del tiempo, si nuestro compromiso es sincero, se comienzan a saborear las únicas respuestas válidas, las que advienen como consecuencia de un desarrollo y una transformación propias, las que nadie nos puede proporcionar ni tampoco arrebatar.

¿Por qué somos reacios a pensar por nosotros mismos?

Son muchos los motivos por los que nos aferramos a ideas de segunda mano y somos reacios a protagonizar nuestro propio proceso de comprensión:

Por *pereza* y *comodidad*. Pensar por uno mismo requiere hacer un camino. Resulta más cómodo descansar en las conclusiones de otros que supuestamente ya lo han recorrido.

Por nuestros *sentimientos de desvalorización*. Nos preguntamos quiénes somos nosotros para aspirar a tener un pensamiento propio acerca de asuntos sobre los que ya han reflexionado las mejores mentes o cuando hay quienes saben más al respecto. Asumimos que esas personas ya han pensado por nosotros.

Por *miedo a la soledad*. Hay ideas que nos proporcionan un sentimiento de pertenencia a nuestro entorno o a un determinado grupo. Sentimos que pensar de forma independiente nos enfrenta a la soledad. Nos refugiamos, por consiguiente, en el conformismo. Afirmaba R.W. Emerson, refiriéndose a quienes no viven de acuerdo con su propia opinión, sino supeditados a la de otros: «Esta conformidad no los hace falsos en algunas cosas [...], sino falsos por completo. Ninguna de sus verdades es completamente verdadera; su dos no es un verdadero dos, su cuatro no es un verdadero cuatro».[4]

Por *miedo a la libertad y a la autorresponsabilidad*, a asumir plenamente nuestra condición adulta y nuestra «soledad existencial» –una expresión con la que apunto al hecho de que nadie puede protagonizar nuestra vida por nosotros ni tomar por nosotros las decisiones existenciales fundamentales–.[5] Por miedo al fracaso, al error, a asumir las consecuencias de nuestras decisiones.

Porque *hemos cifrado nuestra identidad en ciertas ideas* y, por lo tanto, no queremos cuestionarlas: hacerlo equivaldría

---

4. Ralph Waldo Emerson, *Confía en ti mismo*.
5. La soledad existencial así entendida en ningún caso equivale al aislamiento existencial.

a cuestionarnos a nosotros mismos, a quebrar nuestro frágil sentido de identidad. Un signo de que existe esta identificación es que nos alteramos cuando confrontan nuestras ideas, o bien que tenemos un afán desordenado por convencer de ellas a los demás.

Por *orgullo*. Nos resistimos a admitir que, de hecho, tenemos muchas menos certezas que las que hemos pretendido tener.

Porque *queremos una seguridad rápida*; porque no queremos descansar en la duda, en la pregunta, cuando es únicamente a través de ella como se hace el camino. Evitamos a toda costa la sensación de inseguridad, de incertidumbre, porque somos intolerantes a la duda[6] o porque esta nos obliga a enfrentarnos a la complejidad y ambigüedad de la vida, a la necesidad de investigar, contrastar, reflexionar...

Inmersos como estamos en una sociedad de consumo, abundan la pseudofilosofía y la pseudoespiritualidad de consumo: queremos el resultado, pero no el proceso; queremos la respuesta, la frase hecha que acalle nuestras dudas y preguntas, pero eludimos el proceso lento y comprometido que nos conduciría a alumbrar por nosotros mismos una verdad. Y nos llenamos de conocimientos de segunda mano o repetimos frases «profundas» convertidas en cliché.

Etcétera.

---

6. Esta intolerancia está en la raíz del dogmatismo y del fanatismo.

La senda de la verdad

Solo cuando tenemos el coraje de decir «no sé», cuando tenemos la honestidad y la sencillez de reconocer y asumir nuestro verdadero nivel de comprensión, pasamos a habitar la «atmósfera de la verdad». En otras palabras, solo este reconocimiento nos sitúa en la senda de la verdad, la que nos abre a las verdades profundas de la vida.

¿Estoy en conexión con mi criterio interno?

Hay quienes dicen tener la disposición a pensar por cuenta propia, pero su problema, añaden, es que carecen de criterio: cuando quieren pensar sobre un asunto de forma independiente, se sumergen en un mar de dudas; y, a menudo, cuanto más leen y se informan al respecto, lejos de aclararse, más confundidos se sienten.

Esto nos pone en conexión con una cuestión decisiva en la que nos detendremos en el próximo capítulo: ¿Qué significa tener criterio? ¿Cómo tener criterio propio?

Afirmaba Sócrates que conocer equivale a «rememorar». En otras palabras, en nosotros hay algo que *ya* sabe, por más que no siempre estemos en contacto con este saber latente. Esta guía interna, esta sabiduría latente, nos habla a través de un sentir profundo que el pensamiento filosófico ha denominado «intuición». Se trata de un conocimiento inmediato y sentido, no de una elucubración intelectual; de un saber directo que nos proporciona nuestra inteligencia profunda, indisociable de nuestra sensibilidad y tradicionalmente ubicada en el corazón.

¿Por qué, si estamos invitando a pensar por cuenta propia, mencionamos ahora el sentir y la sensibilidad? ¿Qué tiene que ver el sentir con el pensar? El pensamiento sabio, el pensamiento genuino y esencial, es aquel que está inspirado y guiado por este sentir profundo en el que radica la fuente del verdadero saber. No hablamos de un sentir sentimental, sino de un sentido interno que capta de forma inmediata la verdad, la belleza y el bien.

Por ejemplo, ¿cómo sabemos que estamos viviendo coherentemente, que estamos haciendo lo correcto, que estamos en el camino adecuado? Lo sabemos porque experimentamos paz, un sentimiento interno de armonía. En cambio, cuando no estamos siendo honestos ni viviendo de forma congruente, cuando no estamos siendo movidos por valores genuinos o no estamos alineados con nuestras necesidades e inclinaciones profundas, si nuestra sensibilidad no está entumecida, tarde o temprano experimentamos falta de paz y malestar anímico. Si no atendemos este malestar, este elevará la voz; y, si sigue siendo desatendido, nos veremos abocados al sufrimiento mental o incluso a la enfermedad.

Cuando pretendemos resolver las grandes cuestiones de la vida (¿Cómo he de vivir?, ¿Qué dirección he de seguir?...), o bien las que nos plantea el día a día (¿Qué tengo que hacer en esta situación?...), a través de un pensamiento desconectado de nuestro sentir profundo, nos sumimos en la confusión y en la desorientación. Pero a menudo no atendemos este sentir profundo que nos guía y nos adentramos en largos análisis, en racionalizaciones relativas a lo que «se supone» que hemos de hacer en una determinada situación; o bien preguntamos a otras personas, lo que nos puede confundir aún más, pues los seres humanos incurrimos demasiado a menudo en el error de pretender saber cómo los demás han de vivir.

Un ejemplo. En un taller que tuve la ocasión de facilitar, algunos compañeros filósofos compartían sus dudas con respecto a si estaban preparados para dedicarse al asesoramiento filosófico sapiencial, si tenían las cualidades necesarias para ello. Les invité a que ellos mismos respondieran a su pregunta poniendo la mano en el corazón, es decir, atendiendo a su sabiduría interna, no a sus voces más superficiales (ideas asumidas del exterior, miedos, deseos y racionalizaciones). La respuesta fue para todos inequívoca. Cuando dirigimos la atención de esta manera, escuchando nuestra sabiduría profunda, a menudo obtenemos una respuesta nítida con la que desaparece la duda. Si no la obtenemos, sabemos que es así porque aún no es el momento de recibir la respuesta, es decir, porque aún no se dan en nosotros las condiciones para ello, y lo asumimos con serenidad. En otras palabras, cuando atendemos a ciertas voces internas, experimentamos confusión; si atendemos a la inteligencia del corazón, obtenemos claridad. En el primer caso, intentamos con esfuerzo alcanzar una claridad de la que carecemos; en el segundo caso, sencillamente sabemos.

Esta guía interna nos habla siempre y de forma inequívoca. Otro asunto es si la escuchamos y legitimamos, o si no lo hacemos; si hemos tomado, o no, la decisión consciente y firme de atenderla y de seguirla.

Cuanto más confiamos en nuestro sentir profundo y más lo escuchamos, más se desarrolla y afina nuestra intuición.

Este sentir profundo o conocer sintiente que nos guía es un criterio flexible, es decir, está en permanente movimiento. No es arbitrario, pues se trata de un sentir de raíz ontológica, no de una mera intuición sentimental. Por tanto, que esté en movimiento no significa que sea voluble; significa que siempre percibe sutilezas y matices nuevos, que vuelve a ver lo mismo, pero desde diferentes perspectivas. Este criterio es fuente de comprensiones profundas que permanecen vivas, que se renuevan y matizan permanentemente. Quienes sitúan el criterio en ciertos contenidos mentales –reglas, teorías o doctrinas–, en lugar de en su luz interna, carecen de esta flexibilidad.

Pocas intuiciones más luminosas que el reconocimiento de que todos contamos con una guía interna. ¡Cuántas consecuencias existenciales y filosóficas decisivas se derivan de constatar que hay una instancia en nuestro interior que siempre sabe lo que es bueno para nosotros, que sabe la verdad sobre nosotros!

¿Tengo una relación madura con la autoridad?

El pensamiento propio es aquel que parte de nuestras íntimas inquietudes y preguntas, de la autoescucha, de la observación detenida de uno mismo y de la realidad; el que se desarrolla de forma independiente y profunda y articula «comprensiones sentidas», una expresión con la que aludo a la captación desde dentro de un aspecto de lo real de forma directa e intuitiva.

El pensamiento propio es original porque es un pensamiento originario, resultado de una comprensión y revelación propias, pero no necesariamente porque alumbre ideas diferentes o inéditas; de hecho, cuando pensamos de forma autónoma y rigurosa, a menudo llegamos a conclusiones similares a las que han llegado otros precisamente porque hemos pensado con objetividad. Cuando sucede así, ¿el esfuerzo ha sido innecesario? En absoluto, porque lo que nos enriquece es haber llegado por nosotros mismos, haber contemplado detenidamente una dimensión de lo real, haber establecido de forma creativa esas conexiones, haber experimentado las transformaciones internas necesarias para alumbrar esa comprensión. Esto es lo que marca la diferencia entre la erudición y la sabiduría, entre el conocimiento que meramente «se tiene» y el conocimiento que «se es», el que se encarna en el propio ser modificando nuestro nivel de conciencia.

Muchas veces creemos estar expresando nuestras propias ideas cuando, en realidad, estamos repitiendo las de alguien o algo a lo que hemos otorgado autoridad, o bien ideas sustentadas en la autoridad anónima de la opinión pública (que, en palabras de Erich Fromm, se disfraza de «normalidad», de «sentido común», de «ciencia» o incluso de «salud psíquica»). Quienes temen autorresponsabilizarse y ser luz para sí mismos necesitan una autoridad externa que piense por ellos: personas, instituciones, autoridades civiles, sistemas de creencias, ideologías, la mencionada opinión pública o un superyó que se confunde con la voz de la propia conciencia, pero que es solo la interiorización de esas formas externas de autoridad.

Pero, si bien el pensamiento autónomo es incompatible con el seguidismo, en ningún caso excluye la disposición a aprender de quienes nos pueden enseñar, a escuchar atentamente aquellas voces que despiertan en nosotros un interés sincero y vivo,[7] a encontrar inspiración en las personas dotadas de autoridad intelectual y moral y de consejo sabio.

El pensamiento autónomo tampoco excluye el reconocimiento de que, además de las personas a las que concedemos autoridad por la calidad de su saber y de su ser, hay otras formas legítimas externas de autoridad, en concreto, las imprescindibles para el mantenimiento del orden laboral, social, civil, etcétera, con las que podemos tener, o no, una relación libre y madura.

Ahora bien, ¿en qué consiste la relación madura con la autoridad? ¿Cómo diferenciarla de la relación inmadura, en la que nuestro pensamiento deja de tener en sí mismo su centro de gravedad?

---

7.   ¿Cómo enriquecernos con los conocimientos de otros sin desconectarnos de nuestro propio criterio? Es preciso dejar que lo escuchado o leído resuene en nosotros. Algunas ideas encontrarán eco en nuestro propio sentido de la verdad; otras, no. Descansamos solo en lo que ha resonado en nosotros y en la forma en que lo ha hecho. No tenemos que asumir lo que no reconocemos con el argumento de que, si alguien supuestamente autorizado lo afirma, por algo será.

La actitud inmadura ante la autoridad

Antes de explicar en qué consiste la actitud madura ante la autoridad, comenzaremos describiendo la actitud inmadura. En esta línea, es interesante advertir cómo las percepciones infantiles que tenemos sobre la autoridad (representada fundamentalmente por las figuras parentales, pero también por profesores, tutores, cuidadores, etcétera) pueden condicionar, de forma generalmente inconsciente, el modo en que de adultos nos relacionamos con ella. A este respecto, caben dos posibilidades fundamentales.

Una posibilidad es que el niño haya percibido esa figura de autoridad como una instancia frustrante, abusiva, incluso insensible y adversa, como un obstáculo a su libertad, a la consecución de sus deseos y a su autoafirmación. Estos niños pueden haber realizado, inadvertidamente, la siguiente generalización: «Toda autoridad es castrante. Toda autoridad es, de entrada, sospechosa». Esto dará lugar a una actitud de suspicacia y de desconfianza, de rebeldía sutil o manifiesta, pasiva o agresiva, hacia cualquier forma de autoridad o de jerarquía, de las que uno tiende a sentirse víctima. La estrategia que han desarrollado estos niños para encontrar seguridad emocional en la infancia, para evitar la sensación de desamparo y de impotencia, es la de ir en contra de la autoridad.

Otros niños desplegaron una estrategia contraria. Sintieron que, aunque en ocasiones esa figura de autoridad les frustrara, incluso aunque fuera dura y punitiva, ir en contra los situaba en un lugar peligroso; de alguna manera, su rebeldía amenazaba el vínculo y los ponía en una posición de mucha vulnerabilidad.

Con lo cual, la estrategia que eligieron fue diferente: decidieron identificarse y aliarse con esa figura poderosa para no sentirse desamparados; se identificaron con el fuerte para sentirse fuertes, aunque ejerciera su autoridad de forma arbitraria o despótica. En estos casos, tuvieron que reprimir su sentido crítico y sus sentimientos negativos hacia esa figura, pues solo así podían ponerse del lado del poder, de la autoridad.

En conclusión, las distintas estrategias que hemos desarrollado para conseguir seguridad emocional en la infancia están a menudo asociadas a distintas ideas e imágenes latentes que tenemos sobre la autoridad. Procede, por lo tanto, examinar si nuestra relación con la autoridad está teñida de sesgos inconscientes que nos inclinan hacia la rebeldía reactiva o bien hacia el conformismo ciego.

Derecha e izquierda

John Wellwood, inspirándose en George Lakoff, pone en conexión las estrategias infantiles con las que afrontamos nuestro desamparo con nuestras opciones políticas cuando estas son reactivas y están condicionadas por imágenes infantiles inconscientes sobre la autoridad (no hablamos, por tanto, de las opciones políticas que son el fruto de una reflexión madura y ecuánime desligada de esos condicionamientos inconscientes).[8]

---

8.   *Cfr.* nota 7 de la introducción del libro de John Welwood. *Perfect Love, Imperfect Relationships: Healing the Wound of the Heart.*

Por ejemplo, hay personas conservadoras que pueden haber adoptado la segunda estrategia descrita: tienden a ponerse del lado de la autoridad, del orden, de la ley. Se identifican con quienes tienen posiciones de poder, de privilegio. Experimentan falta de empatía con las personas en situaciones menos favorecidas, porque, para poderse identificar con el poderoso, tuvieron que reprimir su propio desvalimiento y desamparo. Incluso personas socialmente desfavorecidas pueden inclinarse por esta opción política si esta ha sido su estrategia para sentir seguridad en la infancia.

A su vez, hay personas que se identifican con las posiciones de izquierdas que no han reprimido su dolor, su desamparo, su vulnerabilidad, de modo que pueden empatizar con quienes están en una situación de debilidad. Se ponen del lado del débil frente al poder. Desconfían sistemáticamente de las figuras o instancias que representan la autoridad. Con frecuencia, quienes asumen estas posiciones políticas tienen dificultad para acceder al poder, para gobernar, porque, cuando lo hacen, inconscientemente experimentan una contradicción. Por consiguiente, ellos mismos se sabotean esta posibilidad, por ejemplo, al no flexibilizar sus idearios y planteamientos para poder hacer pactos; les cuesta llegar a acuerdos, a consensos, porque se mantienen en un purismo ideológico e idealista poco práctico que obstaculiza la flexibilidad necesaria para el ejercicio de poder real.

Ambos grupos de personas no se entienden; se enojan y se desprecian mutuamente porque cada uno simboliza la sombra del otro. Los conservadores pueden ser en ocasiones personas moralistas, legalistas, muy duras con quienes se saltan las reglas (porque, inconscientemente, no se permiten a sí mismos ser críticos con la autoridad). Los más rebeldes advierten que esta actitud legalista e intolerante es poco convincente, que oculta mucho miedo y mucha represión, pero, a su vez, no suelen ser conscientes de los factores ciegos, compulsivos y reactivos presentes en su propia posición.

La actitud madura ante la autoridad

Tenemos una relación madura con la autoridad cuando no nos condicionan ideas infantiles inconscientes acerca de ella; cuando no incurrimos en la sumisión, pero tampoco en la suspicacia sistemática y en la rebeldía reactiva. La actitud madura frente a la autoridad reconoce que hay formas legítimas y sanas de autoridad; reconoce que existen jerarquías naturales (el liderazgo natural de quien está más desarrollado en un determinado ámbito) y también jerarquías temporales necesarias para el mantenimiento del orden social; reconoce que hay leyes naturales, sustentadas en el orden natural de las cosas, y también leyes eventuales pero necesarias en la organización de los grupos y de las sociedades; acata, por tanto, las normas que considera fundadas, no por mera obediencia acrítica, sino con plena libertad interior.

A su vez, frente a la falsa autoridad que pide obediencia ciega y que nos impide pensar por nosotros mismos, que se impone de forma irracional y demanda actitudes dóciles y acríticas, la autoridad sana es aquella que respeta la libertad de nuestra conciencia y apela a nuestra razón y a nuestro criterio. Pues es nuestro propio criterio el que nos conduce a admitir que hay personas que tienen más luz y conocimientos que nosotros sobre algún asunto, que están más avanzadas en cierto aspecto (son más virtuosas, están más dotadas de capacidad de acción, de don de mando, de capacidad para dirigir, etcétera), motivo por el que le cedemos el liderazgo; o bien que hay personas que han de cumplir en un momento dado la función de mantener un cierto orden dentro de una organización, estructura o sociedad. Esta cesión en ningún caso debilita nuestro criterio, ni tampoco nuestra certeza de que, como seres humanos y de forma intrínseca, nadie es superior ni inferior a nadie.

Un ejemplo. Un consultante me comentaba recientemente: «He sido muy seguidista. He buscado la mirada aprobatoria del líder, del terapeuta, del maestro; que vean qué bueno, sensible y consciente soy. He buscado ser el predilecto del fuerte, incluso a costa de falsearme y de cederle mi criterio, generalmente con el argumento de que "si lo dice, será por algo". He querido estar cerca de él o de ella y hacerlo "bien", hacer lo que esperan de mí. Temo la exclusión. Tengo la impresión de que, si sigo mi propio camino, dejo de pertenecer».

Estuvimos reflexionando sobre la importancia de descansar en el propio criterio y, en la sesión siguiente, compartió conmigo una anécdota que ya revelaba un cambio en él. En un centro de terapias en el que se formaba, había observado irregularidades: se programaban actividades que luego no se realizaban y no se les devolvía el dinero que habían adelantado. Tras la conversación mantenida en la consulta, tuvo el coraje necesario para expresar a su maestro, líder del centro, su incomodidad. De inmediato, este le replicó que su malestar se originaba en un problema suyo, en concreto, en su mala relación con el desorden. Pero siguió escuchándose a sí mismo, legitimando su intuición, y no cayó en esta desviación. Comentó a su maestro que, en efecto, quizá él tenía un problema con el desorden, pero que esto no explicaba el malestar que experimentaba. Su asertividad posibilitó un diálogo que resultó constructivo para ambos. El mismo criterio interno que le condujo a reconocer que su maestro tenía autoridad en el ámbito terapéutico y que podía aprender de él, le llevó a cuestionar las conductas de este que no le parecían adecuadas y a expresar su opinión de forma respetuosa y adulta. Este es un ejemplo sencillo y cotidiano de lo que significa tener una relación madura con la autoridad.

Todos tenemos un modelo de autoridad genuina: nuestra propia guía interna. Solo cuando somos fieles a nuestra autoridad interna, tenemos la autonomía necesaria para establecer una relación sana y madura con las formas externas legítimas de autoridad.

II. La fuente del criterio

Examinábamos en el capítulo anterior si estamos siendo luz para nosotros mismos a través de tres preguntas. En este capítulo profundizamos en la segunda pregunta, en concreto, indagamos en dónde radica la fuente del criterio y en cómo establecer contacto con nuestro criterio íntimo.

Distinguimos dos niveles en el ámbito del pensamiento: por una parte, el pensamiento discursivo y, por otra, el discernimiento inmediato sustentado en nuestro sentido interno de la verdad, de la belleza y del bien. Este último es la fuente del criterio.

Enumeramos algunos signos que indican que no estamos en contacto con nuestro criterio, y, a continuación, describimos siete condiciones que nos permiten conectar con él:

–Reconocer la presencia en nosotros de una sabiduría impersonal latente.

> −Querer ver. Amar la verdad por encima de todo.
>
> −Considerar la paz y el sufrimiento como guías.
>
> −Habitar la «atmósfera de la verdad»: confrontar nuestra realidad presente y ser completamente honestos con respecto a nuestra verdad existencial aquí y ahora.
>
> −No buscar la luz en el ámbito del pensamiento analítico o del conocimiento acumulativo.
>
> −Advertir que la fuente del criterio es un lugar silencioso y vacío de contenidos.
>
> −Navegar la incertidumbre.
>
> Examinamos, por último, cómo esta concepción del criterio ilumina el significado de la palabra «coherencia».

En el capítulo anterior, invitábamos a examinar el grado de «mayoría de edad» de nuestro pensamiento a través de tres preguntas: *¿Cimento mi camino interior en comprensiones propias o en ideas de segunda mano? ¿Estoy en conexión con mi criterio íntimo? ¿Tengo una relación madura con las personas o instancias que simbolizan la autoridad?*

En este capítulo profundizaremos en la segunda cuestión, la relativa a la conexión con nuestro criterio interno: el que nos capacita para discernir lo verdadero de lo falso, el bien del mal, lo bello de lo feo, el que nos guía en nuestra acción cotidiana y en el desenvolvimiento de nuestras mejores posibilidades. Examinaremos dónde radica la fuente del criterio y cómo establecer contacto con él.

Como apuntábamos en el capítulo anterior, el reconocimiento de que contamos con una guía interna tiene un alcance filosófico y existencial muy amplio y profundo. Hay una instancia en nosotros –decíamos– que capta el sabor de la verdad, del bien y de la belleza, que siempre conoce lo que es bueno para nosotros, que sabe, en definitiva, la verdad sobre nosotros; una instancia que se expresa mediante ese conocer sentido que llamamos intuición. Por lo tanto, no estamos arrojados a la existencia sin «manual de instrucciones», sin brújula ni guía; estamos siendo sostenidos por un fondo inteligente y benéfico.

Esta Presencia en nosotros, esta guía que nos acompaña siempre, es fuente de confianza, energía, conocimiento e inspiración; nos provee y nos ofrece luz en los retos constantes de la vida.

1. Dónde radica la fuente del criterio

Nous y *dianoia*

Afirmaba Immanuel Kant que pensar por nosotros mismos equivale a situar en la razón el criterio supremo de la verdad. Esta afirmación, si bien es certera, hoy en día necesita ser matizada, pues el concepto de «razón» se ha desvirtuado significativamente en nuestra cultura hasta el punto de haber llegado a equivaler a «razón discursiva individual». Ahora bien, en su sentido originario, el término «razón» apuntaba a algo mucho más rico, amplio y profundo.

Afirmaba Platón que el verdadero conocimiento es una conjunción de *nous* y *dianoia*. Ambas son vertientes de la razón. *Dianoia* es la razón con minúsculas, la razón discursiva que argumenta y que, a partir de unas premisas, busca alcanzar ciertas conclusiones. *Nous*, a su vez, es la razón con mayúsculas, la aprehensión o conocimiento inmediato, la inteligencia intuitiva, que capta de forma directa la verdad y el bien.

En el pensamiento clásico, el término *nous*, además de a la inteligencia intuitiva o visión directa, aludía al espíritu humano, al que le es propio percibir la verdad y el bien, y también al Espíritu cósmico, del que el espíritu humano es una «chispa» y de cuya inteligencia, por tanto, participa.

El *nous,* en consecuencia, es lo que ve, lo que realmente sabe. El razonamiento por sí mismo no ve y solo fluye correctamente cuando está inspirado por la visión directa y cuando se subordina a ella.

Con respecto al conocimiento profundo, cabría decir que la función de la razón discursiva es doble: en primer lugar, articular la visión, estructurarla, desenvolverla; en segundo lugar, crear un clima propicio para el alumbramiento de la visión interior. El razonamiento lógico o argumentativo articula la visión y abona el terreno para propiciar una nueva comprensión directa, pero en ningún caso equivale a esta última. Los clásicos tenían muy claro que la razón conceptual y discursiva no puede sustituir a la intuición superior.

Es sabido que en la Grecia Antigua y, más ampliamente, en el mundo clásico, hubo un desarrollo muy exhaustivo de las potencialidades de la mente analítica, del raciocinio, la palabra y la lógica. Pero a veces se pasa por alto que este tipo de conocimiento conceptual, analítico y argumentativo siempre estaba al servicio de otra forma superior de conocimiento: la contemplación. Con respecto al saber que otorga sabiduría, la *dianoia* se consideraba un medio, pero en absoluto un fin.

El pensamiento tradicional de la India afirma, en esta línea, que la mente es como la luna: no tiene luz propia, su luz resulta de reflejar la luz del sol. La razón inferior se limita a reflejar la luz de la razón superior, de la razón que realmente sabe y ve, de la conciencia pura.

Pero, como decíamos, hoy en día se ha olvidado en buena medida esta concepción amplia de la razón, la que engloba ambas dimensiones (un olvido que también se ha dado en buena parte de los ámbitos filosóficos). Y las consecuencias están a la vista: una intelectualidad sin sabiduría, una filosofía sin sabiduría y un progreso tecnológico y científico que no va de la mano del progreso ético y espiritual.

Reconocer estos dos niveles de la razón no tiene un interés secundario o meramente teórico; tiene consecuencias decisivas en nuestra vida personal y concreta. Existencialmente, la diferencia entre concebir la naturaleza de la inteligencia humana y de la razón de una forma restringida o bien abarcadora de las

66 El coraje de ser

dos dimensiones descritas es abismal, como se irá ilustrando a lo largo de los próximos capítulos. De hecho, concebirla de un modo u otro va de la mano de un cambio radical de nivel de conciencia –que nos remite a la distinción mencionada en el capítulo pasado entre la conciencia de separatividad y la conciencia de unidad–: desde la conciencia de separatividad, la inteligencia humana se percibe como una dote meramente individual; desde la conciencia de unidad, se sabe que la propia inteligencia personal es el reflejo de la Razón o Inteligencia única que nos sostiene.

¿Dónde radica, por tanto, la fuente del criterio? Según lo dicho, y acudiendo a la terminología clásica, radica en el *nous*. Radica en la razón, como nos decía Kant, pero no en la razón inferior, sino en la razón superior.

El sentido de la verdad, de la belleza y del bien

Con frecuencia pongo en conexión esta razón superior con lo que denomino el «sentido de la verdad», el «sentido del bien» y el «sentido de la belleza»,[1] pues es lo que en nosotros capta y reconoce de una forma inmediata lo verdadero, lo bueno y lo bello. Se trata, por tanto –como mencionamos en el capítulo pasado– de una razón indisociable de la sensibilidad y del amor.

La palabra «sentido», en este contexto, busca subrayar el carácter directo e inmediato de este tipo de conocimiento: nos

---

1.   *Cfr*. Mónica Cavallé, *El arte de ser*, capítulo II.

proporciona un conocer *sentido*, un saber que es un *sabor*. Pero se trata de un sentir de alcance ontológico, que en ningún caso equivale al sentir meramente sentimental ni al sentir de los sentidos físicos.

Si vemos a alguien destruyendo gratuitamente la naturaleza o una obra de arte, algo en nosotros expresa un «no» rotundo: «¡Eso no ha ser destruido porque tiene valor!». Lo que en nosotros capta de forma inmediata que se trata de una realidad valiosa que no debe ser dañada es nuestro sentido del bien. Hablamos, por tanto, de un saber latente que nos permite reconocer lo valioso sin una argumentación previa; que nos permite saber que algo es bueno, no a través de un silogismo, de un proceso argumentativo, sino mediante un reconocimiento inmediato.[2]

Puesto que el conocimiento del bien no es algo meramente pensado sino sentido, puesto que no incumbe al saber meramente cerebral sino al saber del corazón, alguien puede tener grandes capacidades lógicas, analíticas y argumentativas y, a la vez, si su sensibilidad está entumecida, no captar de forma sentida la naturaleza del bien y del mal.[3] Hay personas eruditas y brillantes en su capacidad argumentativa que no están en contacto con su sabiduría profunda, con el saber del corazón. Son personas inteligentes, pero no son personas sabias.

---

2.   «Cuántos siglos necesita la razón para llegar a la justicia que el corazón comprende instantáneamente» (Concepción Arenal, *La mujer del porvenir*).

3.   En su expresión extrema, esta es la naturaleza de lo que, en el ámbito de la psicología, se denomina psicopatía.

68   El coraje de ser

La experiencia del bien, por tanto, es un saber sentido. La experiencia de la belleza también es un conocimiento sentido. Y, aunque no resulte tan evidente, también lo es el conocimiento de la verdad. Podemos especular y argumentar en torno a un asunto; pero pensar en torno a algo es completamente diferente al momento en que lo captamos desde dentro y decimos «Ah, lo veo», al momento en que adquirimos el «sabor» de lo verdadero, en que alcanzamos una comprensión inmediata, lo que denomino «comprensión sentida». La captación de la verdad es una comprensión sentida; tiene siempre un componente de inmediatez.

La razón superior no especula: sabe.

Qué significa pensar bien

A partir de lo explicado podemos deducir que el arte de pensar tiene dos vertientes:

En el nivel del pensamiento discursivo, pensar bien es saber conceptualizar y argumentar, no incurrir en falacias. Poseer una amplia información también nos ayuda a pensar bien en esta acepción.

Si atendemos a la segunda vertiente del pensamiento descrita, pensar bien es estar en contacto con el criterio o luz interna que ilumina el pensamiento, de donde procede la sabiduría profunda que, según Sócrates, es preciso rememorar.

2. Signos de que no estamos en contacto con nuestro criterio

Con vistas a integrar lo expuesto en nuestra vida cotidiana, procede examinar si estamos habitualmente en contacto con nuestro criterio íntimo, con la sabiduría impersonal que se expresa en él.

Para facilitar este examen, enumero a continuación algunos patrones limitados que aparecen recurrentemente en mis consultas de asesoramiento filosófico y que resultan de no estar en contacto con nuestro criterio o bien de tener concepciones erradas acerca de su naturaleza:

–Falta de seguridad íntima. Dudas crónicas.

–Búsqueda externa de la fuente del criterio: en autoridades, libros, doctrinas, etcétera.

–Desconexión del propio sentir profundo y de las propias necesidades («no sé lo que quiero»).

–Búsqueda de la seguridad mental y del criterio exclusivamente a través del pensamiento discursivo y del análisis.

–Confundir el hecho de tener criterio con ser dogmático o tener opiniones rígidas.

–Creerse en posesión de la verdad.

–Falta de capacidad de escucha de lo que no se ajusta a esa verdad rígida que creemos poseer.

–Necesidad de tener razón o de demostrar al otro que no tiene razón.

–Mesianismo, proselitismo, necesidad de convencer a los

demás de las propias ideas o de cambiarlas según los propios parámetros.

–Confundir el criterio íntimo con un superyó autocrítico, severo y culpabilizador.

3. Condiciones para contactar con nuestro criterio interno

Es preciso examinar, también, si se dan en nosotros las condiciones internas que posibilitan el contacto con la fuente del criterio. Resumiremos estas condiciones en siete:

Reconocer la presencia en nosotros de esa sabiduría impersonal latente

El primer requisito es obvio: reconocer en nosotros la presencia de esa sabiduría impersonal latente. ¿Cómo vamos a contactar plenamente con ella si no admitimos su realidad?

La falta de reconocimiento de la presencia de esa sabiduría profunda en nosotros puede manifestarse en formas aparentemente contrarias.

En algunas personas se manifiesta como *orgullo y voluntarismo*. Consideran que tienen un criterio muy claro y confían en él, pero porque se suponen muy listas. Se apropian del criterio en el plano estrictamente personal y no tienen una actitud de escucha de lo profundo, de apertura a lo superior en ellas.

En otras personas se manifiesta como *inseguridad* íntima.

Consideran que no tienen criterio propio o que su criterio no es fiable. Confían más en el juicio de los demás que en el propio. Creen que el exterior les debería aportar criterio o que la opinión más compartida es más fiable que la suya.

Es significativo que, incluso las personas más inseguras, las que menos confían en su criterio y más tienden a buscar fuentes externas de autoridad, reconocen, en un nivel intuitivo, el carácter sagrado de su criterio íntimo, pues viven con violencia que no se respeten sus ideas, que no las dejen pensar por sí mismas, que anulen su voz. Todas las personas experimentamos estos frenos o intromisiones como una forma de violencia. De hecho, en las sociedades democráticas se ha reconocido como un derecho fundamental la libertad de pensamiento y de conciencia, la libertad para alcanzar, desarrollar y expresar las propias ideas de forma independiente, sin ser perturbados por ello. Pero, aunque todos compartimos (de modo más o menos consciente) la intuición del valor sagrado de la luz de nuestra conciencia, no siempre la llevamos hasta sus últimas consecuencias; tenemos al respecto una actitud ambivalente: nos molesta que no respeten nuestro criterio, pero tampoco confiamos plenamente en él.

Agregamos que hay quienes sí reconocen la realidad de esta sabiduría impersonal latente, pero la conciben como algo distante y esquivo, solo accesible a unos pocos privilegiados, a personas interiormente muy desarrolladas. Esta creencia también dificulta la conexión con la fuente del criterio; nos ciega ante el hecho de que se trata de una guía interna con la que estamos en contacto de continuo.

Por lo tanto, la primera condición para contactar con nuestro criterio íntimo consiste en reconocer esa presencia sabia dentro de nosotros. Este reconocimiento transforma nuestra vida de raíz. Qué descanso saber que en nosotros hay una fuente de luz, una instancia de la que podemos obtener serenidad, inspiración, fuerza, seguridad y guía, en la que podemos reposar y confiar. Qué descanso saber que no estamos desamparados ante los retos constantes de la vida. Esta convicción es uno de los cimientos de la confianza básica en la realidad.

Amar la verdad por encima de todo. Querer ver

Un segundo requisito para entrar en contacto con la fuente del criterio, con la luz de lo profundo de nosotros, es «querer ver», buscar y amar la verdad por encima de todo.

«¿Qué es la verdad?» se pregunta en un momento dado Simone Weil. Su repuesta aporta una de las descripciones de la verdad más lúcidas que conozco:

> La verdad son los pensamientos que surgen en el espíritu de una criatura pensante única, total y exclusivamente deseosa de la verdad. La mentira son los pensamientos de quienes no desean la verdad, y de los que desean la verdad y, además, otra cosa; por ejemplo, desean la verdad y, además, la conformidad con tal o cual pensamiento establecido.
>
> SIMONE WEIL,
> *Nota sobre la supresión general de los partidos políticos*

La verdad son los pensamientos que surgen en un espíritu que es tan puro que solo anhela verdad. A su vez, la mentira son los pensamientos que surgen en quienes no aman la verdad; o en quienes supuestamente buscan la verdad, pero también la conformidad con ciertos pensamientos previamente establecidos, es decir, en quienes están abiertos solo a aquellas «verdades» que no contradicen ni cuestionan las ideas a las que se encuentran apegados.

Se trata de una descripción muy interesante porque pone en relación la pregunta por la naturaleza de la verdad con la pregunta por las condiciones subjetivas que hemos de satisfacer para poder abrirnos a ella. Pues, en efecto, se recibe la luz de la verdad solo cuando se cumplen ciertas condiciones, siendo una de ellas la de amar la verdad por encima de todo y de forma incondicional.

En otras palabras, si tenemos en la mente unas ideas preconcebidas que no estamos dispuestos a cuestionar, estamos obstaculizando la recepción de la verdad.

Si queremos luz sobre alguna cuestión, pero no estamos completamente abiertos a que la respuesta que recibamos de lo profundo no coincida con los deseos o creencias de nuestro yo superficial, estamos obstaculizando la recepción de la verdad.

Si buscamos luz, pero esperamos una respuesta determinada, tampoco recibiremos luz.

En definitiva, si no hay en nosotros una apertura total e incondicional, no recibiremos de forma plena la luz de la verdad. En general, vamos a obtener inspiración de nuestra guía interna, vamos a tener un contacto fluido con ella, cuando no tengamos miedo a abrirnos a lo que es; cuando no seamos connivientes con nuestros autoengaños; cuando estemos dispuestos a escuchar lo que puede enriquecer, matizar o cuestionar nuestras ideas; cuando no tengamos miedo a admitir «no sé»; o cuando, si tenemos miedo –algo muy humano–, al menos no seamos cómplices de ese miedo y haya en nosotros una voluntad aún más fuerte de verdad.

Queremos sabiduría, certezas interiores, luz, pero no siempre estamos dispuestos a pagar el precio. Queremos robar la sabiduría, quizá aprovisionándonos de las ideas de otros, pero no siempre estamos dispuestos a hacer el camino del desnudamiento progresivo que nos abre a la verdad.

Abrirnos a la luz interior

> La luz se recibe deseando la verdad, sin pensar y sin intentar adivinar de antemano su contenido. Este es todo el mecanismo de la atención.
>
> Simone Weil,
> Nota sobre la supresión general de los partidos políticos

La forma en que podemos abrirnos a la luz interior viene dada por lo que Simone Weil denomina «mecanismo de la atención».

¿En qué consiste esta disposición? Consiste en lo siguiente: nos abrimos a lo profundo y escuchamos. Dirigimos nuestra atención de forma desnuda, sin ideas previas, sin querer adivinar ni manipular de antemano el contenido de lo que nos será inspirado.

Escuchamos y esperamos. Y en esta escucha, en esta espera, permanecemos vacíos y disponibles: «que la verdad nos lleve a donde nos tenga que llevar».

Nos abrimos a recibir luz de lo profundo con una actitud abierta, receptiva, serena, relajada, paciente.

Sin esta disposición, la luz de la verdad encontrará frenos, no se abrirá paso de forma libre en nosotros.

De algún modo, pensar bien, en este sentido esencial, equivale a escuchar bien.

Un obstáculo que suele interferir en esta actitud de escucha es el miedo: «¿Y si lo que escucho contradice mis deseos? ¿Y si, por ejemplo, veo que tengo que dejar una relación a la que me encuentro muy apegado?». Tenemos miedo a que la vida demande de nosotros algún tipo de sacrificio. Pero es importante advertir que, sean cuales sean las luces que lleguen a nuestro estado de apertura, procederán de nuestro propio ser y, por lo tanto, siempre nos indicarán lo que es mejor para nosotros. Nuestra guía interna nos dirige inequívocamente hacia nuestro pleno desenvolvimiento, nos orienta a nuestra felicidad. Lo que sucede es que nuestro yo superficial con frecuencia desconoce dónde radica nuestra verdadera felicidad.

Leía recientemente un artículo del diario oficial del Vaticano escrito con ocasión de las reivindicaciones del Día de la Mujer. En él se daba voz a unas monjas que admitían haber estado sometidas a una vida de servidumbre: no solo denunciaban haber vivido al servicio del clero masculino; reconocían asimismo que, entre las propias monjas, a menudo se fomentaba la sumisión, por ejemplo, cuando una superiora impedía que una monja brillante intelectualmente progresara en sus estudios universitarios «para no dejarse llevar por el orgullo». Mencionamos en el capítulo pasado cómo arrastramos desde la infancia imágenes inconscientes sobre la autoridad. En el caso que nos ocupa, con frecuencia la mala educación recibida nos ha hecho asociar la autoridad espiritual a una instancia severa, castradora y represiva. Pero nuestro yo profundo nunca es abusivo ni sádico. Nuestra sabiduría profunda nunca nos pedirá que sacrifiquemos nuestra felicidad, puesto que, de hecho, nos encamina hacia ella, así como hacia la completa expresión de nuestros dones y potencialidades.

Solo podemos estar abiertos a que nuestra guía interna nos lleve a donde nos tenga que llevar desde la total confianza en que ese lugar va a ser, infaliblemente, el mejor posible, el que se corresponde con lo que anhela lo mejor de nosotros.[4]

Considerar la paz y el sufrimiento como guías

Un tercer requisito para contactar de forma estable con nuestro criterio interno es el de considerar la paz interior y el sufrimiento como guías.

---

4. «Pedid y se os dará. Porque todo el que pide, recibe; y el que busca, halla; y al que llama, se le abrirá» (Mateo 7, 7-8).

Hemos visto cómo nuestra inteligencia profunda no nos habla a través de un discurso elaborado, sino de forma sutil, a través de un sentir profundo que se expresa en todas las dimensiones de nuestro ser: espiritual, psíquica y corporal.

Y el signo de que estamos en el camino, de que estamos haciendo lo que tenemos que hacer (aunque haya dificultades externas), es la paz interior.

Como mencionamos en el capítulo pasado, la inautenticidad existencial se siente. No llegamos a la conclusión de que estamos siendo inauténticos a través de una argumentación, ni al comparar nuestras conductas con ciertos modelos o códigos de conducta; sencillamente, no nos sentimos en paz, no nos sentimos coherentes, unificados, auténticos. De algún modo, nuestro Ser nos habla a través de la falta de armonía; esta nos indica que hay puntos ciegos en nosotros, que no estamos avanzando en la dirección adecuada, que nos estamos acomodando a una situación que no permite el despliegue de nuestra verdad profunda o que es abiertamente incongruente.

Cuando se tiene un alto nivel de conciencia y mucha finura interior, la sensación de desarmonía es particularmente aguda; nuestro sensor interno está más afinado, tiene un volumen más alto; de hecho, cuando nos descaminamos, la pérdida de paz es mayor.

De aquí la importancia de hacernos preguntas como las siguientes: «¿Hay paz en mi vida, hay armonía, predomina en mí un tono de contentamiento íntimo (más allá de los altibajos anímicos naturales)? ¿O predominan la inquietud y la insatisfacción conmigo y con mi vida?

»Si no tengo paz y me siento insatisfecho, ¿escucho lo que esta desarmonía me está indicando y me abro a recibir luz al respecto? ¿Qué puntos ciegos están obstaculizando mi desenvolvimiento? ¿Me estoy empeñando en avanzar en direcciones no guiadas por la escucha de lo profundo en mí?».

Nos hacemos estas preguntas y nos abrimos a escuchar y a recibir luz. Porque todas las respuestas que necesitamos para vivir sabiamente laten en lo profundo de nosotros.

Si nos explicamos nuestra falta de paz por las dificultades externas o por factores que no dependen de nosotros, nos engañamos; pues solo perdemos la paz cuando no estamos utilizando esas dificultades en dirección a nuestro crecimiento interno.

Y si ennoblecemos y racionalizamos nuestro sufrimiento, si nos hacemos una filosofía a la medida de nuestro sufrimiento y nos instalamos en ella, nos engañamos igualmente y el sufrimiento dejará de ser nuestra guía.

En los procesos de acompañamiento filosófico con frecuencia afloran verdades duras de afrontar. Pero cuando una verdad se afronta, aunque de entrada no resulte agradable, experimentamos contento íntimo porque hay más verdad en nuestra vida. Se saborea una paz incrementada, una señal clara de que nos hemos adentrado en la senda de la verdad.

Hay quienes viven en un estado de satisfacción mediocre, sin grandes problemas, pero sin plenitud genuina, sin descubrir sus mejores potencialidades. A veces el sufrimiento pone en crisis la vida de estas personas y les conduce a buscar una verdad más profunda que, de otra manera, nunca se hubiesen sentido motivados a buscar. La infelicidad, el sufrimiento, ha sido su gran medicina. Por eso no somos quienes para querer eliminar a toda costa el sufrimiento de la vida de los demás, porque el sufrimiento también es para ellos la manifestación interna de la voz del Ser.

La guía de lo profundo no equivale a un superyó que nos juzga y nos critica

La guía de la paz que acabamos de describir nos permite distinguir la auténtica conciencia interior de la voz de un superyó severo que nos juzga y nos critica.[5]

La conciencia ética genuina es un sentir o una voz tenue que nos revela lo que es bueno en sí mismo y bueno para nuestro desarrollo. La genuina voz interior trae consigo paz, contentamiento sereno. Aunque nos haga sentir, ocasionalmente, el dolor puro del arrepentimiento, nunca nos deprime, humilla, critica, castiga, fustiga, debilita o culpabiliza. Nos aporta luz y energía. Nos invita a aceptar con serenidad nuestros límites.

---

5. Freud identifica la conciencia que distingue el bien y el mal con el superyó. Según Freud, el superyó es la instancia moral que enjuicia nuestras acciones y que resulta de la internalización de las normas, reglas y prohibiciones parentales y sociales. Esta noción revela una visión del ser humano negadora de su dimensión espiritual y en la que no es posible discernir entre, por una parte, la conciencia moral autoritaria, la interiorización de la figura del padre que manda y prohíbe, el ilusorio yo-ideal y sus exigencias, y, por otra, la genuina voz de la conciencia, que es la manifestación de nuestro sentido del bien.

No nos divide psicológicamente (como sí sucede cuando reproducimos en nuestro interior el esquema que define la «minoría de edad»: una parte de nosotros amonesta o regaña a otra, la cual obedece, se escabulle o bien se rebela).

Esta voz interior genuina también se caracteriza por tener la virtud de integrar dualidades: nos orienta a la felicidad propia, pero siempre respetando y propiciando la de los demás; integra el bien propio y el bien de los demás, el amor propio y el amor a los demás, la alegría o el placer sano y el cumplimiento de nuestras responsabilidades; etcétera.

Habitar la atmósfera de la verdad

El cuarto requisito para contactar con nuestra guía interna es el de habitar la atmósfera de la verdad.

Mencionamos en el capítulo pasado que habitamos la atmósfera de la verdad cuando reconocemos nuestro nivel de comprensión real y no confundimos nuestras ideas de segunda mano con nuestras verdaderas compresiones. Habitamos ese clima, asimismo, cuando entramos en contacto con nuestros sentimientos reales y los reconocemos, frente a la bondad impostada o al *sentimentalismo*, en el que tenemos la ilusión de que sentimos lo que realmente no sentimos, lo que añade más falsedad a nuestra vida y ocasiona un mayor alejamiento de la realidad.

Solo esta sinceridad y honestidad radicales nos instalan plenamente en nuestro Ser. De nuevo, en este camino no hay atajos.[6] Por ejemplo, si alguien asume: «Advierto que, en este momento, estoy más interesado en tener razón que en buscar la verdad», paradójicamente, ya se ha adentrado en la senda de la verdad. Como indicamos, solo cuando descansamos en nuestra verdad presente y somos honestos al respecto (en el grado en que nos lo permita nuestra lucidez actual), ponemos las condiciones para abrirnos a niveles de conciencia superiores y para que se nos revelen las verdades profundas de la vida.

En el camino sapiencial, no hay incremento de la verdad objetiva sin incremento de la veracidad subjetiva.

Dejar de buscar la luz en el ámbito analítico y en el conocimiento acumulativo

«El pensamiento discursivo y el análisis son la fuente del criterio».

«El razonamiento es lo que garantiza que no haya error. La intuición es primitiva y no es de fiar».

«Vivir según mi criterio equivale a racionalizarlo todo, lo cual es agotador».

---

6. Predomina hoy en día una «espiritualidad de consumo» que aspira a experimentar la Verdad con mayúscula, pero sin confrontar la propia verdad con minúsculas; que busca luz, pero sin querer atravesar las propias sombras. Se trata de un falso atajo. El camino de la verdad siempre pasa por el reconocimiento de nuestra verdad concreta sin engaños: si hay en nosotros confusión, sufrimiento inútil, puntos ciegos, rencor, resentimiento, obstinación..., lo asumimos, miramos a la cara estos aspectos de nosotros, los confrontamos con la intención de comprenderlos.

«Llegar a tener un criterio claro es muy costoso, requiere mucho análisis e investigación».

«La sabiduría equivale a saber muchas cosas», etcétera.

Estos son ejemplos de creencias que afloran una y otra vez en las consultas de asesoramiento filosófico y que pasan por alto el quinto requisito necesario para establecer contacto con nuestro criterio interno: dejar de buscarlo en el ámbito del pensamiento analítico y en el del conocimiento acumulativo.

La distinción establecida entre la razón discursiva y la razón intuitiva ya esclareció por qué el pensamiento analítico no es la fuente del criterio.

A su vez, hay quienes creen que tener sabiduría equivale a poseer muchos conocimientos y a estar muy informados. Estas personas experimentan ansiedad y avidez en su búsqueda de la verdad; tienen la sensación de que, si renuncian a una determinada información o experiencia, pueden perderse algo valioso, quizá algo decisivo. Cuando quieren reflexionar sobre una cuestión existencial, no se detienen a hacerse preguntas y a abrirse a su sabiduría interna, sino que acuden de inmediato a los libros o a otras fuentes externas de autoridad. A menudo, se trata de personas muy leídas e informadas, pero carentes de un criterio sólido.

Ciertamente, la lectura puede enriquecer nuestro criterio, pero siempre que sirva para inspirarnos, y no para suplir nuestro propio proceso de escucha interna y de comprensión activa. De hecho, la lectura también se puede llevar a cabo estando en contacto con nuestro criterio interno o sin estar en contacto con él.

La sabiduría es un nivel de conciencia. Equivale a la hondura del ser y a la profundidad de la mirada. Es algo cualitativo, y no algo cuantitativo que se obtenga a través de la acumulación de información.

Entender que la fuente del criterio es un lugar silencioso y vacío de contenidos

La sexta condición para contactar con nuestro criterio es comprender que su fuente es un lugar silencioso y vacío de contenidos. Es el lugar en el que nos establecemos cuando estamos presentes, despiertos, receptivos, atentos, sin identificarnos con ningún contenido mental, con ninguna idea. Se corresponde con un estado de lucidez abierta que nos pone en contacto con nuestro sentido interno de la verdad.

Las personas dogmáticas, que se creen en posesión de la verdad –como si esta se pudiera poseer–, confunden la verdad con ciertos contenidos mentales. Pero la fuente del criterio no radica en el plano de los contenidos mentales, sino en la Presencia luminosa que está en el trasfondo de todos ellos. No radica en ciertas conclusiones e ideas, sino en la luz interior que es más originaria que el nivel en el que se desenvuelve el pensamiento discursivo y el análisis. No se alcanza a través de meras lecturas o del mero esfuerzo intelectual, sino permaneciendo en contacto con nuestro sentido de la verdad, de la belleza y del bien.

El pensamiento discursivo no es fuente de luz. De hecho, la comprensión sentida siempre encuentra el lenguaje adecuado mediante el cual expresarse; en cambio, la preocupación exclusiva por los factores discursivos obstaculiza la comprensión.

> Tratamos de resolver un problema, y no hay respuesta. Entonces lo dejamos tranquilo. En el momento en que hacemos eso, hay una respuesta, porque la mente superficial ya no está luchando. Está quieta. Solo cuando la mente está tranquila –gracias al conocimiento propio–, solo entonces, en esa serenidad, en ese silencio, puede manifestarse la realidad.
>
> Jiddu Krishnamurti, *El conocimiento de uno mismo*

Navegar la incertidumbre

Mencionamos una última condición que nos permite contactar con nuestro criterio interno: dejar de buscar certezas y respuestas rápidas; estar dispuestos a navegar la incertidumbre.

¿Cómo podemos saber que las luces que recibimos vienen de lo profundo y no de nuestro yo superficial? ¿Cómo saber que no nos estamos engañando?

Hay quienes tienen la ilusión de que tener criterio es poder acceder en todo momento a respuestas nítidas, disponer de constantes certezas o de una suerte de notario interno que nos certifica a cada momento que estamos en la verdad.

No sucede así. Por supuesto, llegarán a nuestro estado de apertura respuestas claras; pero, en ocasiones, tendremos que habitar la duda y navegar la incertidumbre. Y es que, como señalamos, hay respuestas que requieren un desarrollo previo en nosotros, que hagamos un camino; aún no se dan en nosotros las condiciones necesarias para abrirnos a una determinada comprensión. Por lo tanto, no hay que buscar certezas ni respuestas rápidas. Las respuestas sentidas vendrán cuando se den las condiciones para ello, a su propio ritmo. Y la preparación para recibirlas pasa, entre otras cosas, por saber descansar en la pregunta y en la duda. Hay que habitarlas y comprender sus supuestos antes de estar en condiciones de recibir más luz.

«¿Y si sigo mi criterio y me equivoco?». Esta pregunta presupone que el error es algo terrible, cuando, de hecho, si aprendemos de él, es fuente de sabiduría. Por supuesto, nos equivocaremos con frecuencia. En buena medida, el arte de vivir es un proceso de ensayo y error, como lo es cualquier arte o proceso creativo; y es a través de este proceso, aprendiendo de los errores, como nuestro criterio se afina, como nuestra intuición se expresa cada vez con menos filtros, como nos vamos tornándonos personas más maduras y centradas. Este camino no garantiza la ausencia de desvíos y de traspiés; pero el arte de vivir, insistimos, en ningún caso radica en no cometer errores. Lo que sí nos garantiza es que, si seguimos el criterio de otro a costa de desatender el nuestro, ya nos habremos descaminado; ya habremos dejado de protagonizar nuestra propia vida, por muy sabia y autorizada que nos parezca esa voz. En cambio, un error sincero nunca nos saca de la senda de la verdad. Como afirma Nisargadatta:

Si quiere pecar, peque de todo corazón y abiertamente. Los pecados también tienen sus lecciones que enseñar al pecador sincero, como las virtudes al santo sincero. Es la mezcla de los dos lo que resulta tan desastroso. Nada puede bloquearle tanto como el acomodo, puesto que muestra falta de sinceridad sin la que nada se puede hacer.

NISARGADATTA, Yo soy Eso

Me comprometo a cometer muchos errores

«Hacer algo bien es hacerlo ya perfectamente».

«El error es un motivo de vergüenza y autorreproche».

«Lo importante es el resultado, no el proceso».

«El sentido de las acciones y su valor radica en que produzcan el resultado "correcto" o, al menos, el mejor posible».

«Cada situación requiere de mí una única respuesta (conducta, opinión o emoción) que es la correcta, la mejor», etcétera.

Cuando una consultante comprendió el gran bloqueo y la rigidez que estas creencias estaban trayendo a su vida, de qué modo habían colapsado su creatividad, adquirió ante sí misma, con sana ironía, el siguiente compromiso: «Me comprometo a cometer muchos errores, porque esto es la garantía de un amplio y profundo aprendizaje».

4. El verdadero significado de la palabra «coherencia»

Se suele definir la «coherencia» como la concordancia existente entre nuestras ideas y acciones o como el mantenimiento en el tiempo de una línea de pensamiento y acción ajustada con la posición previamente mantenida. Considero que esta definición requiere ser matizada, pues se puede prestar al equívoco que en mi libro *La sabiduría recobrada* denomino la «trampa de la coherencia»:

> […] «Otro temor que nos aleja de la confianza en nosotros mismos es nuestra consecuencia: la reverencia por nuestros actos o palabras pasadas. Porque los ojos de los demás no tienen otros elementos para calcular nuestra órbita que nuestros actos pasados, y no nos sentimos con ánimo de defraudarlos. Pero ¿por qué hemos de tener la cabeza vuelta hacia atrás? ¿Por qué arrastrar el cadáver de la memoria para no contradecir algo que hemos dicho en este o en aquel lugar público?
>
> Supongamos que tuviéramos que contradecirnos, ¿y qué?
>
> […] Vivid siempre un nuevo día» (Ralph Waldo Emerson, *Confía en ti mismo*).
>
> En efecto, hay quien cree que ser coherente es tener «reverencia por nuestros actos o palabras pasadas», esto es, ser como ya ha sido, decir lo que ya dijo, hacer hoy lo que hizo ayer, responder a las expectativas que su comportamiento ha ido creando en los demás. Cree que ser coherente es *ser predecible para los otros y para sí mismo*.

Ciertamente, si la definición aportada de la palabra «coherencia» se interpreta mal, puede entrar en conflicto con el significado profundo del término: la fidelidad a nuestra guía interna. Pues esta nos habla solo en el presente; y quizá hoy nos insta a decir algo diferente a lo que dijimos ayer, o nos hace actuar de un modo distinto a como actuamos en el pasado. Por otra parte, escuchar nuestra inteligencia profunda en el presente no equivale a remitirnos a ciertas ideas y reglas previamente mantenidas, ni a actuar en base a ellas; equivale a escuchar la fuente viva que las inspiró y que, como señalamos en el capítulo pasado, alumbra un tipo de comprensiones que se renuevan y matizan permanentemente. Somos incoherentes, por tanto, cuando, en nombre de nuestro pasado o de unos referentes mentales rígidos, no somos fieles en el presente a nuestra guía interna, a ese saber directo, inmediato y sentido que nos proporciona la inteligencia del corazón.

Ilustraré esta idea con un ejemplo sencillo. Una consultante me expresaba que se sentía vacía y exhausta. Su malestar le revelaba, entre otras cosas, que tenía que poner límites a su dar y aprender a recibir, a pedir ayuda, a reconocer ante los demás sus propias necesidades. Pero su yo-ideal le exigía de forma imperiosa ser «buenísima» ante los demás. Ella afirmaba que su máximo valor era el altruismo, el ser para los demás, y que lo peor que podían decir de ella era que actuaba de forma egoísta. Daba sin límites y se agotaba. Creía que era coherente porque estaba siendo fiel a sus valores, a sus principios, pero, de hecho, estaba siendo incoherente porque no estaba escuchando su sentir presente, el que le informaba, a través de su malestar, de que su ideal no era tan genuino como creía, así como del profundo desequilibrio existente en su vida.

Como ya señalamos, la paz, el malestar, la inquietud, el sufrimiento... son la voz del Ser en nosotros, la manifestación de la inteligencia que nos conduce hacia nuestro equilibrio y plenitud.

La auténtica coherencia se sostiene en la escucha de esta voz, en la fidelidad a ella aquí y ahora.

III. Presencia e imagen.
Yo real versus yo ilusorio

Se describe la diferencia existente entre vivirse desde el ser real (como presencia ontológica) y desde el ser ilusorio (identificados con una determinada autoimagen).

Se ilustran, a su vez, los signos y efectos de vivirse como imagen.

Se describen los factores psicobiográficos que inciden en la configuración del yo superficial, pero subrayando que no son las experiencias y heridas psicológicas pasadas las que explican nuestro sufrimiento actual, sino las creencias limitadas sobre nosotros que entonces asumimos y a las que seguimos asintiendo.

Estas creencias originan «vacíos ontológicos»: la desconexión de una o varias de nuestras cualidades esenciales; nos hipnotizan haciéndonos sentir que no somos intrínsecamente completos, dignos de amor, adecuados, aceptables o valiosos.

Se describen las dinámicas con las que intentamos evitar o llenar falazmente esos vacíos:

> –Insensibilizarnos para no sentirlos.
>
> –Huir de las situaciones que nos ponen en contacto con ellos.
>
> –Buscar que el exterior nos otorgue eso de lo que nos sentimos carentes.
>
> –La creación de un yo-ideal.
>
> Se mencionan las contradicciones presentes en este último y se dan claves para distinguir cuándo en nuestro camino interior nos mueve el yo profundo o el yo-ideal.
>
> Por último, se distingue entre las heridas psicológicas y lo que denomino «heridas ontológicas».

Todos sabemos y sentimos que somos; todos tenemos una conciencia directa e inmediata de nuestro propio ser. Si bien a menudo confundimos nuestra identidad con la imagen o representación mental que tenemos de nosotros mismos, nuestro sentido de identidad no puede proceder de una autoimagen que ha ido cambiando a lo largo de nuestra vida y que solo existe cuando pensamos en ella. Arraiga en el contacto con nuestro ser, que es una presencia real, viva, lúcida, sede de cualidades esenciales (amor y alegría incondicionales, inteligencia y conciencia plena, energía y voluntad esenciales) y más originaria, por tanto, que nuestras construcciones mentales, también que

1. Vivirse como presencia

¿Qué significa vivirse como presencia?

En los momentos en que nos vivimos como presencia estamos en conexión con nuestro yo real. *Sencillamente, somos* –sin adjetivos–. No necesitamos pensarnos ni aferrarnos a una cierta imagen de nosotros para sentirnos ser.

Estamos centrados, presentes en nosotros mismos, conectados con nuestro propio fondo, con nuestros sentimientos, inclinaciones y necesidades reales, con nuestra guía interna.

Y, a la vez, estamos abiertos y somos transparentes, de modo que nos podemos volcar plenamente en las cosas, en la contemplación del mundo, en las personas, en nuestras tareas y actividades cotidianas de forma desinteresada, es decir, autotrascendiéndonos, olvidándonos de nosotros mismos, interesándonos en esas cosas por sí mismas y pudiendo verlas tal como son.

Estamos, por tanto, plenamente conectados con nosotros mismos y con el exterior.

De nuestro fondo obtenemos un sentido incondicional y sólido de identidad, valor intrínseco, dignidad y belleza; un sentido directo, inmediato y originario, totalmente independiente de la mirada de los demás.

Cuando vivimos desde nuestro centro, nos experimentamos,

además, como una presencia viva (nos sentimos interiormente vivos), lúcida, consciente. Esta presencia es fuente de respuestas energéticas y creativas (las que nos permiten movilizar nuestra capacidad de actuar, de crear, de afirmarnos y desplegarnos en el mundo, de defender nuestra integridad y la de otros), de respuestas cognitivas (de nuestra capacidad de percibir, comprender, intuir y tomar conciencia) y de respuestas afectivas (de nuestra capacidad de sentir, amar y percibir la belleza).

Lo propio de este fondo, en efecto, es la creatividad constante, por lo que, al estar centrados y conectados con él, somos un cauce de las cualidades esenciales que constituyen nuestra identidad profunda: ser y energía, inteligencia y conciencia, amor y felicidad. Permitimos que, a través de nosotros, tenga lugar una actualización creciente y fluida de nuestro potencial interno, a la vez que, como individuos, experimentamos un crecimiento y desenvolvimiento genuinos.

Este desenvolvimiento trae consigo la expresión y maduración de nuestra personalidad, la definición de nuestra singularidad. Sin pretender ser singulares, lo somos por el simple hecho de ser, de estar conectados con nuestra fuente; pues, aunque ese fondo es común, su expresión en cada uno de nosotros es completamente única y singular.

Este estado de presencia y de transparencia, de actualización fluida, es nuestro estado natural.

2. Vivirse como imagen

¿Qué significa, en cambio, vivirse como imagen?

Lo ejemplificaremos a través de una situación hipotética que nos pueda resultar cercana.

Alguien asiste a una clase y quiere hacer una pregunta. Si esa persona está centrada, aparece en ella la duda, así como el impulso por clarificarla. Procede a expresarla con sencillez, exactamente en los términos en que la experimenta. Esto da lugar a un intercambio en el que hay un contacto humano real, un aprendizaje y un crecimiento para las personas implicadas.

Pero en esta situación puede pasar otra cosa. Por ejemplo, esa persona puede sentirse inhibida, bloqueada: «¿Será pertinente lo que voy a decir? ¿Será una pregunta estúpida? ¿Pareceré tonta?». Se inhibe, experimenta miedo y vergüenza ante la exposición. Quizá finalmente se anime a hablar, pero ofuscada por el exceso de autoconciencia resultado de calcular el efecto que su expresión tendrá en la imagen que los demás poseen de ella.

O quizá esa persona intervenga, pero aparece la pretensión de parecer más lista de lo que es.

O, al contrario, quizá se empequeñece cuando habla para que no parezca que se quiere dar importancia.

O quizá no tiene nada que decir que sea pertinente, pero tiene la compulsión de intervenir por una necesidad apremiante de ser vista, porque le resulta difícil permanecer en situaciones en que no tiene protagonismo, en que no es objeto de atención.

Si no aporta algo y no es vista, experimenta una sensación de inexistencia.

O bien, si es ella la que imparte la clase, en lugar de compartir lo que quiere transmitir con sencillez, asumiendo sus límites, empieza a sentir ansiedad por el miedo a no estar a la altura. Ya no está centrada en lo que transmite y en las personas a las que se dirige. Deja de ser un cauce transparente; este se vuelve opaco porque la atención se centra excesivamente en ella.

Etcétera.

¿Qué ha pasado en estas últimas situaciones? Está claro que ha desaparecido la sencillez de ser, la capacidad de expresar lo que realmente somos con fluidez, sin bloqueos ni inhibiciones, pero también sin pretensiones; la sencillez de ser que advertimos en los niños muy pequeños y en las personas más libres y puras. Algo está interfiriendo en nuestro proceso de actualización, de expresión, restándole fluidez.

Ahora bien, ¿por qué aparecen estas interferencias? Aparecen porque dejamos de vivirnos como presencia y pasamos a vivirnos como imagen, es decir, identificados con una determinada autoimagen. Nos desconectamos de nuestro ser real –que es previo a cualquier imagen o representación que tengamos de nosotros mismos– y pasamos a experimentarnos como un «yo pensado».

La diferencia entre las situaciones en que nos expresamos con sencillez, con transparencia, y las situaciones de inhibición o pretensión descritas radica en que en estas últimas hay una imagen de nosotros en juego y estamos totalmente identificados con ella. Ciframos en esta imagen nuestra identidad y nuestro valor. Es una autoimagen muy frágil, que está siempre en el aire, que cada nueva situación puede reforzar o cuestionar, y en este reforzamiento o cuestionamiento sentimos que está en juego nada más y nada menos que nuestra identidad; pues, desde el estado de identificación, se trata, literalmente, de una cuestión de *ser* o de *no ser*.

Cuando estamos identificados con el yo pensado, perdemos la transparencia en el vivir. Ya no estamos por completo presentes en nosotros ni abiertos del todo a las cosas y a las personas. Exteriormente puede parecer que sí, que estamos volcados en las cosas, en las personas, en las situaciones y tareas, pero, en realidad, no las vemos en sí mismas ni nos estamos entregando a ellas de forma desinteresada, sino que, en mayor o menor grado, estamos percibiéndolas en función de si amenazan o afianzan esa representación de nosotros mismos que confundimos con nuestra identidad. Porque, desde la identificación con la autoimagen, hay una continua necesidad de afirmarse y de defenderse. Esto no sucede en el estado de presencia, en el que ya nos sentimos afirmados por el simple hecho de ser. En él se saborea la genuina confianza básica.

Signos y efectos de vivirse como imagen

Cuando nos vivimos como imagen, por tanto, aparecen ciertos *signos y efectos*. Resumimos algunos de ellos:

–La *pretensión*. Necesitamos demostrar algo a los demás o a nosotros mismos. Por ejemplo, cuando la identificación con la imagen se introduce en nuestra proyección vocacional o profesional, dejamos de ser un cauce limpio de las cualidades que quieren abrirse paso a través de nosotros; utilizamos esa proyección para demostrar que no somos mediocres, torpes e incapaces (como nos dijeron de niños), que somos especiales, que somos los mejores, etcétera. Nuestra acción se desvirtúa: ya no es una forma de autoexpresión y de servicio, sino que nos sirve para afianzar nuestra autoimagen, para compensar y llenar nuestros vacíos internos.

–La *susceptibilidad*. Vivimos muchas situaciones de manera demasiado personal, como si fueran un peligro potencial para nuestra autoimagen. Acometemos o nos ponemos a la defensiva, aunque no venga al caso, porque sentimos amenazada nuestra identidad.

–La *ansiedad difusa*. Vivimos con un alto nivel de estrés existencial (el «estrés ontológico» que mencionamos en el primer capítulo) porque sentimos que nuestra identidad y nuestro valor están en juego en las distintas situaciones de vida, en la mirada aprobadora o reprobadora de los demás. Nuestro punto de equilibro se encuentra fuera de nosotros. A menudo no somos conscientes de esta angustia sutil porque casi se ha convertido en nuestro estado natural.

Cuando nos vivimos desde nuestro yo real, nos incumbe el efecto que tienen nuestras acciones y palabras en los otros, pues somos empáticos y responsables, pero no nos inquieta su juicio sobre nosotros ni tampoco nos condiciona a la hora de actuar.

–Los *bloqueos*. Cuando estamos centrados, podemos asumir responsabilidades y riesgos; nos aventuramos porque buscamos aprender, crecer y expresarnos. No tenemos miedo a que la vida nos dé su retroalimentación porque queremos saber cuál es nuestro camino y nuestro sitio, cuáles son las potencialidades que hay realmente en nuestro interior; porque queremos conocer la verdad sobre nosotros y crecer paso a paso, humildemente, a través del proceso lento y natural de ensayo y error. Desde la identificación con la imagen, no queremos conocer la verdad sobre nosotros, no queremos vernos en el espejo limpio de la realidad, porque somos demasiado susceptibles y porque queremos ser perfectos *ya;* eludimos el proceso lento que caracteriza al crecimiento real.

Con frecuencia, detrás de los bloqueos que muchas personas experimentan en el ámbito vocacional, profesional, afectivo…, late el miedo a entregarse, a experimentar, a aventurarse, a asumir riesgos y responsabilidades, porque viven esas situaciones como si fueran exámenes sobre su valía, sobre su adecuación o inadecuación intrínsecas.

A algunas personas, la identificación con la autoimagen no las conduce al bloqueo, sino a *la temeridad*: tienen tanta necesidad de demostrar algo a los demás o a sí mismas que se precipitan, no respetan los ritmos naturales; asumen retos que les quedan grandes, para los que no se encuentran aún preparados; se lanzan ciegamente a algo cuando no procede o cuando ni siquiera, en el fondo, les conviene.

–Como antes decíamos, en el estado de identificación *no*

tenemos la capacidad de ver al otro: nos vemos a nosotros mismos en el otro.

Por ejemplo, si en nuestra relación de pareja tenemos dudas sobre nuestro valor porque nos identificamos con una autoimagen deficiente, un gesto de descontento de nuestra pareja ya no despertará en nosotros un interés sincero por escucharla y comprenderla, sino que lo percibiremos como una confirmación de que no somos suficiente. En la medida en que nos vivimos como imagen, todo orbita en torno a nosotros. Solo en el estado de presencia podemos mirar a los demás con objetividad; ganamos penetración y perspicacia psicológica porque tenemos la capacidad de autotrascendernos.

–Por lo mismo, la identificación con la autoimagen *bloquea el amor*. Porque donde hay aislamiento y miedo, contracción, se obstaculiza la energía expansiva del amor.

–Otro signo y efecto de esta identificación son los grandes *altibajos* que tenemos *en la percepción de nosotros mismos*. Si algo sale mal, concluimos que no valemos nada. Si sale bien, nos apropiamos de nuestro acierto y asoman la vanidad y el orgullo.

Quienes se viven como presencia no se hunden con sus errores, las críticas o los fracasos parciales, ni tampoco se envanecen cuando las cosas les van bien.

–Cuando nos vivimos como imagen, siempre se introduce *la medida y la comparación*. De hecho, una señal inequívoca de que nos estamos viviendo como imagen es que nos sentimos por encima o por debajo de otras personas –como señalamos, esta es una característica de la conciencia de separatividad–. A su vez, un signo claro de que estamos centrados es que, como seres humanos, nunca nos sentimos por encima o por debajo de nadie, por más que reconozcamos que unas personas están más desarrolladas que otras en ciertos aspectos.

Vivirse como imagen es una definición posible del *narcisismo*. No usamos ahora este término en su acepción clínica, sino como sinónimo de autorreferencialidad: todo se percibe en función de si sirve, o no, para afianzar o debilitar la propia autoimagen. Allí donde sentimos que nuestra imagen está en juego, hay un ensimismamiento, una dificultad para salir de nosotros mismos, para mirarnos y mirar a los demás y a las situaciones con perspectiva y objetividad. Se distorsiona nuestra mirada y también el sentido original de nuestras acciones y actividades.

Este narcisismo está presente tanto cuando hay complejos y sumisión («qué poquita cosa soy») como cuando hay vanidad y orgullo, porque, aunque para una mirada superficial parezcan actitudes contrarias, son las dos caras de la misma moneda: detrás de la vanidad siempre hay dudas sobre la propia suficiencia y detrás de las dudas sobre la propia suficiencia siempre hay vanidad.

Hay personas que se viven en buena medida como presencia, personas en las que predomina la vivencia como imagen (si bien esta nunca nos posee completamente, pues nadie es completamente inauténtico) y personas que se viven en los niveles intermedios de este espectro.

3. La configuración del yo ilusorio

Ahora bien, ¿en qué consiste este tránsito de la vivencia original de nosotros mismos como presencia a la vivencia como imagen, del yo real al yo ilusorio? ¿Por qué en un momento dado perdemos el arraigo en nuestro yo real y, derivadamente, nuestro sentimiento básico de completud ontológica?

En lo que venimos denominando «imagen», cabe distinguir dos vertientes: el yo-idea y el yo-ideal.

El yo-idea es el conjunto de imágenes e ideas que tenemos sobre nosotros mismos y con las que nos identificamos. Incluye las etiquetas que nos adjudicamos, nuestro autoconcepto, el relato que nos hacemos de nuestra historia personal, nuestra autoimagen corporal, etcétera.

El yo-ideal, a su vez, es el yo que pretendemos ser, una imagen idealizada complementaria a la anterior que busca compensar la sensación de insatisfacción, limitación e insuficiencia intrínsecas, resultado de la identificación con el yo-idea.

4. El yo-idea

Sujeto versus objeto

Cuando nos vivimos como presencia, tenemos la experiencia más íntima y directa que podemos tener de nosotros mismos. En la vivencia como imagen, en cambio, nos pensamos e imaginamos para sentirnos ser; perdemos de vista que somos esa Presencia más fundamental que los contenidos de la mente; dejamos de ser *sujeto* y devenimos *objeto*, una representación mental; nos autolimitamos y nos enajenamos; nos alienamos de nuestra esencia.[1]

Todas las tradiciones sapienciales han reconocido una tendencia en el ser humano al olvido de su verdadera naturaleza. De aquí la importancia del autoconocimiento y su alcance filosófico y espiritual. Y de aquí el profundo anhelo que nos recorre hasta que no descansamos completamente en nuestro propio ser.

Ahora bien, esta alienación o separación básica, esta inclinación a olvidarnos como Presencia, propia de la condición humana cuando no hay autoconocimiento, en cada individuo, por decirlo de algún modo, se especializa. Esto explica por qué la naturaleza del yo-idea y los matices de la ignorancia sobre nosotros mismos son diferentes en cada ser humano. Procedemos a iluminar esto último.

---

1. En último término, la creencia en nuestra condición separada sería la hipnosis o ilusión fundamental: confundimos el yo con el concepto del yo, con la representación que tenemos de nosotros mismos, y, más ampliamente, nos confundimos con ciertos contenidos de nuestra experiencia: ideas, estados emocionales y físicos, nuestra estructura psicofísica y psicobiográfica... Equívocamente, ciframos en todo ello la fuente última de nuestro sentido de ser y de nuestra identidad.

La configuración del yo-idea

La necesidad más apremiante que teníamos de niños era la necesidad de amor, de vinculación, de pertenencia. Satisfacer esta necesidad era entonces tan imperioso como comer o respirar. Consiguientemente, hacíamos todo lo posible para mantener el vínculo, para sentirnos vistos y conectados. Por ejemplo, si nuestros padres se enfadaban y dejaban de darnos amor cuando no éramos «buenos» (según sus particulares modelos de bondad), quizá desarrollamos la compulsión de ser «buenísimos» para buscar amor y aprobación. O quizá inhibimos en un momento dado nuestra autoexpresión y autoafirmación para evitar a toda costa los estallidos de ira de algún progenitor. O nos desconectamos de nuestras necesidades para no molestar a unos padres muy estresados. O, si alguna faceta de nuestra personalidad no se ajustaba a los valores y expectativas dominantes en nuestro entorno social, quizá nos avergonzamos de ella y la rechazamos por miedo a no ser «normales», a no pertenecer.

En general, cuando hay un conflicto en la infancia entre el amor y la aprobación del entorno, entre el mantenimiento del vínculo y nuestra sinceridad, con mucha frecuencia terminamos sacrificando nuestra sinceridad, la conexión con nuestros sentimientos, inclinaciones y necesidades reales. Ya de adultos, con frecuencia seguimos repitiendo esos patrones aprendidos; seguimos disociados, en mayor o menor grado, de lo que realmente somos y de nuestro criterio íntimo; seguimos negando o inhibiendo, en alguna medida, nuestra verdad profunda.

Pero la dependencia del niño del exterior no solo viene dada por su necesidad de vinculación afectiva; también es una dependencia cognitiva, pues, para saber quién es, necesita verse en el espejo de su entorno inmediato, a través de la mirada de sus padres y de sus referentes más cercanos, a quienes considera los árbitros definitivos acerca de lo que es verdadero.

Por ejemplo, quizá no fuimos buenos alumnos, nos repetían que no nos enterábamos de nada, y asumimos que éramos torpes e incapaces, que no valíamos (hoy en día, no sabemos por qué, nos acompaña una sensación constante de incapacidad, de incompetencia, de que somos un fraude; sentimos un constante miedo a fallar y a que cualquier situación desvele nuestra mediocridad). O quizá nuestros padres no empatizaron con nuestra singularidad y con nuestras necesidades reales, de modo que concluimos que estas no eran realmente importantes y nos desconectamos de ellas. O quizá vivimos en un entorno en que se exaltaba la belleza y en el que nos comparaban con nuestros hermanos, más agraciados que nosotros, por lo que nos cerramos al reconocimiento de la belleza de nuestro ser. O quizá fuimos niños sensibles en un entorno que no compartía nuestra sensibilidad, inclinaciones, intereses y valores, y concluimos que éramos raros e inadecuados y que, por consiguiente, siempre íbamos a terminar decepcionando a los demás. Etcétera.

Creencias limitadas básicas sobre la propia identidad

Cuando en el proceso de acompañamiento filosófico se indaga en las creencias básicas de una persona, en las ideas que laten tras sus patrones limitados más recurrentes, resulta sorprendente cómo, una y otra vez, terminan aflorando juicios sobre la propia identidad que parecen grabados a fuego en un nivel muy visceral. Muchos de ellos vienen a ser variantes de las creencias: «Tal como soy no soy suficiente», «Tal como soy no soy digno de ser amado».

Creencias como: «Hay algo fallido en mí»; «Soy inadecuado»; «No soy suficientemente especial, o bello, o normal, o competente para la vida, etcétera»; «Mis necesidades y deseos no son importantes»; «Mi ser no posee un valor intrínseco»; «No valgo por mí mismo; si no me reconocen, no valgo y no existo»; «No valgo por lo que soy, sino solo por lo que hago, por mi rendimiento»; «Solo soy digno de amor cuando satisfago las necesidades de los demás, cuando soy lo que esperan de mí»; «Mi criterio no es de fiar»; «No hay en mí un fondo inteligente en el que pueda confiar»; «Si soy auténtico, si me ven tal como soy, seré rechazado»; «Soy inferior»; «Soy superior»;[2] «Soy malo, sucio, culpable»; «No soy digno»; «Soy mediocre»; «Soy incapaz»; etcétera.

---

2. La creencia «Soy superior» es tan ilusoria y limitante como la creencia «Soy inferior». Ambas nos desconectan de nuestro centro, en el que saboreamos nuestra igualdad esencial, y nos sumergen en la conciencia de separatividad.

Presencia e imagen. Yo real versus yo ilusorio **107**

No es que nos sintamos inadecuados, incompetentes o incapaces para algo en particular –todos somos válidos y competentes para unas cosas, y no para otras–, sino que nos sentimos insuficientes de modo intrínseco, como si hubiera algo fallido, inadecuado o incorrecto en nuestro propio ser. Hablamos, por consiguiente, de creencias que se llevan a un nivel ontológico, al nivel de nuestra identidad esencial.[3]

Este tipo de creencias que vamos asumiendo sobre nosotros mismos configuran nuestro yo-idea.

Estas ideas que confundimos con nuestra verdadera identidad originan, por tanto, una sensación subjetiva de inadecuación, limitación, insuficiencia y separatividad. Perdemos la confianza en que, tal como somos, seamos básicamente completos, dignos, bellos, adecuados, aceptables o valiosos. Experimentamos, en mayor o menor grado, vergüenza de ser lo que somos.

5. Los vacíos ontológicos

El asentimiento a este tipo de creencias limitadas nos sumerge, literalmente, en un estado de *hipnosis*: sentimos, dramática-

---

3. En los procesos de acompañamiento filosófico, a menudo salen a la luz creencias sorprendentes (la primera persona que se sorprende es el propio consultante), como, por ejemplo: «No soy digno de ser»; «No tengo derecho a existir», etcétera. El consultante admite que son ideas que intelectualmente carecen de sentido, pero reconoce que operan con fuerza en un nivel emocional.

mente, que esas ideas definen nuestra más radical identidad y nos vivimos, como acabamos de indicar, desde una falsa sensación de limitación constitutiva. En otras palabras, esas ideas nos desconectan en mayor o menor grado de nuestra Presencia ontológica, de nuestras cualidades esenciales (una desconexión que, obviamente, solo se produce en nuestra experiencia subjetiva, pues nunca nos podemos desconectar de lo que en verdad somos).

Decíamos al inicio de este capítulo que somos un cauce a través del cual se expresan las cualidades esenciales que nos constituyen. Pues bien, allí donde este canal se contrae o se obstruye en mayor o menor grado, experimentamos un vacío de alguna o varias de esas cualidades. En efecto, esta contracción, y la consiguiente desconexión, se corresponden con una sensación subjetiva de vacío que en cada persona tiene un matiz diferente según cuál sea el vacío específico que predomine (pues en función de la naturaleza de nuestro yo-idea, nos desconectamos más de unas cualidades esenciales que de otras). Por ejemplo, este vacío puede manifestarse como una falta de conciencia de nuestra completud inherente; como una dificultad para sentir nuestra valía incondicional, o para encontrar en nosotros la fuente del amor, o para reconocer la belleza y magnificencia de nuestro ser, o para contactar con la fuente del criterio en nosotros, con nuestra autoridad interna... Se puede manifestar como desconfianza básica; como una resistencia a reconocer en nosotros la cualidad esencial de la bondad, la pureza o la inocencia; como un déficit de energía, de vitalidad o de voluntad; como un vacío en nuestro sentido de identidad (lo que refuerza la necesidad de vivirse como imagen); como una sensación crónica de aislamiento y de separatividad; como una falta de conciencia de la adecuación básica de nuestro ser; etcétera.

Estos vacíos se revelan en la ansiedad o angustia difusa con tanta frecuencia presente en los adultos, en una insatisfacción a la que resulta difícil poner palabras, en un miedo crónico que en cada persona tiene matices diferentes: miedo a ser imperfecto, a no ser aceptado o amado, a no ser valorado o reconocido, a no ser especial y único, a ser incompetente o incapaz, a encontrarse solo y desamparado, a ser controlado, a perder la paz...

6. Formas de evitar o de compensar nuestros vacíos

Los vacíos internos generados por la autolimitación resultante de identificarnos con el yo pensado son dolorosos; resultan insostenibles porque estamos llamados a la plenitud (una llamada que es el eco de nuestra naturaleza profunda). Por consiguiente, buscamos salidas al dolor o a la insatisfacción que ocasiona la identificación con esas ideas. En concreto, desarrollamos estrategias que tienen como objetivo compensar y llenar esos vacíos, o bien defendernos del dolor asociado a ellos. Estas dinámicas se terminan convirtiendo en patrones limitados de conducta y de emoción que estructuran nuestra forma de funcionar y de estar en el mundo.[4]

Patrones defensivos o evitativos

Hay dos estrategias fundamentales con las que intentamos *eludir* el malestar asociado a nuestros vacíos:

Insensibilización

Una de ellas es la insensibilización: entumecemos nuestra sensibilidad para no sentir el vacío –que se puede manifestar como sentimientos de carencia, inadecuación, insatisfacción crónica, angustia, vergüenza, culpa, aburrimiento, aridez afectiva, debilidad, desorientación, confusión, miedo, sensación de aislamiento, de sinsentido, etcétera–. Con el tiempo, perdemos la sensación de vivacidad propia del estado de presencia y nos sentimos cada vez más apáticos, desconectados o apagados interiormente. Ahondaremos en esta estrategia defensiva en el capítulo «El miedo a sentir».

---

4. Dado que nuestras creencias generan actitudes, conductas y emociones, cuando asentimos a ciertas ideas limitadas como si reflejaran la verdad de las cosas y nuestra verdad última, comenzamos a actuar y a sentir en concordancia; por ejemplo, si me creo intrínsecamente malo y culpable, me juzgaré y castigaré en mi diálogo interno y me torturarán los sentimientos de culpa y de autodesprecio. Pero, además de estos patrones limitados que son el reflejo directo en nuestras conductas y emociones de nuestras ideas inadecuadas, desarrollamos, como acabamos de mencionar, otros patrones de tipo compensatorio y defensivo como respuesta a la experiencia de los vacíos internos generados por esas ideas.

Huir de las situaciones activadoras

Otra estrategia defensiva es la que nos conduce a huir de las situaciones que pueden hacernos contactar con el malestar asociado a los vacíos. Por ejemplo, si tenemos la creencia de que somos intrínsecamente inadecuados e indignos de amor, quizá evitemos las relaciones íntimas por temor a que un eventual rechazo nos conecte de forma aguda con esa dolorosa sensación básica de inadecuación. O quizá evitemos los retos profesionales para que un posible fracaso no active la herida resultante de creernos intrínsecamente mediocres o incapaces.

Patrones compensatorios

A su vez, hay dos estrategias fundamentales con las que intentamos *compensar* el malestar asociado a nuestros vacíos:

Buscar fuera

Una de ellas consiste en *buscar fuera* la cualidad perdida. Puesto que no encontramos en nosotros el sabor de la cualidad esencial, esperamos que esta nos venga del exterior. Nos mantenemos, de este modo, en una actitud infantil y pasiva de demanda y de espera: demandamos que el exterior nos mire y nos vea para, de este modo, sentir que realmente existimos; que nos aprueben y valoren para poder contactar con nuestro propio valor; esperamos que el exterior nos proporcione criterio, estímulo, amor, orientación, seguridad, etcétera.

Cuando esperamos recibir todo esto del exterior, con frecuencia culpamos a lo externo de nuestras propias carencias e incurrimos en actitudes de queja y de resentimiento (las cuales, por cierto, nos evitan sentir el dolor y la impotencia derivados de la pérdida de conexión con nosotros mismos: preferimos fijarnos constantemente en lo que los demás supuestamente deberían darnos y no nos dan, o deberían habernos dado y no nos dieron).

La creación de una imagen ideal del yo
Otro tipo de dinámica compensatoria es la construcción de un yo-ideal y, paralelamente, el cultivo de falsas cualidades.

7. El yo-ideal

El yo-ideal es la imagen idealizada de nosotros en la que, desde la desconexión con nuestro fondo, situamos nuestra plenitud ontológica, de identidad y de valía. Es lo que creemos que nos hará valiosos y dignos de ser amados y aceptados, lo que nos salvará de nuestra sensación básica de separatividad e insuficiencia.

Este yo idealizado busca básicamente compensar una autoimagen deficiente, aunque también hay en él elementos defensivos, pues nos evita entrar en contacto con sentimientos internos de dolor o limitación.

El yo-ideal puede ser muy distinto en cada persona. Puede manifestarse como un anhelo de ser admirado, de que nuestra personalidad, ideas o acciones sean reconocidas; como un yo-ideal de bondad, de perfección moral («He de ser buenísimo, siempre amoroso, no enfadarme nunca...»); o de humildad, renuncia y sacrificio; o de éxito y ambición; o de seducción y poder... Puede manifestarse como un anhelo de ser brillante, de ser especial, de resultar imprescindible para los demás, de hipercompetencia, de superioridad de cualquier tipo, etcétera. Sea como sea, cada yo-ideal conlleva unas exigencias determinadas que se quieren realizar *ya*.[5]

Las falsas cualidades

A su vez, la construcción del yo-ideal suele ir acompañada del cultivo de cualidades que, de algún modo, *imitan* las cualidades genuinas de las que nos hemos desconectado. Se trata, por tanto, de cualidades que, al menos en cierto grado, son impostadas, por más que no seamos del todo conscientes de ello. Por ejemplo: el sentimentalismo es una imitación de la sensibilidad y del amor; el voluntarismo, de la voluntad real; el orgullo, de nuestro sentido intrínseco de dignidad; el «buenismo», de la verdadera bondad; el moralismo o la mojigatería,

---

5. Las dos últimas estrategias compensatorias descritas, la búsqueda externa y la consecución del yo-ideal, a menudo están íntimamente relacionadas: por una parte, sentimos que existimos a través de la mirada del otro, que, si no nos ven y no nos confirman, en cierto modo dejamos de ser; y, por otra parte, creemos que la encarnación del yo-ideal hará que los demás nos ofrezcan esa mirada confirmatoria, esto es, amor, admiración y aprobación.

de la genuina sensibilidad ética que nos otorga la conexión con nuestro sentido interno del bien; etcétera.

Contradicciones presentes en el yo-ideal

El yo-ideal trae consigo contradicciones que originan un nivel altísimo de sufrimiento. Mencionaremos solo dos.

Creemos que, cuando el otro reconozca que somos «especiales», seremos por fin amados y aceptados. Pero esto no tiene sentido porque todo este afán está sustentado en la conciencia de separatividad. De forma inconsciente estamos expresando: «Cuando esté por encima de los demás, si les demuestro que soy mejor, si logro lo que ellos no logran, me amarán y aprobarán». Obviamente, esta pretensión no puede funcionar. No tiene sentido esperar amor cuando lo que ofrecemos es separación.

Por otra parte, creamos el yo-ideal para poder aceptarnos, pero como ese yo-ideal es irrealizable, cada vez nos rechazamos más y nos sentimos más incapaces de aceptarnos tal como somos. Nuestra autoestima y autoconfianza se hunden aún más; se acentúan el autodesprecio, el autocastigo, la impaciencia y la desesperación con nosotros mismos; se incrementa la sensación íntima de vergüenza y de fraude porque en el fondo sabemos que no somos lo que pretendemos ser. Y, en este estado, nos aferramos más a la expectativa de salvación mediante la realización del yo-ideal, lo que genera un círculo vicioso que es fuente de mucho sufrimiento mental. De hecho, cuando la distancia entre el yo real y el yo-ideal es muy acusada, puede dar lugar a crisis profundas, a estados crónicos de neurosis, ansiedad, rabia, frustración o depresión; en casos extremos, puede conducir incluso al suicidio.

8. El yo superficial

Las creencias limitadas asumidas sobre nosotros mismos más todos los patrones de conducta y de emoción derivados (algunos de ellos compensatorios y defensivos) generan una superestructura, una falsa identidad, lo que venimos denominando el *yo superficial.*

La identificación con el yo superficial es la interferencia que dificulta la expresión de nuestro yo real, lo que nos hace perder el arraigo en él, lo que nos desconecta de nuestro sentimiento básico de completud y de suficiencia ontológicas.

Las falsas necesidades

Una pregunta se plantea de forma habitual en este punto: ¿cómo podemos saber si una necesidad o deseo proviene de nuestro yo real o de nuestro yo superficial? Como me preguntaron hace poco: «Mi trabajo no me llena, tengo la sensación de que me falta algo, ¿cómo sé si esta sensación viene de mi fondo o de mi yo superficial?».

De entrada, cualquier sensación interna ha de ser escuchada, porque es a través de esta escucha como podemos conocer su naturaleza. Una vez atendida, la siguiente consideración nos puede ayudar a discernir el origen de nuestros sentimientos de carencia y de nuestros deseos.

En nosotros hay anhelos genuinos y necesidades reales. Por ejemplo, si no estamos movilizando adecuadamente en nuestra vida la cualidad del amor, experimentamos descontento afectivo. Este resulta de la falta de satisfacción de una necesidad real. Nuestra inteligencia profunda nos habla a través de esa sensación de carencia invitándonos a desarrollar en nuestra vida la cualidad del amor y a que indaguemos en los factores que están impidiendo su expresión y desarrollo.

Pero es interesante advertir cómo el yo-ideal genera muchas necesidades falsas. Por ejemplo: la necesidad de tener éxito o fama, de ser más que otros, de ser el primero, de ser casi perfecto y no cometer errores, de llegar a todo, de ser siempre aprobado, de ser el más listo, de resultar brillante ante los demás, de ser buenísimo, de ser el centro de atención, de ser «especial» (en un sentido comparativo), de estar siempre al mejor nivel, de que nos admiren, de resultar imprescindibles... Todo esto son necesidades falsas. No son necesidades de nuestro ser real, sino de nuestro yo superficial. Este se constituye desde la creencia ilusoria de que, para sentirnos completos o para ser aceptados y amados, hemos de lograr o experimentar estas cosas.

Una característica de las necesidades del yo superficial es su carácter insaciable: siempre necesitamos más. ¿Por qué hay quienes, aun teniendo dinero de sobra para vivir holgadamente ellos y sus descendientes, asumen tantos riesgos en su afán por acumular que acaban en la cárcel? Porque las necesidades del yo superficial son insaciables. Y lo son porque se está intentando un imposible: llenar un vacío de ser con meras imágenes.

Otro signo de que esas necesidades provienen del yo superficial, de que no son necesidades reales, es que no tienen la capacidad de integrar dualidades. Mencionamos en el capítulo pasado que lo que procede de lo profundo siempre las integra: el bien propio con el bien de los demás, nuestra felicidad con el cumplimiento de nuestros deberes y responsabilidades, etcétera. Las necesidades del yo-ideal, en cambio, generan conflictos, dualidades y divisiones.

¿En el camino del autoconocimiento me mueve el yo profundo o el yo-ideal?

Una segunda pregunta, vinculada a la anterior, se plantea también de forma recurrente en este punto: ¿Cómo puedo distinguir si en mi camino de autoconocimiento y de desarrollo interno me mueve mi yo profundo o mi yo-ideal? ¿Cómo sé si me mueve el deseo de perfección propio del yo-ideal o el impulso hacia el crecimiento y la excelencia que procede del yo profundo?

A las pautas que ya se han dado para llevar a cabo este discernimiento, añadimos otra más: cuando el impulso hacia el crecimiento viene del yo profundo, siempre estamos en paz con nuestra experiencia presente. No nos alteran ni nos entristecen nuestras limitaciones. Todo lo contrario: si descubrimos algo sobre nosotros que no es grato, nos alegramos, pues hay más verdad en nuestra vida. Cuando el deseo de verdad es fuerte, ver siempre trae fortaleza y felicidad.

Desde el yo-ideal en ningún caso sucede así, porque el yo-ideal es en sí mismo una compulsión a negar nuestra limitación o imperfección presente. Nos altera lo que no se ajusta a nuestro yo-ideal, pues este se ha construido desde la vergüenza de ser lo que somos. Esta vergüenza nos impide vernos con serenidad y origina, además, un profundo miedo a revelarse, a la exposición.

9. Volver a hacer pie en nosotros mismos

La mirada sobre las dinámicas descritas en ningún caso ha de ser moralista: no se trata de recriminarnos nuestras conductas ni de pretender cambiarlas luchando contra ellas, sino de salir de un gran malentendido, de un estado de «hipnosis», lo que demanda, ante todo, el ejercicio de nuestro discernimiento.

Cuando abandonamos la sugestión que nos autolimita y volvemos a hacer pie en nosotros mismos, en nuestra Presencia real, saboreamos con íntima certeza que todos tenemos ya identidad plena y valor intrínseco, que estos nos vienen dados por el hecho de ser; y que, cuando en nuestra vida cotidiana nos expresamos con sinceridad, sin pretensión, desde la escucha de nuestro sentir profundo, eso que somos en nuestro mismo centro emerge y se desenvuelve en nuestra existencia concreta manifestándose en la flor bellísima de nuestra personalidad, ahora sí, auténtica y decididamente singular.

Cuando nos vivimos como presencia, comprendemos que no necesitamos pensarnos ni definirnos para sentirnos ser, para tener una vivencia plena de nuestra identidad. Al contrario, solo cuando dejamos de identificarnos con el yo pensado, alcanzamos una experiencia absolutamente directa, sencilla y no limitada de nosotros (siempre es limitada cuando nos identificamos con el pensamiento). Sencillamente, somos.

10. Las heridas ontológicas

Iniciamos el apartado sobre la configuración del yo ilusorio remitiéndonos a nuestras experiencias infantiles. Pudo parecer, en ese punto, que abandonábamos la perspectiva filosófica y nos adentrábamos en la psicología. Pero en ningún caso describíamos meros problemas psicológicos, por más que algunas de las experiencias relatadas se correspondan con lo que en los ámbitos psicológicos se denominan «heridas psicológicas».

En efecto, las experiencias mencionadas de dolor, conmoción, frustración, carencia, desamparo, vergüenza o impotencia –resultantes de no haber recibido en un momento dado, o de forma reiterada en el tiempo, lo que esperábamos o lo que necesitábamos: amor, apoyo, respeto, reconocimiento, valoración, empatía…, de no habernos sentido vistos, comprendidos, reconocidos en nuestra singularidad y necesidades específicas, considerados como un fin en sí mismo, sostenidos de forma estable, etcétera– pueden dejar secuelas; estas son mayores cuando ese daño lo hemos experimentado en una edad temprana en la que no teníamos recursos para comprenderlo, manejarlo e integrarlo.

Algunas corrientes psicológicas dan mucha importancia a estas heridas, pues consideran que son las causas últimas de buena parte de nuestro sufrimiento emocional presente. La perspectiva sapiencial ofrece una mirada diferente al respecto. Por supuesto, todos hemos pasado por experiencias infantiles que nos han marcado; todos hemos experimentado dolores, carencias y frustraciones. Pero conviene no pasar por alto que los seres humanos tenemos una gran capacidad de resiliencia fundamentada en la potencia y libertad de nuestra dimensión espiritual. Contamos con recursos internos que nos permiten sanar y superar esas heridas, de modo que, tras el dolor, la impotencia, el duelo, el miedo, el terror…, la vida, con el tiempo, pueda volver al equilibrio.

Ahora bien, ¿por qué, pasado el tiempo necesario para la sanación, a veces la vida no vuelve al equilibrio? ¿Por qué hay heridas internas que no cicatrizan y quedamos, de alguna forma, atrapados en nuestro pasado? Desde la perspectiva sapiencial, hay dos motivos fundamentales.

En primer lugar, sucede así cuando hay experiencias que no han sido adecuadamente integradas en el flujo de la propia vida y a las que, en consecuencia, no se les ha dado un sentido.

Como veremos, uno de los motivos por los que no ha habido tal integración es porque nuestra mente dijo y sigue diciendo «no» a esa experiencia; quizá, incluso, nos hemos insensibilizado en cierto grado por miedo a volver a sentir ese dolor. Es preciso hacernos amigos de nuestra experiencia interna, volver a afrontar y sentir lo que tememos mirar y sentir en un contexto seguro, desde un estado de centramiento sereno en el que no estamos identificados con nuestras emociones y sensaciones corporales, en el que ya no quedamos abrumados por ellas. Hablaremos de la integración de las experiencias difíciles en el capítulo séptimo. Reflexionaremos entonces sobre las consecuencias de esta insensibilización y sobre la importancia de concienciar todo y de no tener miedo a sentir.[6]

En segundo lugar, hay heridas que siguen abiertas en el presente y que continúan causándonos sufrimiento emocional, no por lo que entonces nos pasó, sino porque –como hemos explicado–, al hilo de esas experiencias, asumimos ciertas creencias limitadas a las que seguimos asintiendo activamente en el presente, a menudo sin ser conscientes de ello. En otras palabras, lo que nos limita en el presente no son las experiencias pasadas, nuestros padres, lo que las personas cercanas entonces hicieron o dejaron de hacer, el modo en que nos

---

6. Esa energía no procesada se acumula en el cuerpo; de aquí, la ayuda que puede prestar en su integración y procesamiento el trabajo corporal, técnicas como la estimulación bilateral, algunos ejercicios respiratorios, etcétera.

miraron...,[7] sino nuestras propias representaciones: nuestros relatos sobre lo vivido, las ideas sobre la realidad que entonces asumimos, la imagen de nosotros con la que dramáticamente nos identificamos y con la que, si no nos adentramos en un camino de autoconocimiento profundo, seguimos identificados.

Desde la perspectiva sapiencial, no hay que buscar la causa última del sufrimiento evitable en nuestras experiencias pasadas, sino en nuestras actitudes y pensamientos presentes. La tendencia a percibir lo que nos sucedió en el pasado como la causa última de nuestros problemas presentes –hoy en día tan generalizada– nos convierte en víctimas perpetuas y nos torna pasivos, porque nuestro pasado es inamovible; quedamos a merced de factores que no dependen de nosotros.[8]

En otras palabras, indagar en las raíces del sufrimiento existencial nos lleva siempre más allá de la psicología. De hecho, con frecuencia, la llamada herida psicológica es, en realidad, una «herida ontológica»: lo que realmente nos duele es la desconexión con nuestras cualidades esenciales ocasionada por

7. Es más, en algunos casos, ni siquiera esas situaciones vitales fueron objetivamente como nosotros las percibimos y vivimos, porque una cosa es lo que de hecho pasó y otra la interpretación que hicimos de lo que pasó; por ejemplo, alguien pudo haber interpretado como un abandono afectivo la menor disponibilidad de sus padres debida a que se encontraban en una situación profesional estresante o tenían un problema de salud.

8. Como afirmo en *El arte de ser*: «Lo dicho no excluye que ciertos hechos traumáticos pasados puedan haber dejado una impronta en nuestra estructura mental, cerebral y afectiva. Sea, o no sea, así, esta huella biológica establecería meramente una tendencia, y no un destino [...] tenemos la capacidad de otorgar un significado provechoso a las

Presencia e imagen. Yo real versus yo ilusorio   **123**

nuestra resistencia a sentir y por nuestras ideas inadecuadas, en concreto, las que nos hacen vivirnos desde una falsa sensación de limitación, separatividad e insuficiencia, las que nos ciegan a la potencia y libertad de nuestra Presencia espiritual.[9]

Por ejemplo, alguien experimentó en una edad temprana sentimientos agudos de vergüenza en distintas situaciones en las que fue ridiculizado, rechazado y desvalorizado. Ahora bien, si al hilo de esas experiencias esa persona asumió que ella *era* intrínsecamente ridícula, rechazable y carente de valor, experimentará un sentimiento de vergüenza de otro signo, que ya no es transitorio, sino que se mantendrá en el tiempo: ya no se trata de una mera vergüenza psicológica, sino de una vergüenza de alcance ontológico.

El desgarro resultante de creernos separados de nuestro Ser, la ceguera ante nuestra belleza y completud esenciales, es la verdadera herida: la herida originaria y radical.

---

adversidades pasadas: podemos reelaborar el sentido que les dimos, cuestionar los relatos con que las envolvimos, si son limitantes, y transmutar el dolor en crecimiento. Aquí radica nuestra capacidad de resiliencia: el buen uso de nuestras representaciones puede conferir a nuestras heridas, huellas y tendencias, al igual que a nuestras propensiones temperamentales, una dirección creativa y con sentido. De hecho, muchas personas han convertido sus límites y heridas en trampolines y puertas de entrada a lo mejor y más profundo de sí mismas» (Mónica Cavallé, *El arte de ser*, capítulo V).

9.   La expresión «herida ontológica» no apunta al hecho de que nuestro ser esté herido, pues nuestro ser no puede ser dañado; apunta a que la herida se origina en la desconexión con nuestro fondo ontológico. La desconexión con nuestras cualidades intrínsecas, decíamos, se da solo en nuestra experiencia subjetiva, si bien los efectos de esta desconexión son muy efectivos y reales.

IV. Actitudes que requiere la tarea del autoconocimiento. La vulnerabilidad

Se describen las dos vertientes que hay que atender en la tarea del autoconocimiento: *ver lo que no somos, pero creemos ser,* y *vivir positivamente lo que realmente somos.* Se explica por qué ambas vertientes se han de atender a la par y cuáles son los peligros que se derivan de no hacerlo.

Se enumeran las actitudes que requiere el camino del autoconocimiento:

- Vivo interés en vernos, en conocernos.
- Honestidad, valentía, coraje.
- Hábito de autoobservación.
- Capacidad de mirarnos con creciente objetividad y serenidad.
- Disposición a ser vulnerables.

Se enumeran, asimismo, algunos obstáculos que bloquean las señaladas actitudes:

- La falta de autoaceptación.
- El moralismo.
- La vanidad.
- El autodesprecio.
- La impaciencia.
- La búsqueda de «perfección».
- Los errados criterios a la hora de medir nuestro progreso.

Se profundiza, finalmente, en la última actitud requerida mencionada, la vulnerabilidad: una disposición que nos torna cada vez más reales y que nos permite superar de raíz las dinámicas del yo superficial.

1. Las dos vertientes de la tarea del autoconocimiento

La dinámica del yo superficial se sostiene en un error perceptivo que da lugar a una sensación subjetiva de autolimitación. ¿Cómo desentrañar este error y abandonar el estado de «hipnosis» en el que nos sumerge?

Puesto que el yo superficial se construye a partir del olvido de lo que en verdad somos, su disolución pasa necesariamente por el autoconocimiento. A su vez, una concepción integral de esta tarea nos revela que tiene dos vertientes indisociables que hay que atender a la par:

–La primera vertiente radica en *ver lo que no somos, pero creemos ser*, en poner luz en la ilusión, en comprender cómo opera en nosotros la dinámica del yo superficial, el argumento del yo-idea y del yo-ideal. Consiste en tomar conciencia de las ideas limitadas sobre nosotros mismos que hemos asumido, así como de sus derivaciones: patrones limitados de emoción y de conducta –algunos de ellos compensatorios y defensivos–, pretensiones, bloqueos, entumecimientos... Es preciso esclarecer esta dinámica y comprenderla, no en abstracto, sino de forma concreta, tal y como opera en cada uno de nosotros. En el próximo capítulo daremos directrices concretas para comenzar a descubrir los perfiles de nuestra ilusión.

No se trata de condenar o de querer transformar cuanto antes esos aspectos de nuestro funcionamiento. El objetivo no es cambiar al yo superficial, sino sencillamente comprenderlo, liberarlo de los malentendidos.

–Ahora bien, esta primera vertiente de la tarea del autoconocimiento no es un fin en sí misma; el autoconocimiento no finaliza aquí. El sentido de poner luz en la ilusión es dejar paso a lo que de verdad es importante: *conocer, descubrir y vivir positivamente lo que realmente somos*.

No es suficiente con prestar atención al plano psíquico (creencias, emociones, conductas...). Si nos quedamos en este nivel, seguiremos experimentando insatisfacción y falta de realización. Es preciso ir más allá, despertar a nuestra dimensión profunda, vivir y expresar en nuestra vida diaria (cada uno de modo singular y único) el inmenso tesoro de amor, belleza, inteligencia y vida que late en lo profundo de nosotros.

El yo superficial está sumergido en su mundo privado, donde sufre y se siente aislado. Solo a través del contacto pleno con nuestro Ser real se da el paso desde la conciencia de separatividad a la conciencia de unidad; solo en él se realiza la paradoja en virtud de la cual coincidimos completamente con nosotros mismos a la vez que nos autotrascendemos y conectamos íntimamente con los demás y con la totalidad de la vida.

Hay que atender ambas vertientes a la par

Estas dos vertientes de la tarea del autoconocimiento, decíamos, han de ser atendidas a la par:

–Por una parte, si desatendemos la primera vertiente, si no desentrañamos las dinámicas del yo superficial, existe el peligro de confundir el camino sapiencial o espiritual con la consecución de un yo-ideal, es decir, el peligro de que este camino se torne un intento ilusorio de compensación de nuestros aspectos no desarrollados. Existe, asimismo, el riesgo de que se convierta en un refugio frente a nuestros retos y dificultades, en una forma de evitación de lo que no queremos ver ni reconocer en nosotros y fuera de nosotros, de lo que nos resulta incómodo mirar, o bien en un modo de disociación de nuestra humanidad (pretendemos trascenderla antes de haberla comprendido e integrado).

Además, sin la disolución del yo superficial, lo que somos en lo profundo no se puede expresar de forma plena, sin interferencias y de forma sostenida en el tiempo; no llega a empapar la personalidad ni a florecer a través de ella. Podemos tener emergencias breves de lo profundo, comprensiones puntuales, pero que no terminan de asentarse; son estados de conciencia pasajeros que no devienen estadios o niveles de conciencia permanentes. Existe el peligro, además, de que las comprensiones reales que se alcancen se integren en una personalidad con importantes puntos ciegos, como el narcisismo o los deseos de poder. Este es el origen del «narcisismo espiritual»,[1] de las figuras de los falsos maestros, de las dinámicas de «abuso espiritual», etcétera.

–Pero, por otra parte, sin el contacto con nuestra realidad profunda, no podemos terminar de soltar lo falso. Dado que el yo superficial es una imitación de nuestra verdadera identidad, solo se disuelve de raíz con la plena vivencia de esta última. De hecho, cuando comenzamos a tener el sabor de nuestro yo real, el proceso de disolución de la ilusión, de ver lo falso como falso, se acelera y se torna mucho más fluido.

Ambas vertientes del autoconocimiento son indisociables. Atenderlas a la par, por consiguiente, origina un círculo virtuoso.

Hay quienes reducen la tarea del autoconocimiento a la pri-

---

1. *Cfr.* Maribel Rodríguez, *Más allá del narcisismo espiritual.*

130 El coraje de ser

mera vertiente; generalmente, personas con inquietudes psicológicas. A su vez, hay quienes creen que basta con centrarse en la segunda; generalmente, personas con inquietudes sapienciales o espirituales (muy en particular, occidentales que buscan en los caminos de liberación de Oriente una vía rápida a la «iluminación»). Estas últimas alegan que prestar tanta atención a la dinámica del yo superficial es innecesario, incluso morboso; que es posible y deseable eludir la observación detenida de los aspectos no iluminados de nosotros; que no hay que mirar la ilusión, sino orientarse al conocimiento positivo de nuestra naturaleza profunda. Pero la experiencia revela que todos aquellos aspectos y sentimientos negados, no reconocidos ni aceptados, bloquean el flujo de las cualidades esenciales en nosotros. Tarde o temprano tendremos que encarar todo aquello que no hemos querido mirar y de lo que no nos hemos responsabilizado; las situaciones de la vida nos forzarán a hacerlo, «pues no hay nada oculto que no haya de ser manifiesto, ni secreto que no haya de ser conocido y que no salga a la luz» (Lucas 8, 17).

Indagar en la naturaleza del yo superficial en ningún caso equivale a regodearse en lo negativo, en la carencia, en el sufrimiento. Porque lo que no se confronta, no se resuelve. Lo que permanece en la inconsciencia, en la oscuridad, se acrecienta y se torna nocivo. Por el contrario, todo lo que se ve, se comprende y se acepta, comienza a diluirse, liberando sus energías creativas; pues la misma energía presente en nuestro sufrimiento y destructividad, cuando es liberada de la ignorancia, es la materia prima de nuestra felicidad y creatividad.

Con frecuencia, quienes se centran de forma exclusiva en la segunda vertiente descrita no están buscando realmente la verdad –porque cuando se aspira a ella, se busca también, y fundamentalmente, en lo más inmediato, en nuestro funcionamiento cotidiano–, sino tener «experiencias espirituales». Esta búsqueda de experiencias interiores es una perversión del camino sapiencial y espiritual. Los frutos interiores no se han de buscar en directo; advienen sin ser buscados cuando, en virtud de nuestra apertura incondicional a la verdad y de nuestro desarrollo, se dan en nosotros las condiciones para que así sea.

Cuando desaparece la resistencia a mirar todo lo que acontece en nosotros y fuera de nosotros, la tarea del autoconocimiento se revela como la aventura más apasionante; como un descubrimiento permanente que nos va tornando más reales, serenos, íntegros y compasivos, más humanos y conocedores de lo humano, más vivos, auténticos y creativos.

2. Actitudes que requiere la tarea del autoconocimiento

Interés en ver la verdad sobre nosotros mismos

La primera actitud –como hemos insistido– es tener un interés radical en ver: queremos realmente ver la verdad sobre nosotros mismos. Si este anhelo de verdad es sincero e incondicional, finalmente veremos y comprenderemos, porque «todo aquel que pide, recibe; y el que busca, halla» (Mateo 7, 8).

El camino interior no es un asunto técnico –como hoy en día parece dar a entender la proliferación de técnicas interiores–; es una cuestión de pureza. Y la pureza reside, entre otras cosas, en esta actitud: la de tener un anhelo de verdad que sea mucho más fuerte que los temores y deseos de nuestro yo superficial.

Honestidad, valentía y coraje

Por consiguiente, hace falta honestidad. Y también valentía y coraje para ver todo lo que sea preciso ver. La esencia del coraje no reside en atreverse a realizar actividades de riesgo, sino en la disposición radical a confrontar la verdad sobre nosotros mismos.

Hábito de autoobservación

Hace falta, asimismo, desarrollar el hábito de la autoobservación. No nos referimos al hábito de analizarnos –pensar sobre nosotros constantemente es una forma de autoencierro narcisista–, sino al hecho de estar presentes y atentos, lo que nos permite dejar de confundirnos con nuestro diálogo interno y con nuestros modos de funcionar.

Capacidad de mirarnos con creciente objetividad y serenidad

En efecto, no se trata de analizarnos ni de pensarnos, sino, sencillamente, de tener la disposición a mirar. Y de intentar hacerlo, además, con objetividad y serenidad, como si fuéramos un espectador imparcial. Es obvio que nunca tendremos una absoluta objetividad con respecto a nosotros mismos, pero sí podemos ir ganando una creciente ecuanimidad en nuestra mirada.

Disposición a ser vulnerables

Por último, es imprescindible la disposición a ser vulnerables. Dada la importancia de este tema, lo desarrollaremos más adelante con detenimiento. Explicaremos por qué no puede haber autoconocimiento sin vulnerabilidad.

3. Obstáculos en la tarea del autoconocimiento

Enumeraremos, a continuación, algunos obstáculos que dificultan o imposibilitan las actitudes mencionadas.

La falta de autoaceptación

El primero de ellos es la falta de autoaceptación. Sin autoaceptación no puede haber autoconocimiento, pues ¿cómo voy a mirarme con ecuanimidad, imparcialidad y serenidad si no me acepto? No querré verme; no voy a soportar verme.

La tarea del autoconocimiento requiere sencillez: la de aceptarnos tal como somos, la de asumir nuestra experiencia presente tal como es. Esto no equivale a resignarnos a nuestra situación actual, sino a reconocer nuestra verdad existencial presente, nuestro momento evolutivo, y a estar en paz con él. No puede haber autoconocimiento sin esta aceptación serena, es decir, si tenemos pensamientos del tipo: «Yo ya no debería estar sintiendo esto»; «Pero ¡cómo estoy teniendo todavía estas conductas o estas emociones!», etcétera.

Veíamos en el capítulo pasado que subyace al yo-ideal la compulsión a negar nuestra limitación e imperfección presentes, la tendencia a la ocultación, una sensación íntima de vergüenza y de fraude, el miedo a revelarnos y a ser vistos en nuestra verdad. Y comentamos que, si bien creamos el yo-ideal para poder aceptarnos, cada vez nos rechazamos más, dado que nunca estamos a la altura de sus exigencias, lo que termina minando nuestra autoconfianza y conduciendo al autodesprecio.

Por consiguiente, puesto que la falta de autoaceptación es intrínseca al yo-ideal, su superación pasa necesariamente por la completa aceptación de nuestra experiencia presente y de nuestra verdad existencial aquí y ahora.

El moralismo

Incurrimos en el moralismo cuando nuestra mirada hacia nosotros y hacia nuestras formas de funcionar, hacia nuestras emociones y conductas, se basa exclusivamente en estándares de «corrección», y no en términos de verdad y error; cuando juzgamos nuestra conducta como «buena» o «mala» desde la comparación con esos estándares (de lo que inferimos que somos «buenas» o «malas» personas), sin introducir el factor de la comprensión.[2]

Tenemos una mirada moralista en la tarea del autoconocimiento cuando no comprendemos que, detrás de nuestros patrones limitados y del yo superficial, hay ignorancia: hemos buscado nuestro bien desde concepciones erradas sobre dónde radica nuestro verdadero bien y sobre quiénes somos realmente. De aquí nuestra insistencia en que se trata de salir de un gran malentendido (y ello, por más que esas conductas nos hayan dañado o hayan dañado a otros, por más que tengan consecuencias destructivas y sean éticamente reprobables).

Es imposible mirarnos con ecuanimidad y serenidad si lo hacemos con una actitud moralista, porque habrá condena, acusación y culpa, no comprensión. Habrá muchas resistencias y distorsiones en la mirada dirigida a nosotros mismos y, derivadamente, a los demás.

La vanidad y el orgullo

Es evidente que la vanidad y el orgullo dificultan que tengamos una mirada ecuánime e imparcial sobre nosotros. Nuestros fallos nos *alteran* en exceso cuando, aferrados a un yo-ideal,

---

2. En el capítulo XII explicaremos con detenimiento qué significa comprender las conductas humanas.

pretendemos ser mejores de lo que realmente somos; cuando pretendemos ser perfectos *ya* sin haber hecho el camino.

En realidad, detrás de todos los obstáculos enumerados hasta ahora, subyace el yo-ideal y sus aspiraciones y exigencias imposibles.

El autodesprecio

Incurrimos en el autodesprecio cuando vemos en nosotros una limitación y nos identificamos con ella; cuando sentimos, de algún modo, que esa conducta que no nos agrada nos define; cuando nos adjudicamos el calificativo que atribuimos a esa conducta y creemos que, intrínsecamente, somos eso: falsos, inauténticos, egoístas, débiles...

Detrás del autodesprecio late un gran error: el de cifrar nuestra identidad en una faceta de nuestro funcionamiento que es temporal, que en ningún caso constituye nuestra naturaleza profunda, y que está sustentada en la ignorancia, esto es, en ideas erróneas que es perfectamente posible disolver.

Por cierto, el autodesprecio marca la diferencia entre la culpa y el sano arrepentimiento. En este último hay dolor puro por el daño causado, pero, puesto que no nos identificamos con nuestros errores, no hay autofustigación ni aversión hacia nosotros mismos.

La impaciencia

Cuando nos orientamos a la consecución de ciertos resultados –más aún, si los queremos *ya*–, la tarea del autoconocimiento se tiñe de una lógica instrumental. Pasamos por alto que, en este camino, no se trata de llegar a ningún lugar; y que, desde el momento en que tenemos una sincera disposición a ver, ya nos adentramos en la senda de la verdad, lo que constituye un fin en sí mismo.

Por ejemplo, explicamos cómo el sentimentalismo consiste en la ilusión de sentir lo que realmente no sentimos: forzamos en nosotros sentimientos «buenos» o «adecuados» que no se corresponden con nuestros sentimientos reales. Esta falsa bondad obstaculiza nuestro desarrollo. No lo obstaculiza, en cambio, admitir nuestra verdad actual: «Siento hostilidad y resentimiento, no amor»; «Esto no lo quiero aceptar»; «Aún no tengo la valentía necesaria para mirar eso», etcétera. No hablamos de resignación, de asumir que siempre va a seguir siendo así, ni de reaccionar desde nuestros sentimientos negativos, sino de ser honestos con nosotros mismos con respecto a nuestro estado actual.

Paradójicamente, negar nuestra experiencia presente o impacientarnos con ella nos impide abrirnos a un nivel de conciencia superior.

La búsqueda de perfección

Un obstáculo más en este camino es el de creer que el objetivo es alcanzar una suerte de perfección, llegar a no tener patrones limitados. Esta aspiración es una modalidad del yo-ideal. El objetivo del autoconocimiento no es la perfección ni la impecabilidad –algo ajeno a nuestra condición humana–, sino, sencillamente, ser cada vez más verdaderos, auténticos, reales, íntegros y completos (porque reconocemos y asumimos todas nuestras facetas, también aquellas que previamente negábamos o con las que estábamos en conflicto).

Los criterios errados a la hora de medir nuestro progreso

Otro obstáculo en la tarea del autoconocimiento son los criterios errados con los que medimos nuestro progreso. Por ejemplo, nos equivocamos cuando lo valoramos atendiendo a si experimentamos, o no, cambios rápidos y lineales. El crecimiento no es siempre lineal; es más, cuando se avanza, a veces se dan aparentes retrocesos. Por otra parte, a menudo parece que no hay avance, que los mismos patrones limitados se activan una y otra vez, pero no es así: cada vez que se activan descubrimos matices nuevos, nuevas ideas limitadas latentes, ponemos en conexión aspectos que antes no habíamos puesto en conexión...; hay un incremento de nuestra comprensión y, en consecuencia, un desarrollo creciente.

Nadie ve todo lo que está en juego en su yo superficial en

un corto plazo de tiempo. Hace falta una toma de conciencia constante y reiterada. Aunque en ocasiones experimentamos saltos interiores drásticos que nos permiten acceder a nuevos niveles de conciencia, en líneas generales el camino del crecimiento interior es lento y gradual. Más aún, esos saltos repentimos también han estado precedidos de un desarrollo latente (del mismo modo que la plantita que asoma inesperadamente sobre la tierra tiene raíces profundas no visibles que han crecido en la oscuridad).

El criterio del progreso no radica, por tanto, en si experimentamos cambios rápidos o en si ya no tenemos patrones limitados, sino en cómo nos relacionamos con nuestros límites. Como apuntamos en el anterior capítulo, una señal de que nuestra actitud es la adecuada es que, cuando descubrimos en nosotros un punto ciego, no nos alteramos ni incurrimos en el autorreproche, sino que nos alegramos por el descubrimiento. Ya no nos entristecen nuestras limitaciones (aunque sintamos el dolor limpio y sereno del arrepentimiento cuando son ocasión de daño para nosotros o para los demás); al contrario: cuando descubrimos facetas nuevas de nosotros, aunque no resulten agradables, experimentamos contento interior y fortaleza porque se incrementa la verdad en nuestra vida.

Tampoco hemos de medir nuestro progreso en función de si seguimos pasando, o no, por periodos difíciles. Lo decisivo es cómo los vivimos, cómo nos relacionamos con lo que nos pasa, con las dificultades y retos que nos trae la vida –muy en particular, con los que son consecuencia de nuestros propios errores–. Cuando ya no hay impaciencia, tristeza ni decepción, sino aceptación y la disposición a ver esos retos como oportunidades para ver más y para ser más reales, entonces la actitud es la adecuada.

4. El camino de la vulnerabilidad

Al enumerar las actitudes que requiere la tarea del autoconocimiento, mencionamos la disposición a ser vulnerables. En efecto, un requisito fundamental en el camino del autoconocimiento es la vulnerabilidad. Se trata de una disposición decisiva, pues corta de raíz las dinámicas del yo superficial. Es, además, una práctica que tenemos muy a mano y en la que podemos ejercitarnos en nuestra vida cotidiana.

El objetivo del autoconocimiento –decíamos– no es la impecabilidad, sino ser cada vez más reales.

Se trata de ser reales. Y *ser reales es ser vulnerables*.[3]

El yo superficial –veíamos– se sostiene en la identificación con un yo pensado. Esta identificación origina en nosotros una sensación de vacío, carencia, insuficiencia e insatisfactoriedad,

---

3. Según la Real Academia Española, la «vulnerabilidad es la cualidad de ser vulnerable; y vulnerable, a su vez, es el que, con mayor riesgo que el común, es susceptible de ser herido o lesionado, física o moralmente». Utilizamos en este contexto la palabra «vulnerabilidad» con un matiz diferente: es la desnudez propia de la persona real o «verdadera», la que carece de máscaras y de defensas innecesarias.

por lo que nos vemos impelidos a desarrollar patrones que buscan compensar esos vacíos o bien desconectarnos de ellos para no sentirlos.

En la senda del autoconocimiento vamos abandonando estas dinámicas del yo superficial; vamos soltando máscaras, pretensiones, falsas expectativas asociadas al yo-ideal, defensas, evasiones, huidas... Y, consiguientemente, vamos experimentando una creciente desnudez, es decir, una creciente vulnerabilidad.

No hay autoconocimiento si no tenemos la disposición a ser vulnerables: a soltar defensas y pretensiones; a estar en contacto con nuestros sentimientos y pensamientos reales; a asumirnos tal como somos, con nuestras luces y sombras actuales; a aceptar nuestra experiencia presente con sencillez ante nosotros mismos y ante los demás; a revelar nuestro ser real (no hablamos de exhibicionismo, de indiscreción, de exponer nuestra intimidad cuando no procede, sino de ausencia de pretensión y falsedad).

Creencias limitadas que nos hacen resistir nuestra vulnerabilidad

Pero en este camino de la vulnerabilidad también aparecen obstáculos. Enumeraremos a continuación algunas creencias limitadas que nos hacen resistir nuestra vulnerabilidad.

La vulnerabilidad equivale a debilidad

Una de las creencias que nos impide avanzar en este camino es la que asocia la vulnerabilidad a la debilidad.

142 El coraje de ser

Todos aspiramos al sentimiento íntimo de potencia que va de la mano de la movilización de nuestro potencial. Por lo tanto, si creemos que ser vulnerables nos tornará más débiles, más impotentes, necesariamente lo evitaremos.

Pero lo cierto es todo lo contrario: lo que en nuestra vida cotidiana nos debilita, lo que nos hace susceptibles, lo que nos hace sufrir, son nuestras defensas, nuestras máscaras, nuestras pretensiones de ser lo que no somos. Como todo este montaje no es real, como es ilusorio, es también muy frágil, se sustenta en el miedo. Tenemos miedo a que aflore nuestra verdad, nuestra realidad desnuda, a que nos vean tal como somos; por lo tanto, estamos a la defensiva, somos susceptibles.

Las defensas se construyen desde el miedo a ser vistos como realmente somos, desde la creencia: «Mi ser no es suficiente tal como es; no es digno de ser amado tal como es». Es esta creencia la que nos hace débiles.

Un ejemplo. Una compañera que iba a facilitar unos talleres de filosofía me expresó su temor a que le hicieran preguntas que no supiera responder. Tras reflexionar con ella sobre la vulnerabilidad, concluyó que, si le preguntaban algo para lo que no tenía respuesta, simplemente contestaría «no lo sé», sería honesta con respecto a su conocimiento actual. Tras llevar a la práctica esta actitud, me comentó que no solo había superado su temor, sino que la dinámica de sus talleres había mejorado porque su nueva disposición había creado un clima de mayor veracidad, conexión e intimidad.

Tenemos miedo, estamos a la defensiva, somos débiles y

Actitudes que requiere la tarea del autoconocimiento 143

podemos ser dañados cuando ocultamos nuestros límites, cuando pretendemos ser impecables, saber más de lo que sabemos o ser más de lo que somos. En cambio, somos fuertes cuando descansamos en nuestra verdad, cuando no pretendemos ser quienes no somos ni estar donde no estamos, cuando asumimos nuestro momento presente, nuestros límites, sombras y luces actuales.[4]

No hay daño posible cuando tenemos como aliada a la realidad, lo único que nunca puede ser dañado.

Esta es la única fortaleza real: aceptarnos tal como somos aquí y ahora ante nosotros y ante los demás; tener la valentía de ser imperfectos.

Y este es el auténtico coraje. Si antes decíamos que la esencia del coraje es la disposición a confrontar la verdad sobre nosotros mismos, ahora añadimos otro matiz: también lo es asumirnos tal como somos, como seres imperfectos.

En definitiva, la vulnerabilidad no solo no equivale a debilidad, sino que, por el contrario, la debilidad es lo que sentimos cuando resistimos nuestra vulnerabilidad.

La vulnerabilidad nos hace sentir más el dolor

Otra creencia errónea que nos impide aceptar nuestra vulnerabilidad es la de que, dado que esta implica desprenderse de defensas y entumecimientos, hará que nuestra sensibilidad

---

4. Dado que el autoconocimiento conlleva un progresivo desnudamiento, en una fase inicial puede haber momentos de inestabilidad pasajera. Pero, si sostenemos esta sensación, la trascenderemos y nos iremos tornando interiormente más y más fuertes.

esté excesivamente despierta y que, en consecuencia, sintamos más dolor.[5]

Efectivamente, cuando somos más vulnerables, nuestra sensibilidad se aviva, se vuelve más aguda y vibrante. Sentimos más. También sentimos más el dolor puro: el dolor ante lo que atenta contra la belleza, el bien, la justicia y la vida en todas sus formas.

La vulnerabilidad nos torna más capaces de sentir el dolor, pero también nos capacita para experimentar más alegría. Porque, cuando nos abrimos a sentir, nos abrimos a sentirlo todo. No podemos querer sentir unas cosas y no otras. Hay quienes pretenden estar abiertos al espectro de las emociones que consideran positivas, pero no al dolor. Esto no tiene sentido. Si nos cerramos a sentir el dolor, si no nos reconciliamos con nuestra vulnerabilidad, embotamos nuestra sensibilidad para cualquier matiz del ámbito del sentir; también se bloquea nuestra capacidad de experimentar alegría, amor, creatividad, éxtasis, conexión, intimidad, pertenencia y gratitud.

De hecho, el sufrimiento más intenso es el que padecen las personas que se han desconectado de su vulnerabilidad: han perdido la conexión con sus sentimientos y, por lo tanto, la sensación de vivacidad interior, de vinculación con los demás y con la vida, de propósito y sentido existenciales.

---

5. Suelo distinguir entre *dolor* y *sufrimiento*. El dolor es un sentimiento puro e ineludible; el sufrimiento, en cambio, es opcional. El dolor físico y el dolor anímico (el que acompaña a las pérdidas significativas, a la contemplación del daño ejercido sobre realidades valiosas, etcétera) son indisociables del hecho de estar vivos. El sufrimiento mental es evitable, pues se origina exclusivamente en nuestras ideas y actitudes erradas.

Por este motivo, conviene advertir frente a las falsas concepciones del desapego promovidas en algunos ambientes pretendidamente sapienciales o espirituales, en concreto, las que lo conciben como una suerte de evitación del apego, pues, en realidad, el desapego así entendido es una forma de desconexión de nuestra vulnerabilidad y de represión de nuestra humanidad.

Por ejemplo, cada vez que establecemos vínculos íntimos (cuando tenemos un hijo, nos enamoramos, nos comprometemos afectivamente, etcétera), se ahonda nuestra vulnerabilidad, pues podemos llegar a sentir un dolor muy intenso si perdemos a la persona amada; pero también se nos regalan las más profundas alegrías humanas y nuestro corazón alcanza su máxima suavidad y apertura.[6]

---

6. Siddharta, el protagonista de la conocida novela de Herman Hesse, en su búsqueda de la sabiduría elije en un inicio el camino de la renuncia y de la ascesis. Posteriormente, abandona el camino ascético, se dedica a los negocios y tiene una amante; con ella conoce los secretos del amor y apura el lujo y el placer hasta llegar al hastío, lo que le conduce a abandonar esa vida y a proseguir su búsqueda interior. Había tenido un hijo con su amante, un hijo desagradecido que le rompió el corazón. Tras pasar el resto de sus días con un humilde y sabio barquero, y tras alcanzar finalmente la serenidad de la iluminación interior, Siddharta le declara a su amigo Govinda que ha descubierto que hay algo más elevado aún que el desapego: el amor, y que este pasa por amar lo terrenal, sin temer que este amor ate nuestro corazón. «He experimentado en mi propio cuerpo, en mi misma alma, que necesitaba el pecado, la voluptuosidad, el afán de propiedad, la vanidad, y que precisaba de la más vergonzosa desesperación para aprender a vencer mi resistencia, para instruirme a amar al mundo, para no compararlo con algún mundo deseado o imaginado, regido por una perfección inventada por mí, sino dejarlo ser tal como es y amarlo y vivirlo con gozo [...] el amor, Govinda, me parece que es lo más importante que existe».

La vulnerabilidad puede llevar al desbordamiento
y al drama emocional

Otra creencia que obstaculiza la vulnerabilidad es la que nos hace inferir que, si no ocultamos lo que sentimos, si lo expresamos cuando procede –y esta es una faceta del ser vulnerables–, propiciaremos el drama emocional y, derivadamente, el conflicto interpersonal.

Pero el drama emocional nunca surge de expresar nuestros sentimientos reales, como muchas personas temen; resulta, por el contrario, de negarlos y reprimirlos.

En efecto, el drama emocional es la reacción que se deriva de la ocultación de nuestros verdaderos sentimientos; es la conducta propia de quien los teme, de quien no sabe expresar con sencillez que siente miedo, rabia, pena..., pues no se permite ser vulnerable, de modo que lo negado se expresa de formas distorsionadas e indirectas. Por ejemplo, un drama infundado de celos que se manifiesta como descalificación y culpabilización, y que da lugar a discusiones reiteradas que desgastan la relación de pareja, puede estar ocultando el siguiente sentimiento: «Me siento insegura; a veces pienso que no soy suficiente para ti». Como no se tiene el coraje de expresar esto con sencillez, se ocultan los propios sentimientos y se reacciona desde el drama emocional.

Si la debilidad es el resultado de resistir nuestra vulnerabilidad, el drama emocional es el resultado de reprimir u ocultar nuestros sentimientos reales.

La vulnerabilidad no solo no conduce al drama emocional, sino que, de hecho, es la única vía para salir de él.

Si soy vulnerable, no pondré límites y quedaré
a merced de personas abusivas

Otro obstáculo que nos aparta del camino de la vulnerabilidad es la creencia de que, si somos vulnerables, no pondremos límites y, por tanto, seremos objeto de abusos.

Pero poner límites sanos no solo no es contrario a la vulnerabilidad, sino que es una de las formas en que esta se manifiesta. Ser vulnerables equivale a estar en contacto con nuestros sentimientos reales y a expresarlos cuando resulta adecuado; y hay un tipo de sentimientos que nos protegen de las intromisiones y de los abusos y que nos invitan a poner límites: los sentimientos de molestia y de enfado. Ser vulnerables significa también conectar con nuestro enfado, expresarlo de forma sana y constructiva, poner límites cuando procede. Las personas que reprimen el enfado porque son complacientes o porque temen el conflicto no actúan de forma vulnerable.

No hay verdadera intimidad ni unión real con el otro si no nos comunicamos con veracidad. Si callamos y aguantamos en silencio, revistiendo nuestra actitud de aparente bondad, nos engañamos; simplemente estamos siendo deshonestos por miedo a las consecuencias de nuestra autoexpresión.

La vulnerabilidad es la puerta de la intimidad

El camino de la vulnerabilidad quiebra de raíz la dinámica del yo superficial y es el cimiento de la perfecta intimidad con nosotros mismos.

Es también la base de la conexión con los demás: experimentamos intimidad con otras personas solo cuando nos conectamos con ellas desde nuestra verdad.

El único regalo real que podemos hacer a los demás es el regalo de nuestra verdad. Este es el acto de amor más elevado. Como decíamos en el anterior capítulo, no amamos cuando regalamos nuestro yo-ideal, sino cuando regalamos nuestro yo real. Y si no damos amor, no recibimos amor.

En otras palabras, ser vulnerables con los otros equivale a permitirnos ser vistos y sentidos.

Resistir la vulnerabilidad nos separa de los demás y nos mantiene en la conciencia de separatividad. Aunque nos amen, no nos sentimos amados, porque solo nos sentimos amados cuando nos sentimos realmente vistos y sentidos.

La calidad de nuestras relaciones es directamente proporcional a nuestra capacidad de ser y de mostrarnos vulnerables. Por ejemplo, cuando dialogamos con el otro y somos vulnerables, no estamos encerrados en nuestra mente, sino sintonizando con el otro: queremos verlo y sentirlo, a la vez que somos conscientes de los sentimientos que despierta en nosotros la interacción. Hablamos desde nuestros sentimientos reales, no desde nuestros mecanismos de defensa ni desde las emociones asociadas.

Por último, nuestra intimidad con la vida también depende de esta disposición. No podemos sentir conexión con la vida y confianza básica si no abrazamos nuestra vulnerabilidad.

Una persona vulnerable, sin defensas, que ha abrazado su

vulnerabilidad, nunca se siente aislada ni desconectada. Se siente en perfecta comunión consigo misma, con los demás y con la vida.

V. Desvelando nuestra filosofía personal

El primer signo de la madurez interior es la disposición a responsabilizarnos del significado último de nuestra experiencia y, por consiguiente, de nuestro sufrimiento mental.

Esta responsabilidad se traduce, entre otras cosas, en el compromiso firme con examinar nuestras concepciones sobre la realidad, nuestra filosofía personal; no solo nuestra filosofía teórica, sino, ante todo, nuestra «filosofía operativa»: la que opera en nuestra vida y está en la base de nuestro funcionamiento cotidiano, es decir, las ideas que explican por qué vivimos como vivimos.

Las ideas inadecuadas presentes en nuestra filosofía personal pueden ser de distinto tipo. Nos detenemos en tres de ellos:

–Ideas que hemos asumido de forma acrítica del exterior (entorno sociocultural, familiar, etcétera).

> –Generalizaciones erradas.
>
> –«Opiniones verdaderas».
>
> Se ilustra cómo nuestras ideas limitadas operativas latentes a veces entran en contradicción con nuestras ideas teóricas sobre las cosas.
>
> Se enumeran algunos signos que indican la presencia de estas ideas limitadas en nuestra filosofía personal.
>
> Por último, se ofrecen pautas para que cada cual descubra cuáles son sus patrones limitados básicos, así como las ideas inadecuadas que los originan.

1. Las pasiones son errores de juicio

«Las pasiones son errores de juicio».

ZENÓN DE CITIO

«Las pasiones tienen su origen en la opinión» y «solo el conocimiento es causa de la destrucción de las pasiones».

BARUCH SPINOZA, *Tratado breve*

En el contexto de la filosofía clásica, el término «pasión» no tenía el significado que hoy en día otorgamos de forma dominante a este término, el de «intensidad del interés o del amor»; aludía a las emociones e impulsos desordenados originados en las opiniones erradas, más genéricamente, a todas las formas de sufrimiento humano evitable.

Una intuición central presente en todas las grandes tradiciones sapienciales sin excepción es el reconocimiento de que, tras nuestras perturbaciones anímicas, subyacen ideas o representaciones inadecuadas sobre la realidad. O, como afirman las tradiciones orientales, la raíz última de nuestro sufrimiento es la ignorancia existencial.

La ilusión raíz de la que se derivan todas las demás ilusiones

La intuición de que el sufrimiento mental se sostiene en ideas inadecuadas, en ilusiones perceptivas, eje de las grandes tradiciones de sabiduría, está también en la base de las psicoterapias cognitivas contemporáneas. Sus fundadores, Aaron Beck y Albert Ellis –este último inspirado abiertamente en el pensamiento estoico–, sostienen que buena parte de nuestros conflictos emocionales se originan en premisas incorrectas, en ideas irracionales y en distorsiones cognitivas. Aun así, considero que esta intuición no tiene en estas psicoterapias el mismo alcance y la misma hondura que tiene en el ámbito de las tradiciones sapienciales. Entre otras cosas, porque, en estas últimas, la tarea del autoconocimiento rebasa el plano psíquico y el conocimiento de nuestro mundo representacional –de nuestros modos de representarnos interiormente la realidad, de percibir y de pensar–, para alcanzar el plano ontológico, el ámbito del Ser. Su objetivo es que nos reconozcamos como *nous*, como Principio rector, como Presencia pura.

En efecto, al igual que las psicoterapias mencionadas, las tradiciones sapienciales afirman que la causa última del sufrimiento humano son nuestras ideas erradas; pero añaden algo decisivo: la principal ilusión es la que nos ciega ante la naturaleza de nuestra verdadera identidad. La raíz de las formas más graves de ignorancia es el olvido de quiénes somos, la alienación de nuestra esencia espiritual (*nous*), de nuestro fundamento ontológico. De esta ilusión fundamental emanan en ramificación muchas otras ilusiones. Como afirmo en *El arte de ser*: «El sufrimiento existencial evitable se deriva, en último término, de no saber quiénes somos: de creer ser lo que no somos y de no vivir ni saborear positivamente lo que realmente somos».

«Esto ya lo sé»

La intuición que conecta la ignorancia existencial y el sufrimiento mental nos resulta familiar a quienes estamos comprometidos con la tarea del autoconocimiento. Pero hay algo sobre lo que conviene advertir. Cuando escuchamos o leemos ideas filosóficas que no nos resultan nuevas, incurrimos en un grave error si pensamos: «Esa idea ya la conozco; eso ya lo sé». A este respecto, es interesante constatar cómo la mayoría de los filósofos realmente profundos repiten constantemente las mismas ideas; estas, además, suelen ser muy pocas. Por ejemplo, sabios como Epicteto, Ramana Maharshi o Nisargadatta, en sus diálogos, están continuamente redundando en lo mismo. Si estas ideas fueran meros datos (como lo son «dos más dos son cuatro» o «la capital de Nueva Zelanda es Wellington»), su reiteración sería innecesaria y tediosa. ¿Por qué decir lo mismo una y otra vez? Pero en absoluto es innecesaria; no son pesados al proceder así. Y no lo son porque las ideas que articulan son de otro signo, porque las intuiciones filosóficas profundas son inagotables: si las contemplamos y saboreamos de la forma adecuada, resultan siempre frescas y nuevas, siempre revelan matices distintos, son una fuente de inspiración permanente.

En otras palabras, si incurrimos en el «eso ya lo sé» al enfrentarnos a este tipo de intuiciones, estamos concibiendo el conocimiento como algo que «se tiene», como algo ya poseído y estático,[1] y no como algo que «se es», como un saber que se encarna en el propio ser y nos transforma, y que, a su vez, se profundiza y renueva con esta transformación. Cuando el conocimiento filosófico se vivencia no como una función del tener sino del ser, las intuiciones sapienciales revelan un potencial ilimitado. Del mismo modo que la buena poesía se puede leer una y otra vez, estas ideas resultan siempre reveladoras si nuestra disposición interior es la adecuada.

---

1. Sucede lo mismo cuando la formulación de una verdad se torna un cliché: el conocimiento ya no nos penetra ni se transforma con nosotros, se vuelve estéril y superficial.

156 El coraje de ser

En relación con lo que nos ocupa, nunca tomaremos suficiente conciencia del poder y el alcance existencial que tienen nuestros pensamientos y actitudes. Nuestras creencias determinan nuestra experiencia: si creemos algo, así será para nosotros. Nuestra percepción modifica el mundo percibido y la cualidad de nuestra experiencia, y «por eso, unos mismos acontecimientos o circunstancias externos afectan a cada uno de forma muy distinta, y cada cual vive en un mundo diferente, aunque comparta el mismo entorno» (Arthur Schopenhauer, *Aforismos sobre el arte de vivir*).

2. Responsables de nuestro sufrimiento mental

Una consecuencia decisiva se deriva de asumir el poder de nuestros pensamientos, así como el gobierno que tenemos sobre ellos: nos hacemos responsables del significado de nuestra experiencia y, derivadamente, de nuestro sufrimiento mental.[2]

Con cuánta frecuencia buscamos en el exterior las causas últimas de nuestro sufrimiento: culpamos a la situación sociopolítica, a nuestro jefe, a nuestra pareja, a nuestra familia, a

---

2.   En el capítulo pasado enumeramos las actitudes que requiere la tarea del autoconocimiento. Cabría añadir a esa lista la actitud que acabamos de mencionar: la disposición a responsabilizarnos del significado de nuestra experiencia y, en consecuencia, de nuestro sufrimiento mental. Aunque, más propiamente, esta disposición es la condición de posibilidad de las actitudes entonces enunciadas y, en general, del camino mismo del autoconocimiento.

nuestro padre o madre, a nuestro pasado, a nuestra biografía, al hecho de que el entorno no nos ve, comprende o valora, a Dios, a que el mundo es como es... Esta actitud es un signo claro de minoría de edad filosófica y espiritual. A la inversa, responsabilizarnos de nuestro sufrimiento es el primer grado de despertar interior, de madurez anímica, de que somos internamente adultos, mayores de edad.

Por supuesto, en nuestra vida hay limitaciones y dificultades que se originan en factores que no dependen de nosotros y que pueden ser fuente de dolor o malestar: sentimos un agudo dolor cuando perdemos a un ser amado; experimentamos malestar cuando nos vemos insertos en dinámicas sociales o profesionales deshumanizadoras;[3] etcétera. Pero, como ya advertimos,[4] no hay que confundir el *dolor* puro e ineludible con el *sufrimiento* evitable. El primero nos da información objetiva sobre la realidad externa e interna y es independiente de nuestras creencias; es la repuesta coherente y proporcionada a una situación y puede ser serenamente aceptado. El sufrimiento mental, en cambio, es evitable, pues se origina en nuestros juicios errados; resulta de estar en conflicto con la realidad.

---

3. Algunos «talleres de autorrealización personal» impartidos en empresas de algún modo responsabilizan al trabajador de su estrés, cuando, de hecho, el malestar que experimenta es una respuesta natural y adecuada que le informa de un desequilibrio y le invita a cuestionar las dinámicas corporativas que priorizan la rentabilidad por encima de la felicidad y del desarrollo humanos, las que contradicen nuestra necesidad profunda de armonía y de llevar a cabo nuestra actividad en un clima de amor y atención.

4. Véase capítulo IV, nota 5 de este libro.

Si nos explicamos a nosotros mismos nuestro sufrimiento por las dificultades externas, nos engañamos. Es solo cuando no aceptamos serenamente esas dificultades y no las utilizamos proactivamente en dirección a nuestro crecimiento interno cuando perdemos la paz. El significado último que otorgamos a los retos y contrariedades que nos trae la vida, y al dolor inevitable que a veces traen consigo, es lo que determina que estos aboquen al sufrimiento mental o bien que se conviertan en oportunidades de aprendizaje y de desarrollo interior. Esto último depende única y exclusivamente de nuestros propios pensamientos y actitudes.

Por consiguiente –y como indicamos en el capítulo segundo–, la paz y el sufrimiento son guías en el camino del vivir. Responsabilizarnos de nuestra propia experiencia pasa por asumir que el sufrimiento es un indicador, una manifestación de la inteligencia del Ser: este nos habla a través de la falta de paz, es concreto, nos invita a indagar en nuestro mundo representacional, a aprender algo fundamental acerca de nosotros mismos y de la realidad, a poner luz en nuestras concepciones y actitudes.

Esta responsabilidad en ningún caso se ha de traducir en autodesprecio o culpa («Antes buscaba fuera a los culpables de mi sufrimiento, ahora asumo que el culpable soy yo»); equivale, sin más, a la asunción de nuestro poder creador. Comprendemos que, del mismo modo que hemos tenido poder para configurar una experiencia sufriente, también lo tenemos para modificar la mirada que nos limitaba y que nos conducía a estar en lucha con la realidad.

3. Ideas limitadas que configuran nuestra filosofía personal

La madurez comienza con la aceptación de esta responsabilidad y, derivadamente, con el compromiso por examinar nuestras concepciones básicas sobre la realidad. Es fundamental tomar conciencia de cuáles son las ideas que configuran nuestra filosofía personal y proceder a iluminarlas.

Desde una edad muy temprana vamos erigiendo nuestra filosofía personal. Poco a poco –a menudo, inadvertidamente–, vamos asumiendo ideas sobre nosotros mismos y sobre la realidad que van quedando grabadas en nuestro «disco duro» perceptivo. Muchas de esas ideas son limitadas o erradas, pero las asumimos en su momento, y seguimos haciéndolo, como si reflejaran la verdad definitiva sobre las cosas.

Estas ideas limitadas pueden ser de distinto tipo: ideas procedentes de una instancia o persona a la que otorgamos autoridad, creencias asumidas del entorno (a veces por mera imitación), conclusiones a las que nos han conducido nuestros razonamientos errados, creencias que hemos aceptado porque nos proporcionaban un beneficio personal, etcétera.

Nos detendremos en tres modalidades de ideas limitadas que forman parte de nuestra filosofía personal.

Las ideas erradas asumidas acríticamente del exterior

Algunas de esas ideas las hemos asumido de forma acrítica del exterior: de nuestro entorno sociocultural, educativo, familiar... La familia no solo nos aporta creencias y valores propios, sino que, además, es la primera socialización, pues suele encarnar la mentalidad de una sociedad, de una cultura, de una época, de una clase social... A ella se sumará el sistema educativo, los medios de comunicación, etcétera.

De niños somos como esponjas e incorporamos, sin crítica alguna, ideas sobre la realidad, valores, normas y prácticas compartidas provenientes de nuestro ambiente. Un buen número de esas ideas son suposiciones erróneas que seguimos manteniendo en la edad adulta, pues nunca han pasado la criba de un examen detenido y consciente.

Resulta revelador advertir cómo hay ideas que creemos que son totalmente nuestras, que incluso sentimos que, de algún modo, equivalen a «nosotros», pues nos otorgan un sentido de identidad (el tipo de ideas que sostenemos con más firmeza, incluso con rigidez, dogmatismo o visceralidad: ideas religiosas, políticas, relativas a lo que está bien o mal, etcétera), que probablemente no serían las mismas si nuestras circunstancias socioculturales y psicobiográficas hubieran sido otras. Si hacemos un examen honesto y nos preguntamos si pensaríamos lo mismo si nuestra educación o nuestro entorno cultural y familiar hubieran sido diferentes, no podemos menos que admitir que probablemente no tendríamos las mismas «certezas». En efecto, muchas de las ideas con las que más nos identificamos dependen de factores accidentales, lo que nos da la medida de su arbitrariedad.

Las generalizaciones infundadas

Otro tipo de ideas limitadas presentes en nuestra filosofía personal son las *generalizaciones* erradas que realizamos al hilo de nuestras experiencias pasadas.

Un mecanismo de aprendizaje natural es la generalización. Por ejemplo, si un niño toca el fuego, se quema. Generaliza esa experiencia («el fuego quema») y no lo vuelve a tocar. Hay generalizaciones adecuadas, necesarias para vivir e imprescindibles en el proceso de aprendizaje. Pero con frecuencia hacemos generalizaciones infundadas que dan lugar a ideas incorrectas y rígidas sobre la realidad; por ejemplo, cuando una niña que ve que su padre maltrata y engaña a su madre, concluye: «Los hombres son abusivos, no son de fiar»; o cuando un niño que idealizó una figura que le inspiraba la más absoluta confianza y que, en un momento dado, se siente traicionado por ella, asume: «Es peligroso ser vulnerable; mejor no confiar en la bondad y en la sinceridad humanas» (ya adulto, no entiende por qué experimenta un gran entumecimiento de su sensibilidad ni cuál es la razón de ser de su cinismo, de su desconfianza crónica en los demás y en la vida).

Si estas generalizaciones infundadas las realizamos al hilo de experiencias emocionalmente cargadas –y, más aún, si esto sucede en edades tempranas–, las ideas resultantes se van a incorporar con particular fuerza en nuestro sistema de creencias. Y si, además, y como mencionamos en el capítulo tercero, estas ideas conciernen a nuestra identidad, se tratará de creencias operativas particularmente insidiosas y resistentes al cuestionamiento, el tipo de ideas que resulta más difícil erradicar.

En el capítulo tercero pusimos ejemplos de este tipo de creencias. Aportamos algunos más:

Alguien en la infancia tuvo un entorno muy rígido y exigente, fue criticado y desvalorizado reiteradamente, y concluyó: «Nunca soy suficiente. Nunca es suficiente. Tal como soy, soy imperfecto. Tengo que ser perfecto para ser amado». Y, puesto que sigue asintiendo a esas ideas en el presente (quizá sin ser consciente de ello), hoy busca ansiosamente resultar perfecto a los ojos de los demás.

O solo le reconocían y apreciaban cuando sacaba buenas notas y cuando proyectaba la imagen «adecuada» en el exterior, de modo que hizo la siguiente generalización: «Mi ser no es visto ni es digno de amor; los demás solo ven mis logros y el rol que asumo de cara al exterior». Y en la actualidad busca constantemente ofrecer una imagen de éxito para ser amada.

O su criterio no fue respetado ni considerado, no se daba autoridad a su voz o a su sentir, e infirió: «Lo que sale de mí no tiene suficiente autoridad, por lo que necesito el criterio y la reafirmación del otro».

O solo se sintió visto cuando aportaba alegría a sus progenitores, cuando satisfacía sus necesidades y expectativas, y asumió: «No valgo por mí mismo. Si no me reconocen, no valgo y no existo. Soy visto y valgo si soy útil». Y hoy da para comprar amor, y se resiente cuando su dar no es reconocido.

O fue reiteradamente agredido y humillado, y concluyó: «Si no tengo poder, seré utilizado y humillado. Solo quienes no son vulnerables son amados y respetados».

O experimentó carencias afectivas y fue abandonado, de lo que dedujo: «No soy digno de amor. Me abandonan porque hay algo fallido en mí». Etcétera.[5]

Obviamente, este tipo de ideas no siempre surgen como conceptualizaciones elaboradas, pero quedan en nosotros como sesgos o improntas cognitivas. Al generalizarse y cristalizarse, estas impresiones cognitivas –tanto las que asumimos sobre nosotros mismos como las que asumimos sobre los demás y sobre la realidad– se establecen como ideas rígidas que condicionan nuestras actitudes generales hacia la vida.

En efecto, una característica de este tipo de creencias limitadas es su rigidez: la experiencia no las modifica. En cambio, las comprensiones genuinas se caracterizan por ser flexibles, por estar continuamente modificándose y matizándose al hilo de nuestra interacción con la realidad.

---

5. No estamos dando a entender que de ciertas experiencias se derivan necesariamente ciertas creencias. No hay tal relación de causa y efecto, pues, como explicamos en el capítulo tercero, lo que nos limita en el presente no son las experiencias pasadas, sino nuestras actitudes y representaciones presentes. Aportamos, sin más, ejemplos de interpretaciones y generalizaciones posibles.

Otra característica de estas ideas, estrechamente relacionada con la anterior, es que, en virtud del «sesgo de confirmación», esto es, de la tendencia de nuestra percepción a descartar lo que no concuerda con nuestra concepción del mundo, y dada la virtualidad creadora de nuestro pensamiento, siempre se terminan confirmando en nuestra experiencia subjetiva.

Cuando en las consultas de asesoramiento filosófico alguna de estas ideas limitadas sale a la luz, en ocasiones el consultante la considera razonable y no advierte su limitación; en otras ocasiones, percibe intelectualmente que es una idea inadecuada, incluso absurda, pero admite que opera con fuerza en su vida. Ahora bien, aunque estas ideas parezcan absurdas, nunca lo son desde la perspectiva del momento surgido. Estas generalizaciones tuvieron razón de ser en su contexto. Volviendo a un ejemplo anterior, quizá hicimos ciertas generalizaciones –«Es peligroso ser vulnerable; mejor no confiar en la bondad y en la sinceridad humanas»– para evitar experimentar de nuevo un dolor, una decepción y un desamparo que en algún momento nos resultaron insostenibles. En general, las «partes» de nosotros que aún acogen este tipo de creencias limitadas, siguen creyendo, en un nivel muy visceral y operativo, que las conductas vinculadas a esas creencias de algún modo nos benefician o nos protegen.

Qué iluminador resulta advertir que ninguno de nuestros patrones limitados es intrínsecamente destructivo o irracional. En todos ellos late siempre un propósito positivo. A través de ellos buscamos algo que, en algún lugar de nosotros, interpretamos

Las «opiniones verdaderas»

Mencionaremos, por último, otro tipo de ideas limitadas que forman parte de nuestra filosofía personal: las «opiniones verdaderas».[6] Con esta expresión aludo a las ideas «correctas» que sostenemos, pero a las que no hemos llegado por nosotros mismos. Son ideas internamente coherentes, pero que no son realmente nuestras. En este caso, la limitación no radica en las ideas en sí, sino en el hecho de que no las hayamos alcanzado por nosotros mismos y en nuestra falta de conciencia de este hecho. Como afirmamos en el primer capítulo, una idea errada que hemos alcanzado de forma sincera no nos aparta de la senda de la verdad, algo que sí sucede con las ideas «correctas» obtenidas de segunda mano que confundimos con nuestras genuinas comprensiones.

Las «opiniones verdaderas» constituyen formas de ignorancia –como las opiniones en general–[7] en la medida en que

---

6.   En el diálogo *Menón*, Sócrates acude a la expresión «opinión verdadera» para aludir a las ideas «correctas» que hemos alcanzado por meras conjeturas o aciertos azarosos. Para Sócrates, las opiniones verdaderas en principio proporcionan ventajas, pero no tienen raíces profundas hasta que no se las ata mediante la genuina comprensión. Aunque retomo la expresión socrática, en este contexto le otorgo un matiz diferente.

7.   Retomo aquí el sentido clásico del término «opinión»: todo lo que no es «ciencia», esto

suplen y detienen nuestro propio proceso de comprensión. Además, en ocasiones sostenemos este tipo de ideas por motivos inadecuados: por miedo a pensar por nosotros mismos, porque nos proporcionan un sentimiento de pertenencia a un determinado grupo, porque nos dan seguridad, porque tenemos la necesidad de ir en contra (pues es lo contrario de lo que nos enseñaron), porque nos proporcionan algún tipo de ventaja, etcétera.

En definitiva, por muy «correctas» que sean estas ideas, nos siguen manteniendo en el plano de la ilusión y nos alejan del verdadero conocimiento, de la verdadera comprensión.

En absoluto estamos dando a entender que, en nuestro camino filosófico, debamos renunciar a todas las ideas que hemos obtenido de segunda mano, a los conocimientos que hemos adquirido a través de lecturas o de voces autorizadas. Hay ideas en las que vislumbramos que hay verdad, autoridad y que nos pueden servir de guía en el camino, por más que no sean totalmente nuestras, que aún no las hayamos integrado. De hecho, la intuición de que en ellas late algo verdadero ya supone un primer atisbo personal de esta verdad. Estas ideas, por lo tanto, tienen valor siempre que sepamos dónde nos encontramos con respecto a ellas, es decir, siempre que tengamos la honestidad

---

es, genuino conocimiento arraigado en una comprensión propia y en razonamientos firmes. En los diálogos socráticos se distingue dos modos de conocimiento: la «ciencia» (*epistéme*), el conocimiento cierto, y la «opinión» (*doxa*), el conocimiento superficial, inestable y susceptible de error.

necesaria para distinguir las ideas de otros de aquellas que han sido fruto de nuestro propio proceso de comprensión, las ideas meramente atisbadas de aquellas plenamente asimiladas.

4. Cuando nuestras ideas teóricas entran en contradicción con nuestras ideas operativas

No solemos ser conscientes de muchas de las ideas que configuran nuestra filosofía personal. Sucede así cuando estas ideas no forman parte de nuestra «filosofía teórica», del conjunto de ideas que sostenemos de forma plenamente consciente, de lo que decimos que pensamos sobre esto y lo otro, pero sí de nuestra «filosofía operativa», de las ideas y sesgos cognitivos que encarnamos en nuestro funcionamiento cotidiano, de la filosofía que revelan nuestros impulsos, emociones, acciones y omisiones diarias.

Efectivamente, muchas de nuestras ideas operativas nos resultan desconocidas. Es más, a veces nuestras ideas teóricas se encuentran en conflicto, incluso en contradicción abierta, con nuestras creencias operativas. Por ejemplo, alguien puede sostener con énfasis que todos los seres humanos son iguales en esencia, mientras en su vida cotidiana se compara habitualmente con los demás y experimenta sentimientos recurrentes de superioridad o de inferioridad.

A medida que vamos creciendo, que con la edad vamos haciendo razonamientos sensatos y nos nutrimos de lecturas sabias, vamos asumiendo ideas sobre la vida y sobre el ser humano que, si no están integradas en nuestro ser total, a menudo contradicen esas ideas grabadas en nosotros en un nivel muy visceral. Esto nos lleva a reprimir más aún estas ideas latentes, a apartarlas más aún de nuestra conciencia. Pero, cuanto más las reprimimos, más inconscientes se tornan y más poder tienen sobre nosotros.

5. Señales de la presencia de ideas erradas en nuestra filosofía personal

¿Cuáles son las señales que indican la presencia, en nuestra filosofía personal, de ideas limitadas latentes, a menudo desfasadas con respecto a nuestras ideas teóricas sobre las cosas?

Una señal es que tenemos *patrones de conducta y de emoción problemáticos que se repiten a nuestro pesar*: miedos desordenados, resistencias, bloqueos, frustraciones, conductas inapropiadas, emociones que nos dominan, etcétera.

Otro signo es que *en nuestra vida tienden a repetirse el mismo tipo de situaciones conflictivas o insatisfactorias* («Siempre tengo relaciones afectivas que fracasan, no tengo suerte con los amigos, nunca me va bien en el ámbito profesional o en el ámbito económico...»). Un conflicto aislado no tiene por qué revelar un punto ciego de nuestra filosofía personal, puede originarse en factores ajenos a nosotros; pero, cuando estas situaciones se repiten, es altamente probable que haya en nosotros actitudes que las propicien, es decir, ideas limitadas que examinar.

Otro signo es que *nos sentimos incapaces de realizar ciertos cambios*. Por ejemplo, a pesar de nuestro tesón, hay hábitos y defectos que no podemos superar, ante los que nos sentimos impotentes.

Otra señal es que *nos cuesta avanzar de forma fluida* en dirección hacia lo que queremos en un nivel consciente. Y no entendemos por qué. Esto conduce a la autodecepción: sentimos que no podemos confiar en nosotros, que no somos nuestros mejores amigos y aliados.

Otro signo, vinculado al anterior, es la *experiencia de división interior*. «¿Por qué no hago lo que sé que me beneficia?», «Si sé que esto es bueno para mí, ¿por qué no lo hago?». En palabras de Pablo de Tarso: «Porque no hago el bien que quiero, sino el mal que no quiero; eso hago» (*Epístola a los romanos*).

Esta desconcertante experiencia de división interior ha dado pie a todo tipo de reflexiones filosóficas y teológicas. En el plano teológico, en ocasiones ha llevado a postular una suerte de perversión intrínseca a la naturaleza humana; y, en el ámbito de la psiquiatría, un supuesto «instinto de muerte» (Freud) tan originario en nosotros como el instinto de vida. La filosofía sapiencial ofrece una luz diferente sobre esta contradicción interior: no hay en el ser humano una perversión constitutiva, ni un instinto de muerte que sea tan radical como el impulso de vida, pues nuestro ser es intrínsecamente bueno

170 El coraje de ser

y nuestra voluntad está estructuralmente orientada hacia lo que percibimos como un bien; lo que hay es ignorancia existencial: concepciones erradas sobre nosotros mismos, sobre la naturaleza de las cosas y sobre dónde radica nuestro verdadero bien.[8] En último término, el mal es ignorancia, ceguera existencial, moral y espiritual. En la India hablan, a este respecto, de los *vasanas*, los hábitos o tendencias provenientes de nuestros condicionamientos pasados, y de los *samskaras*, las impresiones cognitivas generadas a lo largo de nuestra experiencia de vida y que se encuentran grabadas en nuestra mente subconsciente.

En este punto quizá podemos entender mejor lo comentado en capítulos anteriores sobre los peligros del moralismo. El moralismo, dijimos, es la visión superficial que solo atiende a si nuestra conducta es «correcta» o «incorrecta» según cierto estándar moral, pasando por alto el contexto mental subjetivo que da sentido a esa conducta. Desde la visión moralista, intentamos cambiarnos a base de reprimendas dirigidas a modificar nuestra mala voluntad. Pero esto es completamente inútil. Si luchamos de este modo contra nuestros defectos, reprimimos aún más nuestras ideas limitadas latentes, y, en consecuencia, experimentamos mayor división interior y se incrementa nuestra neurosis, que no es más que la distancia existente entre nuestro yo actual y nuestro yo-ideal (donde hay moralismo, siempre hay neurosis). Por consiguiente, la única salida es

---

8. Y ni siquiera esta ignorancia describe nuestra verdad última, nuestra naturaleza esencial.

tomar conciencia de nuestras ideas limitadas operativas y proceder a disolverlas con la luz del discernimiento.

6. Pautas para iniciar la tarea del autoconocimiento

Efectivamente, cuando no hemos profundizado en el conocimiento propio, ignoramos, en gran medida, qué ideas operativas estructuran nuestra filosofía personal y determinan nuestra manera de estar en el mundo y de situarnos ante él. Cuanto menos conscientes seamos de estas ideas, más poder tendrán para configurar nuestra experiencia en direcciones que no van a favor de nuestro genuino desenvolvimiento.

Como hemos mencionado, el síntoma inequívoco de que hay ideas limitadas en nuestra filosofía personal es la presencia de sufrimiento evitable entendido en un sentido amplio: inarmonía; falta de paz; daño emocional; merma de nuestra libertad interior; falta de autoexpresión fluida sin bloqueos, de una vida rica y significativa, de intercambios humanos satisfactorios en los que hay alegría en el dar y en el recibir, de contentamiento sereno (que puede ser el telón de fondo de los altibajos, búsquedas, aciertos y desaciertos indisociables del vivir); etcétera.

Por consiguiente, es decisivo aprender el arte de desenmascarar nuestros relatos internos falaces, los que nos atan a una percepción sufriente y limitada de nosotros mismos y de la realidad.

Con este fin, ofrecemos a continuación unas pautas que nos permiten profundizar en lo que en el capítulo pasado denominamos la primera vertiente de la tarea del autoconocimiento: ver lo que no somos, pero creemos ser; reconocer los perfiles del yo superficial, esto es, los patrones limitados que estructuran su funcionamiento, así como las concepciones limitadas que los sostienen.

Reconocer nuestros patrones limitados

La práctica que describiremos a continuación nos invita a desarrollar el hábito de autoobservación, una de las actitudes que mencionamos que eran imprescindibles en la tarea del autoconocimiento. Como explicamos entonces, la autoobservación no equivale a pensar sobre nosotros, sino a un estado de presencia despierta en el que podemos tomar distancia con respecto a nuestro diálogo interno y a nuestro modo de funcionar, en el que ya no nos identificamos con ellos.

Esta práctica parte del supuesto de que, allí donde hay patrones limitados de emoción o de conducta que se repiten, por acción u omisión, hay siempre ideas limitadas latentes, juicios limitados a los que estamos asintiendo advertida o inadvertidamente.

Observando nuestra vida en retrospectiva y nuestro funcionamiento cotidiano en el presente, procedemos a tomar nota de los patrones limitados que se reiteran en nuestra vida: conductas y emociones inarmónicas (por presencia y por ausencia, por acción u omisión), rigideces, bloqueos, temores, reacciones que nos traen problemas y que son fuente de daño para nosotros o para los demás… Hablamos, insisto, de pautas que se repiten. Por ejemplo, no es lo mismo tener una experiencia puntual de celos que tener un patrón de celos.

Se trata, además, de descubrir los patrones más generales. Por ejemplo, alguien advierte que se enfada de forma desmedida cuando su hijo no mantiene el orden en su habitación. Para ir desde este patrón particular a otro más general, esta persona se ha de preguntar si reconoce un patrón análogo en otras situaciones de su vida y ha de proceder a describir el patrón común a todas esas situaciones, por ejemplo: intolerancia hacia los errores de los demás, o rigidez mental (sustentada en la creencia de que hay un modo correcto de hacer las cosas), o dificultad para aceptar que las personas no sean y no actúen como nosotros deseamos, o perfeccionismo: obsesión por los detalles y fijación en las imperfecciones, etcétera. Este patrón más general es el que nos interesa registrar.

Cuando ya los hemos reconocido y recogido por escrito –lo que requiere un tiempo largo de autoobservación–, tendremos finalmente una lista de patrones limitados, que no serán solo tres o cuatro, pero probablemente tampoco más de trece. Advertiremos cómo casi todas nuestras respuestas limitadas vienen a ser variantes o derivaciones de los patrones limitados básicos descubiertos.

Llegar a descubrir esto es muy importante. De forma implícita, equivale a reconocer el perfil y la dinámica de nuestro yo superficial.

Quienes ya han hecho esta práctica, pueden hacerla de nuevo para no incurrir en el «eso ya lo sé». Con toda seguridad repararán en sutilezas nuevas, o quizá vean lo mismo, pero con más hondura y claridad.

Reconocer el diálogo interno latente en los patrones descubiertos

La segunda fase de esta práctica requiere dar un paso más, alcanzar un segundo nivel en nuestra capacidad de autoobservacion. Se procede a la exploración de esos patrones. Para ello, es preciso tomar conciencia de cómo cada patrón limitado se corresponde con una perspectiva limitada sobre la realidad, con un error cognitivo específico, con una ilusión particular.

Una forma de reconocer estas ilusiones latentes es describir el diálogo interno asociado a cada patrón (pues el factor causal del mismo siempre radica en el nivel del pensamiento). Y si antes recomendamos ir del patrón particular al general, ahora, de cara a extraer el diálogo interno, nos ayudará hacer el movimiento contrario y acudir a situaciones concretas. En el ejemplo puesto: «¿Qué me digo cuando me irrito al ver que mi hijo no ordena su habitación según mis parámetros? ¿Cuál es el tipo de relato interior que alimenta mi enfado?».

A veces, el diálogo interno no se advierte fácilmente. Por ejemplo, alguien reconoce que tiene de forma recurrente una sensación difusa de abatimiento. De entrada, parece que no hay ningún discurso interno que acompañe a esta sensación, pero, si persiste en poner voz a la emoción (preguntándose qué diría la emoción si pudiera hablar), el sesgo cognitivo latente terminará aflorando, por ejemplo: «No soy vista. No soy tenida en cuenta. Si no existiera, no supondría una gran diferencia. Soy invisible. No tengo nada especial que ofrecer».

Rescatar las ideas inadecuadas

A continuación, damos otro paso y accedemos a un tercer nivel en nuestra autoobservación: rescatamos las ideas erradas latentes en el diálogo interno. Esto no siempre resulta sencillo. En ocasiones, hace falta que alguien nos haga de espejo en la indagación.

Por ejemplo, quizá en el diálogo interno asociado a la intolerancia al desorden haya creencias del tipo: «Las cosas, aquí y ahora, deberían ser de una determinada manera, y yo sé cuál es esa manera», «Tengo derecho a exigirte que seas y te conduzcas de una determinada manera», «No he de amarte y aceptarte como eres, sino como yo creo que deberías ser», «Solo lo perfecto es aceptable. Solo es aceptable y disfrutable una situación intachable y perfecta», etcétera.

Otro ejemplo expresado en primera persona: «Llevo unos días enojada y dolida porque una persona a la que he dado mucho, con la que he sido muy generosa, no me ha correspondido: no ha valorado lo que he hecho por ella; ni siquiera me ha dado las gracias». Intento buscar el diálogo interno asociado a mi estado de enojo: «No me valoras, no me reconoces, eres desagradecida». Ahora bien, ¿son estas las ideas que busco, las que explican mi alteración emocional? No, aún no las he encontrado. Porque una persona dadivosa puede advertir que su generosidad no es respondida con apreciación y gratitud y no alterarse por ello. Si me altero es porque, en mi diálogo interno, hay otras creencias limitadas implícitas, por ejemplo: «Deberías valorarme y reconocerme», «Dar me da derecho a exigir», «Los demás deberían corresponderme cuando les doy algo; deberían valorar lo que hago y ser agradecidos», etcétera. Por lo tanto, lo que me altera no es constatar que la otra persona no ha sido agradecida, sino mis exigencias sobre ella.

Y si prosigo en mi indagación, quizá descubra, en un nivel aún más profundo, que esas exigencias son expresión de un patrón de desvalorización propia que se sostiene en ideas como las siguientes: «No valgo por mí misma», «Tal como soy no soy digna de amor», «Si no me reconocen, no valgo y no existo», etcétera. Estas ideas originan un vacío de valía –una desconexión sentida con el valor incondicional e intrínseco que poseemos por el hecho de ser– que, en este caso, intento compensar con una generosidad «instrumentalizadora»: busco ser útil y necesaria con la expectativa de recibir amor, reconocimiento y valoración a cambio («para que el otro me reconozca, tengo que ser y hacer lo que espera de mí»).

Por consiguiente, y al igual que sucedía con los patrones limitados, finalmente nos terminaremos encontrando con un número determinado de ideas básicas. Y advertiremos que, dentro de este grupo de ideas limitadas, las más radicales (de las que las demás se derivan en ramificación) son las creencias que conciernen a nuestra identidad.

Es importante que nuestra indagación sea desprejuiciada

Desvelando nuestra filosofía personal

y abierta. Porque, como mencionamos, muchas veces nuestras creencias operativas latentes entran en contradicción con nuestras ideas teóricas, con nuestro conocimiento intelectual. Es fundamental tener esto presente para no desechar un descubrimiento con el argumento: «Esto no puede ser, tiene que ser otra cosa porque yo sé que este juicio no tiene fundamento». Efectivamente, lo sabemos en un nivel teórico, pero no en un nivel operativo. Hace falta humildad y coraje para reconocer que las ideas limitadas que asumimos a veces se parecen muy poco a lo que decimos y creemos pensar.

Si a menudo no cambiamos a pesar de nuestro empeño, es porque no incidimos en nuestras creencias operativas; lo hacemos en un nivel más superficial e intelectual, en nuestra filosofía teórica.

Por eso hemos propuesto iniciar la autoindagación partiendo de nuestros patrones limitados de conducta y de emoción: porque el sufrimiento no nos engaña; nos revela con exactitud cuál es nuestro nivel de conciencia, nuestro grado de comprensión real, dónde nos hallamos existencialmente y cuáles son nuestras ideas operativas; nos lleva más allá de nuestras racionalizaciones y teorizaciones; nos dirige a los nudos reales y puntos ciegos de nuestra filosofía personal.

VI. Aprender a soltar

Se diserta sobre la actitud de «soltar» –una faceta de la aceptación– y sobre la naturaleza de la confianza básica.

La paz interior es el aroma de la aceptación. Esta última, a su vez, arraiga en la intuición del Principio rector, en el reconocimiento de que en nosotros hay un fondo inteligente y providente en el que podemos confiar.

La paz se pierde cuando nuestra mente dice «no» a la situación presente, cuando ponemos condiciones a nuestra paz («solo puedo ser feliz si...»), cuando nos aferramos a algo, o bien lo rechazamos obstinadamente, desde el supuesto de que sabemos muy bien lo que, en último término, es mejor para nosotros.

Abandonamos la obstinación cuando aprendemos a «soltar» eso que tanto deseamos. El desapego no equivale a dejar de desear, sino a *desear soltando el objeto de nuestro deseo*. Cuando así procedemos, podemos

> avanzar en dirección a nuestras legítimas preferencias en un estado mental abierto, ligero, flexible, confiado y humilde.
>
> Al soltar el aferramiento y el rechazo obstinados, crece en nosotros la confianza básica. Podemos, entonces, avanzar por la vida con soltura, recibiendo lo que viene y dejando ir lo que se va, con pasión, es decir, sin resignación ni indiferencia, pero con ligereza, porque nuestro máximo bien, nuestra seguridad, nuestra fuerza y la fuente última de nuestro valor y de nuestro amor ya no están situados en ninguna de las cosas que van y vienen.

En capítulos pasados hemos invitado a tomar conciencia de la dinámica del yo superficial tal y como opera en cada uno de nosotros. Hemos insistido en que es decisivo ser conscientes de nuestras ilusiones específicas y de su fuerza hipnótica.

Pero, para salir de este estado de autoolvido, no basta con conocer los perfiles de nuestra ilusión, hace falta dar un paso más allá: es preciso alcanzar una vivencia genuina de lo que realmente somos, pues solo entonces se nos revela de forma experiencial la falsedad de las creencias que sostienen nuestra pseudoidentidad.

La creencia operativa en nuestra falta de belleza intrínseca solo se supera con el sabor de la belleza de nuestro Ser; la creencia en nuestra falta de valía, con la experiencia sentida de nuestro valor incondicional; la sensación de impotencia, limitación y constricción, con el sentimiento de potencia y libertad que procede de nuestra Presencia; la falta de confianza básica, con la experiencia del fondo inteligente y benéfico que nos sostiene; etcétera.

1. El Principio rector

La Presencia es la dimensión incondicionada en nosotros que nos permite observar las dinámicas descritas del yo superficial sin identificarnos con ellas y sin reaccionar desde ellas. Si esto resulta posible, es porque en nosotros existe ese centro de gravedad, esa dimensión más originaria que aquella en la que se desenvuelven nuestros condicionamientos, ese espacio de libertad interior que la filosofía estoica denomina Regente o Principio rector.[1]

Pondremos algunos ejemplos en primera persona para ilustrar cómo este centro lúcido nos permite ver la ilusión en acción, observarla con compasión y comprenderla, sin que

---

1. El *hegemonikón* (Regente o Principio rector) es una expresión estoica que alude a la parte rectora del alma, a nuestro principio espiritual o Presencia en tanto que guía, director o gobernador interior. Es el gobernador de nuestra mente.

seamos arrastrados por su dinámica, puesto que ya no nos identificamos con ella ni somos conniventes con ella.

Como resultado del trabajo de autoconocimiento realizado, quizá reconozco en mí un patrón de «ira justa»: me indigno cuando los demás no son como yo creo que deberían ser. Si me sitúo en mi Principio rector, puedo observar este automatismo en mí. Ahora sé que se origina en una sensación básica de insuficiencia («Tal como soy no soy suficiente») que compenso intentando ajustarme a un yo ideal de perfección («Solo merece amor el que es perfecto»). Proyecto en los demás mi incapacidad para aceptarme tal como soy y los juzgo con severidad, con la misma severidad con la que yo me juzgo. Situarme en el Principio rector significa que puedo ver cómo surge en mí el dinamismo de la ira (que ya he comprendido al desvelar las creencias limitadas que lo sostienen), pero sin actuar ni reaccionar desde ella, sin alimentar el diálogo interno que la origina. Esto marca una diferencia fundamental.

O, por ejemplo, he descubierto en mí un patrón de «amor exigente»: me desvivo por el otro, me adelanto a sus deseos y, cuando no recibo lo que espero (amor, gratitud, reconocimiento...), aflora en mí el resentimiento. En un momento dado advierto cómo se activa en mí esa pauta y cómo estoy a punto de hacer un comentario con el que busco asumir la posición de mártir y hacer sentir al otro culpable. Lo veo, me detengo y no alimento el diálogo interno que genera mi reacción, puesto que sé que se nutre de creencias erróneas del tipo: «Si te doy, tienes que amarme»; «Si doy al otro lo que creo que espera de mí, el otro ha de darme lo que yo espero de él»; «La fuente de mi sentido de valía no está en mí, sino fuera de mí», etcétera. Advierto la pauta limitada, pero no reacciono desde ella.

Y hago lo propio si observo en mí un patrón de inhibición de mi autoexpresión, o de tendencia al drama emocional, etcétera.

Tengo la misma actitud con los patrones limitados de los demás. Veo el dinamismo de la ilusión en la otra persona, pero no la identifico con él. En la medida en que no me identifico con mis patrones limitados y no reacciono desde ellos ni ante ellos, tampoco reacciono ante los de los demás.

Conseguir mantener esta posición interior –aunque el automatismo se siga activando de vez en cuando– es profundamente transformador. Esta disposición es muy poderosa y termina marcando un antes y un después. De hecho, con el tiempo nos conducirá a otro nivel de conciencia, nos abrirá a un nuevo espacio interior.

He vivido en las islas más altas de Canarias, Tenerife y La Palma, y estoy familiarizada con el fenómeno del mar de nubes. Todos lo hemos visto cuando hemos ascendido a cierta altura o cuando viajamos en avión. En un momento dado estamos en el mismo nivel de las nubes y no vemos nada, ni siquiera lo que está a un palmo de nosotros. Pero, de inmediato, superamos ese nivel y divisamos un cielo tan azul que casi duele, imponente, inmaculado, ilimitado, mientras debajo de nosotros se extiende un mar de algodón bellísimo que se tiñe con el color del amanecer y del atardecer.

El Principio rector es el espacio luminoso, libre e ilimitado que siempre está ahí, por encima de las nubes de la identificación.

Mencionamos al hablar de las actitudes necesarias en la tarea del autoconocimiento que un obstáculo en este camino es creer que el objetivo es alcanzar una suerte de perfección, llegar a no tener patrones limitados. Este obstáculo parte de una concepción dualista y rígida de la perfección según la cual solo seremos plenos y libres cuando ya no haya «nubes» en nuestra vida.[2] Pero lo cierto es que ya somos esencialmente completos y libres con nubes o sin ellas; basta con que recordemos quiénes somos; basta con que nos situemos en el espacio abierto y límpido de nuestro Principio rector.

Aunque, como ya hemos advertido, hay que prevenir frente a la interpretación que cierta «espiritualidad autocomplaciente» hace a menudo de esta última idea: «Entonces, si ya soy perfecto y libre con independencia de mis patrones limitados, ¿para qué prestarles atención y responsabilizarme de ellos?». Esta interpretación confunde el nivel esencial, en el que ya somos completos y libres, con el nivel existencial, siempre en desarrollo y

---

2. Existencialmente, somos seres limitados y en proceso habitando un mundo dual, esto es, en el que luz y sombra son indisociables. Pero nuestra perfección esencial es no-dual: integra nuestras imperfecciones relativas, nuestras luces y sombras por igual. Cuando cometemos el error de trasladar la intuición de nuestra perfección esencial y no-dual al plano existencial y dual, se origina el perfeccionismo neurótico: la creencia de que, para sentirnos completos, hemos de eliminar en nosotros todo error, límite o imperfección. Esta búsqueda de una perfección imposible, ajena a nuestra condición humana, nunca consigue llenar la carencia del sentimiento de suficiencia intrínseca. Este vacío solo se llena al reconocernos y vivirnos como presencia.

crecimiento; y pasa por alto que la dimensión absoluta siempre pulsa por penetrar la dimensión relativa. Es precisamente porque nuestra esencia es luz, por lo que nos sentimos impelidos a poner luz y discernimiento en todos los ámbitos de nuestra vida. Es precisamente porque nuestro fondo es incondicionado, por lo que podemos ir desvelando y disolviendo nuestros condicionamientos. Como hemos repetido, aspirar a la verdad con mayúsculas eludiendo confrontar nuestra verdad existencial concreta, no asumiendo la responsabilidad por nuestro estado presente, siempre es una forma de autoengaño.

2. La paz interior

> El sufrimiento se debe enteramente al apego o a la resistencia; es un signo de nuestra renuncia a seguir adelante, a fluir con la vida. Del mismo modo que una vida sana está libre de dolor, una vida sabia está libre de sufrimiento.
>
> NISARGADATTA, *Yo soy Eso*

El signo de la aceptación de la realidad, de la disposición a fluir con la vida, es la serenidad, la ausencia de sufrimiento mental.

La paz interior es el fruto de la aceptación. A su vez, la disposición a aceptar arraiga en la intuición del Principio rector, en el reconocimiento de que en nosotros hay un fondo inteligente y providente en el que podemos confiar. Esta intuición –decíamos– es la fuente de la *confianza básica*.

186 El coraje de ser

Ahora bien, ¿qué hemos de entender, en este contexto, por paz interior? Porque podemos hablar de «paz» y de «falta de paz» en dos niveles muy distintos.

Todos experimentamos ocasionalmente sentimientos de inquietud que nos están invitando a mirar, cuestionar o modificar algún aspecto de nuestra vida. Estos sentimientos puros[3] no son en sí mismos fuente de sufrimiento. Si hemos sido inauténticos, un sentimiento de intranquilidad nos lo va a hacer notar. Si estamos en un periodo de transición vital que nos está demandando dejar algo atrás (una relación, un trabajo...), o bien que sigamos adelante con una actitud renovada, lo que nos insta a ello es una sensación interna de desarmonía. Como hemos reiterado, el malestar, la inquietud, etcétera, son nuestra guía, el reflejo en nosotros de la voz del Ser.

Pero este sentimiento temporal de inquietud puede experimentarse desde un trasfondo de paz interior. Sucede así siempre que hay aceptación. Este trasfondo ya no equivale

---

3. Habitualmente distingo entre *sentimiento* y *emoción*: «Denomino *sentimiento* (o *sentimiento puro*) a un movimiento anímico activo que surge del fondo de la persona y que es independiente de sus opiniones y creencias, y más originario que ellas. Experimentar un goce estético ante un paisaje lleno de armonía, amor ante un hijo y un gran dolor ante su pérdida, el sentimiento sordo de inquietud que nos indica que no estamos llevando una vida auténtica [...] estos son ejemplos de sentimientos puros. Sentimientos y sensaciones nos ponen en conexión directa con la realidad externa e interna. A diferencia del sentimiento y de la sensación, la emoción no es activa, sino reactiva: es la reacción de nuestros esquemas interpretativos ante las situaciones de nuestra vida y ante nuestros sentimientos y sensaciones» (Mónica Cavallé, *Arte de vivir, arte de pensar. Iniciación al asesoramiento filosófico*, capítulo IV).

a la mera tranquilidad psicológica, sino a la paz profunda que proviene de nuestro principio espiritual. Es preciso, por tanto, no incurrir en concepciones ingenuas y dualistas de la paz interior: las que la hacen equivaler a la ausencia de dudas o inquietudes, o al estado de quien no se pone nervioso ni le palpita el corazón ante los retos. Estamos refiriéndonos a un centramiento sereno que puede mantenerse en las diferentes situaciones de vida y en medio de todo el espectro de los sentimientos humanos naturales e inevitables; hablamos de la paz inquebrantable que acompaña a la reconciliación completa con nuestra experiencia presente.

¿Qué es lo que me roba la paz?

Ejercicio. Cerramos los ojos y nos hacemos esta pregunta, dándonos todo el tiempo que necesitemos para responder a ella interiormente:

¿Qué es lo que con más frecuencia me roba la paz (la paz profunda señalada)?

Sea lo que sea lo que nos venga a la mente, podemos advertir que la paz profunda solo se pierde cuando nuestra mente dice «no» a la situación presente (externa o interna).

Detrás de este «no» late la creencia: «Aquí y ahora, algo no es como debería ser», «Lo que es no debería ser».

En otras palabras, detrás de la falta de paz siempre hay un

188 El coraje de ser

conflicto con la realidad, con la experiencia presente. Pues, aunque se activen nuestros patrones limitados, aunque las situaciones internas o externas sean retadoras, aunque sintamos miedo, confusión, división interna o dolor, no perdemos la paz profunda si estas situaciones y estados son plenamente aceptados. Solo la perdemos cuando creemos que esas situaciones no deberían ser, o bien que no deberíamos estar experimentando lo que estamos experimentando.

Cerramos otra vez los ojos y nos hacemos esta pregunta:

¿Qué es lo que me roba la paz en este momento?

Pueden surgir muchas respuestas en nuestro interior: «Que no soy aquí y ahora como debería ser. Que no tengo el desarrollo interior o la madurez que debería tener. Que tengo dudas que ya debería tener resueltas. Que tengo este hábito que no debería tener. Que no tengo el cuerpo o el aspecto adecuado; o la inteligencia adecuada. Que mi vida no es aquí y ahora como debería ser: tengo mala salud; o un problema económico; o no tengo el trabajo apropiado; o no recibo el reconocimiento y la apreciación que creo que merezco; o estoy solo; o me siento solo; o estoy frustrado afectivamente; o constantemente me vienen con problemas cuando lo que deseo es estar tranquilo y a mi aire; o quiero el amor de esa persona y no lo recibo; o mi padre, mi madre, mi hijo, mi jefe… no son como deberían ser; o la situación social y política no es como debería ser…».

En efecto, perdemos la paz profunda porque en nuestro diálogo interno está latente el «debería». No hablamos del «debería» concebido como un ideal ético, como una noble aspiración a la excelencia («sería deseable que...»), sino del «debería» entendido como una *exigencia* de que las cosas sean *aquí y ahora* de una determinada manera.

Lo que está detrás de nuestra falta de paz es el hecho de que, de alguna manera, *hemos puesto condiciones a nuestra paz, a nuestra felicidad*. Tenemos las siguientes creencias operativas (aunque nunca las hayamos formulado en estos términos):

«Solo estaré contento y en paz cuando las cosas sucedan de acuerdo con mis deseos o mis ideas».

«Solo puedo ser feliz y estar en paz si...» (las condiciones que establece cada cual son diferentes).

«Yo ya sé lo que, en último término, es mejor para mí (o para los demás)».

3. La disposición a soltar

Experimentamos falta de paz cuando nos aferramos a algo obstinadamente, o bien cuando rechazamos algo obstinadamente porque lo consideramos un obstáculo para nuestra felicidad (apego y rechazo son las dos caras de la misma moneda: si rechazamos algo, es porque nos estamos aferrando a su contrario, y viceversa).

El matiz decisivo lo aporta la palabra «obstinación». De forma natural, los seres humanos nos inclinamos hacia unas cosas y evitamos otras. Pero esta inclinación no nos roba la paz. Solo la perdemos cuando se introduce el factor de la exigencia, de la terquedad.

En una ocasión, una chica me comentó, en el marco de una consulta, que tenía la creencia profunda de que no era bella ni inteligente, a pesar de que muchas personas le devolvían lo contrario. Advirtió muy lúcidamente que el problema era que ella quería ser bella e inteligente «de una determinada manera» (quería tener un tipo muy concreto de inteligencia y de belleza). Ella misma comprendió que en su insatisfacción y autorrechazo se ocultaba un fuerte apego, una gran obstinación.

¿A qué me estoy aferrando obstinadamente?

Ejercicio. Cerramos los ojos de nuevo y nos hacemos estas preguntas, dándonos todo el tiempo que necesitemos para responder a ellas interiormente:

Si pierdo paz es porque me aferro a algo...

¿A qué me estoy aferrando obstinadamente?

Quizá a un yo-ideal de perfección; a la necesidad de estar en lo correcto; a la aprobación de los demás; a la comodidad y a la tranquilidad; al deseo de tener éxito y reconocimiento; al afán de control; al placer y a las situaciones estimulantes; a la necesidad de tener dominio frente a los otros; a la pretensión de ser visto como alguien «especial», etcétera.

En otras palabras:

Solo puedo ser feliz si... (completamos esta frase).

Si nos vienen varias cosas a la mente, elegimos una. Y, a continuación, y solo si nos sentimos preparados para ello, hacemos el gesto interior de soltar.

Soltamos eso a lo que tanto nos aferramos.

Eso que deseamos tener de una forma obstinada, sea lo que sea, lo soltamos. Aunque parezca algo muy noble, lo soltamos.

Soltamos también las creencias: «Yo sé qué es lo que tendría que ser», «Yo sé lo que me hará feliz», «Yo sé lo que, en último término, es mejor para mí», etcétera.

Soltamos el empecinamiento, la obstinación, el aferramiento y el rechazo.

Cuando practiquemos este soltar, quizá experimentemos, en un momento dado, una sensación ligeramente depresiva o de vacío, porque el yo superficial había puesto mucha energía y pasión en eso que estamos soltando (por ejemplo, recibir el amor de una persona, una expectativa de éxito...) y, desde su perspectiva, renunciar a ese aferramiento equivale, de algún modo, a renunciar a su felicidad.

Si aparece esta sensación sutil de duelo, la dejamos ser, nos permitimos sentirla, no huimos de ella... Pero seguimos soltando y confiando. Dejamos de dar crédito a la parte obstinada que se aferra y confiamos en lo superior en nosotros.

El yo superficial se aferra desde la conciencia de escasez, desde una sensación de autolimitación e insuficiencia intrínsecas, desde la falta de confianza en la plenitud que ya hay en nuestro fondo. Soltamos, en cambio, desde la confianza en la sabiduría de nuestro ser y en la riqueza de las cualidades esenciales que nos constituyen, las cuales necesitan un estado interior desasido, no contraído, para poder fluir a través de nosotros.

Lo que soltamos viene a nosotros

Al soltar el apego y el rechazo obstinados, efectivamente, nos descontraemos, dejamos de resistirnos al momento presente. Y es entonces cuando, antes o después, se libera el manantial de la felicidad, que no es otro que el flujo libre en nosotros de las cualidades esenciales.

Con el tiempo, además, se termina revelando una iluminadora paradoja: aquello que no fluía en nuestra vida porque lo aferrábamos, porque lo exigíamos, porque lo queríamos obstinadamente, empieza a venir a nosotros.

Es interesante observar cómo en los ámbitos de nuestra vida en los que hay confianza, soltura, ligereza y desapego, las cosas fluyen, hay abundancia; en cambio, allí donde hay aferramiento, apego y avidez, las cosas no se desenvuelven adecuadamente. Esto es una ley espiritual.

Por ejemplo, hay personas que aman bien, que son generosas y no demandan amor; aman con ligereza, con libertad (teniéndola y dándola), con soltura. Estas personas tienen amor en su vida; reciben amor. En cambio, las personas que exigen amor no lo reciben, al menos no de la forma fluida y plena en que podrían recibirlo.

Estas exigencias pueden ser sutiles. Alguien puede creer que es muy generoso y que está motivado por el amor más puro y desinteresado. En su lenguaje siempre aparecen los demás, los otros... Tiene instinto para detectar las necesidades de los demás y a menudo intenta «salvarlos». Pero cree que, en la medida en que se sacrifica por ellos y «solo quiere su bien», los otros «deberían» estar receptivos a su ayuda. De modo larvado, está imponiendo sobre los demás sus propias creencias sobre lo que ellos necesitan. Es un amor que, de forma abierta o velada, resulta intrusivo, posesivo, obstinado, exigente, si bien a menudo esto no se reconoce porque supuestamente solo se quiere «lo mejor» para el otro.

Esta persona ha de decirse: «Suelta la necesidad de ayudar y cambiar a los demás. Suelta la idea del autosacrificio, que es una carga para los demás porque nadie es un medio para los fines de otros. Suelta el apego a tu imagen de generosidad y de bondad. Suelta la necesidad de buscar gente vulnerable a la que salvar y sé tú vulnerable. Suelta tu superioridad moral». Y es entonces cuando el dar se vuelve ligero. Es un dar libre que regala libertad.

Hay personas que se consideran muy amorosas, pero a las que no les va bien en sus relaciones de pareja. Cuando se examina esta situación a fondo, a menudo se descubre que hay aferramiento a las personas que aman o por las que se interesan; un aferramiento que, en ocasiones, se disfraza de sumisión. Transmiten el siguiente mensaje no verbal: «Tienes que quererme porque mira todo lo que hago por ti».

Estas personas han de decirse: «Suelta a esa persona a la que supuestamente quieres tanto», «Sí, me gustaría que fuera ella la persona que me correspondiera, pero si en un clima de total libertad elige no estar conmigo, la dejo ir y confío en que la vida tiene otros designios para mí, que el amor llegará de otras formas». Y en este clima interno, el amor (al que estas personas se aferraban desde la conciencia de escasez) llegará en abundancia a sus vidas.

Recientemente conversaba con dos chicos que tenían conflictos en su proyección profesional y vocacional. Uno quería ser escritor; el otro, pintor. Tenían en común la tensión, las prisas, la impaciencia, la ansiedad originada en la expectativa de obtener reconocimiento rápido, en un determinado plazo... Los dos racionalizaban su avidez de la misma manera: «Solo si tengo reconocimiento, podré vivir de lo que amo y dedicarme a ello». Este argumento es un autoengaño habitual para tapar la ambición obstinada.

Hay quienes llevan a cabo las labores para las que tienen dones con desapego, con impersonalidad y ligereza, con soltura, por amor a su actividad y a los valores a los que sirven con ella, pero sin un exceso de implicación personal y sin apego a los resultados. Si el reconocimiento viene o no viene, o si lo hace antes o después, no les incumbe. Esta disposición posibilita que estas personas encaucen algo realmente puro y genuino, que hagan este regalo al mundo.

Pero si aparece la impaciencia, si hay apego y aferramiento a los logros, si creemos que merecemos tal tipo de frutos y que estos tienen que venir a un determinado ritmo y de un determinado modo, si nos impacientamos cuando no es así y si nos molestamos cuando otros (que consideramos peores o más mediocres) los obtienen, si hay necesidad de reconocimiento, avidez, tensión, susceptibilidad, tendencia a forzar las cosas, frustración..., es porque hay aferramiento y obstinación. No hay pureza. Y las cosas no fluyen.

Estas personas han de decirse: «Haz las cosas por amor a las cosas mismas, por amor a la actividad en sí y a quienes sirves con ella, y suelta todo lo demás. Suelta el apego a los resultados».

Soltar no equivale a resignarse

La invitación a soltar en ningún caso es una llamada a la resignación. Todos tenemos preferencias que guían nuestro desenvolvimiento, y es importante avanzar en la dirección que nos marcan y luchar por lo que amamos. Por ejemplo, si preferimos que una persona forme parte de nuestra vida, es legítimo que pongamos los medios para que así sea. Pero, si hemos soltado, lo haremos desde un estado mental abierto, ligero, dúctil, confiado y humilde; en un clima interno relajado, sin obstinación, asumiendo que, si no puede ser, lo aceptaremos con serenidad.

Hay personas que descuidan asuntos de su vida que están demandando atención (por ejemplo, experimentan insatisfacción afectiva o vocacional) con el argumento: «En realidad, da igual con qué persona esté o a qué me dedique... porque mi Ser ya es completo y esto me tiene que bastar». De nuevo, nos encontramos ante el engaño de la «espiritualidad autocomplaciente» que confunde niveles de realidad y que nos hace irresponsables en los ámbitos que dependen de nosotros, pues reconocer nuestra completud esencial no excluye el reconocimiento paralelo de que, en el plano existencial, estamos llamados al desenvolvimiento de nuestros dones específicos, de modo que no tendremos paz si no los movilizamos siguiendo las demandas de nuestra voz interior.

Desear soltando lo deseado

Por lo tanto, en ningún caso se trata de no desear, de no tener preferencias, de no dirigirnos proactivamente en dirección a lo que amamos, sino de desear desde un estado interno de soltura y flexibilidad.

Las falsas concepciones del desapego desconfían del deseo, sostienen que hay que renunciar a él. Quienes así conciben el desapego terminan sumidos en la apatía, porque el deseo en todas sus formas (cuando articula nuestras necesidades reales, no las falsas necesidades del yo superficial) es la manifestación del *conatus*,[4] de nuestro impulso de ser en plenitud, de la fuerza de la vida pulsando por nuestro pleno desenvolvimiento. Si no deseamos, estamos deprimidos, muertos en vida. He conocido a personas que han confundido la madurez espiritual con la depresión: se ha apagado en ellas la pasión de vivir, el fuego vital, porque han dejado de desear.

El genuino desapego no equivale a no desear, sino a *desear soltando lo deseado*. Equivale a vivir con una *pasión desapegada*.

Soltar no equivale a ser indiferente

La invitación a soltar no es un llamamiento a la resignación; tampoco a la indiferencia, a que nos dé todo igual.

En realidad, el aferramiento obstinado y la resignación tienen algo en común: la conciencia de escasez. Nos aferramos desde la sensación de carencia, desde la falta de confianza en la inteligencia de la vida y en la riqueza que recibimos de nuestro propio fondo. Y cuando nos cansamos y nos frustramos en nuestro empeño, nos resignamos a la carencia. En ninguno de los dos casos abandonamos nuestro estado interior carente y contraído.

---

4. Término con el que el filósofo Baruch Spinoza (siglo XVII) denomina al impulso actualizador que constituye la esencia de cada realidad: «Cada cosa se esfuerza, cuanto está a su alcance, por perseverar en su ser. [...] El esfuerzo con que cada cosa intenta perseverar en su ser no es nada distinto de la esencia de la cosa misma» (*Ética*).

Análogamente, es interesante observar cómo a menudo la indiferencia no es un signo de que algo no nos importa, sino todo lo contrario: es señal de que nos importa demasiado. Y nos importa demasiado porque no hemos aprendido a soltar lo deseado.

La indiferencia, el «pasotismo», con frecuencia enmascaran el miedo a no hacerlo bien. Por ejemplo, una persona parece que no se toma en serio su trabajo, que es irresponsable, dejada. Cuando se ahonda en su actitud, terminan aflorando creencias del tipo: «Si no me comprometo a fondo, la posibilidad de que fracase es menor», «Hago las cosas rápido y mal porque, si fracaso, puedo concluir que ha sido así porque las hice en malas condiciones». Con su falta de implicación, esta persona evita las dolorosas dudas sobre sí misma que experimentaría si se comprometiera realmente y fracasara. Otro ejemplo: detrás de la indiferencia afectiva con frecuencia hay miedo a reconocer los propios deseos y sentimientos y a expresarlos a la persona amada porque no se soportaría un «no» por respuesta.

En efecto, la indiferencia puede ocultar el aferramiento y, consiguientemente, el miedo a fracasar o a perder lo deseado. A menudo es un signo de que no hemos soltado. Por eso no podemos entregarnos ni arriesgar con ligereza.

4. La confianza básica

Solo en la medida en que en nuestra vida vayamos soltando aquello a lo que nos hemos aferrado, se irá desarrollando en nosotros la confianza básica.

Solo cuando aprendemos a soltar, conocemos el sabor de la verdadera paz. Descubrimos, entonces, que los estoicos están en lo cierto cuando afirman que nuestro máximo bien pertenece al ámbito de «lo que depende de nosotros»,[5] que la fuente de la felicidad incondicional está situada en nuestro fuero interno, en lo que nadie nos puede proporcionar ni arrebatar, y que, cuando damos a algo que no depende de nosotros el rango de bien absoluto y nos aferramos obstinadamente a ello, ya hemos puesto un precio a nuestra serenidad.

De lo que venimos viendo se desprende que hay dos formas básicas de estar en la vida (una bifurcación de caminos en la que no hay término medio, esto es, hay que optar por una o por la otra):

---

5. El filósofo estoico Epicteto distingue entre «lo que depende de nosotros» y «lo que no depende de nosotros»: «De lo existente, unas cosas dependen de nosotros; otras no dependen de nosotros. De nosotros dependen el juicio, el impulso, el deseo, el rechazo y, en una palabra, cuanto es asunto nuestro. Y no dependen de nosotros el cuerpo, la hacienda, la reputación, los cargos y, en una palabra, cuanto no es asunto nuestro. Y lo que depende de nosotros es por naturaleza libre, no sometido a estorbos ni impedimentos, mientras que lo que no depende de nosotros es débil, esclavo, sometido a impedimentos, ajeno» (*Manual*). Sobre esta distinción, *cfr.* capítulo VI de *El arte de ser*.

Estamos en la vida de forma autocentrada cuando pretendemos que la realidad se ajuste a nuestras ideas y expectativas rígidas sobre cómo deberían ser las cosas. De modo latente, creemos: «Yo sé lo que, en último término, es mejor para mí», «Yo sé lo que me hará feliz».

Cuando no nos vivimos de forma autocentrada, entendemos que nuestro pequeño yo no es el maestro de la vida, sino que ella es la maestra. Tenemos preferencias y querencias legítimas, pero avanzamos en la dirección a la que nos invitan sin aferramiento ni obstinación, teniendo en cada momento la capacidad de reconciliarnos con lo que es, con nuestra experiencia presente, sea cual sea.

En el primer caso, chocamos una y otra vez con la realidad y recurrentemente experimentamos frustración e impotencia.

En el segundo, la fuerza de la Vida va a nuestro favor y nosotros vamos a favor del curso de la vida. Sentimos, de algún modo, que su fuerza y su inteligencia son también las nuestras y que nos apoyan, que Su voluntad no es distinta de nuestra verdadera voluntad.

El aferramiento y la obstinación siempre van de la mano de la falta de confianza básica. Cuando está ausente, sentimos que, si no presionamos ni forzamos las situaciones y a las personas, si no las controlamos y manipulamos, aunque sea de forma sutil, no se desenvolverán en la dirección adecuada. En cambio, cuando está presente, tenemos la convicción sentida de que nuestro fondo, así como el fondo de todas las cosas, es inteligente y benéfico y podemos descansar en él.

Cuando tenemos esta confianza, perdemos el miedo a la vida y dejamos de refugiarmos en una falsa indiferencia.

Podemos entregarnos a las personas y a las situaciones, podemos arriesgarnos y aventurarnos cuando nuestro corazón nos invita a ello, sin miedo, sin manipulación, sin impaciencia, respetando los ritmos de las cosas, dejando ser.

Podemos avanzar por la vida con soltura, recibiendo lo que viene y dejando ir lo que se va; moviéndonos en dirección a nuestras preferencias con pasión, sin resignación ni indiferencia –llorando cuando hay que llorar y riendo cuando hay que reír–, pero, a su vez, con ligereza, sin aferramiento. Porque sabemos que nuestro máximo bien, nuestra seguridad, nuestra fuerza y la fuente última del amor y de nuestra valía no están situados en ninguna de las cosas que van y vienen.

De esta confianza básica brota una seguridad que no se pierde pase lo que pase y nos pase lo que nos pase. Porque es incondicional. No depende de que las circunstancias sean favorables ni de que las personas significativas no nos fallen.

Sabemos de forma sentida que, suceda lo que suceda, en el fondo todo estará bien. Sabemos que la vida nos da lo que necesitamos, aunque, aquí y ahora, las apariencias parezcan mostrar lo contrario.

Sabemos que, aunque la vida nos traiga grandes retos, si establecemos nuestro cimiento en el lugar adecuado, tendremos recursos para afrontarlos.

Y que, incluso si nuestro organismo se quiebra o nuestro cerebro nos falla, también eso tendrá sentido y estará bien.

Sabemos que, por encima de la confusión, hay luz.

Y que, en el trasfondo de la maldad, hay bien.

Y que, detrás del sinsentido, hay sentido.

Y que, en el trasfondo del caos, hay orden.

Y que, por encima de las nubes, siempre hay un cielo luminoso e inmaculado.

Esta confianza solo se adquiere y se experimenta a través de la práctica de la aceptación. En esta ocasión, hemos querido subrayar una vertiente de esta práctica: la disposición a soltar todo aquello a lo que nos aferramos obstinadamente desde la falsa creencia de que sabemos lo que, en último término, es mejor para nosotros.

Pero todo lo que venimos diciendo lo sabremos de una forma experiencial y sentida –no serán meras frases bonitas y consoladoras a las que acudir para reprimir nuestro temor– solo cuando hayamos recorrido, con radicalidad y seriedad, el camino del soltar.

VII. El miedo a sentir

No podemos permanecer en el estado de presencia si no tenemos la disposición a concienciar y sentir absolutamente todo.

Un motivo por el que estamos ausentes en nuestra vida cotidiana es que no queremos entrar en contacto con nuestros sentimientos y sensaciones presentes. De hecho, muchos de nuestros patrones limitados son formas de huida del sentir; algunos de ellos, estrategias de supervivencia aprendidas en la infancia que nos sirvieron para lidiar con sensaciones y emociones que interpretamos como amenazantes o que, sencillamente, no teníamos recursos para manejar.

El entumecimiento de la capacidad de sentir conduce a la «muerte espiritual», pues nos desconecta de nuestra propia alma, de nuestra guía interna, y bloquea nuestra capacidad de amar y de empatizar.

Invitamos a examinar nuestras particulares formas

> de huida, aquellos patrones limitados con los que nos distraemos del sentir, y explicamos cómo integrar y atravesar todos los sentimientos y cuáles son los frutos de esta práctica.
>
> Perder el miedo a sentir equivale a perder el miedo a vivir.

El tránsito desde la vivencia de nosotros mismos como imagen hasta reconocernos como Presencia abarca tres momentos: desvelar la ilusión, ver lo falso como falso; reconocernos como Principio rector, como la dimensión incondicionada y libre siempre presente tras las nubes de la identificación; y aceptar plenamente lo que es, una actitud en la que comenzamos a profundizar en el capítulo pasado.

Explicamos que es propio de la dinámica del yo superficial la ocultación de lo que en nosotros no se ajusta al yo-ideal, la tendencia a la simulación, al secretismo, la negación de nuestros límites e imperfecciones (reales o supuestos); y que, por consiguiente, la disolución del yo superficial pasa necesariamente por la disposición contraria, esto es, por la aceptación de la realidad y de nuestra experiencia presente con toda su limitación.

Todos los aspectos y sentimientos negados, no aceptados, bloquean el flujo de la vida y del yo profundo dentro de nosotros. De aquí la importancia de aprender a soltar, de abandonar el apego y el rechazo obstinados, los «noes» con los que nuestra mente pone condiciones a nuestra paz, para poder fluir con el movimiento de la vida.

Hay aceptación cuando nuestra mente deja de decir «no» a lo que es, cuando suelta la rigidez y la terquedad que van de la mano de creencias como: «Yo sé lo que es mejor para mí», «Solo puedo ser feliz si...», «Yo sé cómo debería ser, cómo deberían ser los demás y cómo deberían ser las cosas, aquí y ahora».

1. Decir «sí» a la propia vida

Pero hay un segundo paso que permite profundizar aún más en la actitud de aceptación: ya no solo dejamos de decir «no» a lo que es, sino que damos un «sí» rotundo a todo, a la vida en general y a nuestra vida particular.

Decimos sí a nuestro pasado, nuestra biografía, nuestras circunstancias presentes, nuestro momento vital, nuestro nivel de conciencia actual, nuestro cuerpo, nuestro aspecto..., a esa situación con la que no contábamos y que ahora nos toca afrontar, a ese deber o trabajo que no podemos eludir y que, por momentos, nos resulta arduo o aburrido, a esa coyuntura personal que no nos agrada...

Matizamos que decir sí no equivale a aprobar (por ejemplo, aceptar que hemos sido objeto de una injusticia no equivale a aprobarla intelectual o éticamente); como vimos en el capítulo pasado, tampoco equivale a resignarse: si hay algo en nuestra vida que no nos gusta y que puede ser cambiado, es legítimo que, tras asumirlo, intentemos modificarlo.

Todo se transforma desde el momento en que damos un «sí» abierto a nuestra vida en todos sus elementos y dimensiones. Solo entonces se establece de forma plena el estado de presencia; solo entonces coincidimos enteramente con nosotros mismos.

Pero con cuánta frecuencia no vivimos así. Por ejemplo, con cuánta frecuencia realizamos nuestras tareas porque sentimos que no tenemos otra opción, pero con una actitud de protesta interna. De hecho, hay quienes viven instalados de forma habitual en esta actitud de resistencia y forcejeo.

Cuando damos un sí radical a nuestra vida y a los detalles concretos que forman parte de ella, sucede algo sorprendente. Ya no solo desaparece la continua resistencia que minaba nuestros días y nuestro ánimo, que nos desgastaba y amargaba. Algo más profundo se transforma. Quizá una imagen pueda ilustrarlo: si en una estación de tren o de metro, o bien en un aeropuerto, alguien pretendiera avanzar sobre los pasillos rodantes, pero en sentido contrario, tendría una sensación de agotamiento y sobreesfuerzo. Decir sí a la vida equivale a dar un giro de ciento ochenta grados para comenzar a avanzar en el sentido del movimiento de la cinta desplazadora. Donde antes había un agotador avance a contracorriente, ahora todo comienza a fluir. Nos alineamos con el movimiento y la inteligencia de la vida. Se accede a un nuevo nivel de conciencia en el que se tiene la experiencia directa y saboreada de una dimensión profunda que coopera con nosotros. Se nos revela algo que antes no veíamos: una inteligencia más amplia y honda que nuestra mera inteligencia personal nos sostiene y nos guía. La vida revela su sabiduría, justicia, dignidad y magnificencia profundas, las que previamente no advertíamos en absoluto.

Esto solo se experimenta –repetimos– cuando se da un sí con mayúsculas a la vida y a todos y cada uno de los elementos presentes en ella.

«El destino conduce a quien lo acepta y arrastra al que lo resiste» (Séneca, *Epístola a Lucilio*). Cuando estamos instalados en la resistencia y en la obstinación, nos sentimos arrastrados, desgastados, magullados; nos golpeamos con los obstáculos que vamos encontrando en el camino. Cuando decimos sí, de algún modo somos llevados en volandas por la vida y, aún en medio del dolor inevitable, de las pérdidas y las dificultades, experimentamos su orden y su belleza latente.

La diferencia radica en el «sí».

Ejercicio. Cerramos los ojos y nos preguntamos:

¿He dicho sí a mi vida?

¿A qué aspectos y dimensiones de mí o de mi vida (de mi situación vital, mi momento evolutivo, mi pasado, mis circunstancias, mis vínculos, mi cuerpo…) no he dicho sí o no quiero decir sí?

2. La disposición a sentirlo todo

En este sí radical dado a la vida, en la aceptación plena de lo que es, cabe reconocer dos vertientes indisociables: una vertiente cognitiva y otra vertiente relacionada con el sentir.

La primera vertiente de la aceptación se corresponde con el cuestionamiento de las creencias que nos conducen a decir no a lo que es («Esto, aquí y ahora, no debería ser como es»). Desarrollamos este punto en el capítulo anterior.

La segunda vertiente –en la que profundizaremos a continuación– se corresponde con la disposición a concienciarlo todo. Cuando rechazamos nuestra experiencia presente porque juzgamos que no es como debería ser, entramos en conflicto con ella: no queremos vivirla, experimentarla, concienciarla. En efecto, cuando la mente dice no a lo que estamos sintiendo o experimentando en nuestra vida, dejamos de estar presentes y nos ausentamos de nuestra propia experiencia. ¿Qué significa, por tanto, estar presentes en ella? Significa mirar, asumir, concienciar... Ahora bien, concienciar equivale también a sentir. En efecto, una dimensión fundamental de la aceptación es la disposición a sentirlo todo.

3. La muerte espiritual

Vimos cómo las creencias limitadas que asumimos sobre nuestra identidad nos desconectan de nuestras cualidades esenciales

El miedo a sentir **209**

y originan en nosotros vacíos profundos. Explicamos también que, dado que estos vacíos son dolorosos, a menudo intentamos eludirlos o llenarlos mediante falsas estrategias que nos alejan aún más de nosotros mismos, y que una estrategia defensiva habitual es la de embotar o congelar nuestra sensibilidad para no sentir el dolor asociado a los vacíos. En algunas personas, esta insensibilización está presente en grado extremo; en otras, en menor grado; en todo caso, es muy habitual este aletargamiento del sentir.

La existencia de un vacío interno supone ya un cierto grado de insensibilización, pues se origina en una desconexión con nuestro fondo, en concreto, con una o varias de nuestras cualidades esenciales. Mencionamos cómo el dolor resultante de esta desconexión tiene en cada persona matices diferentes (se puede manifestar como sentimientos de inadecuación, vergüenza, insatisfacción, aislamiento, tristeza, angustia, culpa, aburrimiento, debilidad, desorientación, temor…). Ahora bien, si evitamos entrar en contacto con estos sentimientos o sensaciones, la insensibilización y la desconexión se profundizan.

La estrategia de entumecer nuestra sensibilidad para no sentir el dolor con frecuencia la aprendemos en edades tempranas: nos permitía, entonces, desconectarnos, en mayor o menor grado, del sufrimiento generado por las falsas creencias que comenzamos a asumir sobre nosotros mismos, pero también del dolor asociado a situaciones vitales difíciles o traumáticas. Este mecanismo de supervivencia nos servía para lidiar con sensaciones, sentimientos o emociones que juzgábamos demasiado dolorosos, difíciles o amenazantes, o que, sencillamente, no teníamos recursos para manejar.

El niño que se siente desamparado o sobrepasado por emociones difíciles puede descubrir que desconectarse de sus sentimientos le protege de ese daño; como le protege –así lo cree– de la posibilidad de volver a experimentarlo en el futuro, de volver a quedar atrapado en sensaciones humillantes, dolorosas o abrumadoras. Pero esta estrategia de supervivencia, que parece la mejor solución en ese momento, si se convierte en un patrón que se arrastra hasta la vida adulta, se torna muy destructiva y dañina.

Es dañina, en primer lugar, porque, al desconectarnos de nuestra capacidad de sentir, nos disociamos de nuestra sensibilidad profunda, esto es, de nuestro sentido de la verdad, la belleza y el bien, de nuestra guía interna, de la voz de nuestra conciencia. Nos desconectamos, en definitiva, de nuestra propia alma.

Esta estrategia es destructiva y dañina, en segundo lugar, porque nos desconecta de nuestro corazón, de nuestra capacidad de amar, de la fuente del amor en nosotros. Bloquea, además, nuestra empatía, ya que, si embotamos nuestra capacidad de sentir con el objetivo de no entrar en contacto con nuestro propio dolor, tampoco sentimos el dolor de los demás. Esta indiferencia hacia el dolor de los demás es el primer grado del mal. Cuando esta insensibilización se profundiza, puede conducir a la maldad abierta, a la crueldad y a la psicopatía.

Y es dañina, en tercer lugar, porque, al entumecer nuestros sentimientos profundos, perdemos la conexión con el sentido mismo de la vida: esta pierde su dirección y su significado; desaparece su brillo, su música, su perfume, su color y su sabor.

«Los que se aman y tienen que separarse pueden vivir en el dolor, pero eso no es la desesperación: saben que el amor existe» (Albert Camus, *El verano*). Efectivamente, en el ámbito afectivo, la verdadera desesperación no equivale al dolor de amor (que no deja de ser uno de los rostros que adopta el amor), sino a la incapacidad de amar y a la duda de que el amor exista, presentes en quienes se han desconectado de su propio corazón.

Este patrón de desconexión del sentir, por lo tanto, está lejos de ser inocente. Cuando se agrava, conduce, nada más y nada menos, que a la «muerte espiritual».

4. El miedo a sentir

En las personas en las que está instalado este patrón son frecuentes los estados de apatía, falta de vida, vacío, aburrimiento, indiferencia, frialdad emocional y falta de implicación profunda con los demás; de algún modo, se sienten interiormente muertas en vida.

Pero, incluso en las personas que no experimentan de forma habitual esos estados porque están, en buena medida, conectadas con su corazón y su sensibilidad, también puede estar presente el *miedo a sentir*. Este miedo, de hecho, lo experimenta casi todo el mundo en mayor o menor grado.

Identificar nuestras formas cotidianas de huida del sentir

Ciertamente, aunque no experimentemos un embotamiento significativo de nuestra sensibilidad, todos tenemos patrones con los que evitamos entrar en contacto con nuestros sentimientos en ámbitos específicos de nuestra vida y de nuestra experiencia, lo que nos resta presencia en esas situaciones.

Ejercicio. Con el fin de examinarnos en este aspecto, nos preguntamos:

¿Cuáles son los patrones con los que, en mi vida cotidiana, evito entrar en contacto con mis sentimientos, con los que mantengo a raya las sensaciones y sentimientos incómodos?

¿Cuáles son mis formas particulares de huida del sentir?

¿Cuáles son mis patrones distractores más habituales?

Pondremos algunos ejemplos de este tipo de patrones:

–Hay personas que tapan sus sentimientos con una vida social frenética. Evitan la soledad para no entrar en contacto con los sentimientos que experimentan cuando están a solas consigo mismas.
–A la inversa, hay quienes utilizan el aislamiento para evitar las sensaciones y sentimientos desagradables que experi-

mentan en la interacción con otras personas. No hablamos ahora de la soledad sana que todos necesitamos y a la que algunas personas se sienten particularmente inclinadas, ni de la soledad en la que no huimos de nada, sino de la soledad que busca evadir los sentimientos que se activan en la interrelación.

–Las personas complacientes evitan disentir para no entrar en contacto con los sentimientos de enfado (el propio o el de los demás) y con las sensaciones desagradables que asocian al conflicto, la discrepancia y la desarmonía.

–El perfeccionismo y la constante anticipación de mejora son una manera de no conectar con nuestra limitación presente y con los sentimientos que afloran en nosotros al confrontarla.

–Ocuparse de los demás sin tregua, cierto altruismo compulsivo, es una huida hacia delante para no mirar ni experimentar nuestras propias carencias y heridas, para evitar ocuparnos de lo que depende directamente de nosotros.

–La relación tensa o desordenada con la comida o la bebida, las obsesiones vinculadas a la alimentación o a la salud, el exceso de atención al cuerpo, etcétera, pueden ser formas de distraernos de planos más profundos y retadores de nuestra experiencia y de los sentimientos asociados.

–Toda adicción siempre es una forma de mantener a raya el sentir. La adicción a sustancias legales o ilegales sirve para reprimir sensaciones de tristeza, ira, vacío, apatía, futilidad, aburrimiento, inseguridad... Internet, las redes

214 El coraje de ser

sociales, también son profundamente distractoras cuando se tiene con ellas una relación adictiva; como lo son las compras compulsivas, hoy a mano con un clic de internet.

–Huimos de nuestros sentimientos a través de la hiperactividad, de estar constantemente ocupados, de la adicción al trabajo. O mediante una mente hiperactiva o hiperintelectual: se vive en la mente para no habitar el cuerpo y no sentir; se piensa cuando procede sentir. O al pensar en el pasado y en el futuro compulsivamente para evitar contactar con lo que sucede en nosotros aquí y ahora.

–Como vimos al disertar sobre la vulnerabilidad, el drama emocional desplaza nuestros sentimientos reales, es decir, nos distrae del contacto con ellos.

–La planificación constante de futuros placeres o de situaciones estimulantes es una forma de huir del aburrimiento o del dolor;[1] al igual que las vidas atiborradas, en las que siempre hay un proyecto inmediato a la vista.

–La espiritualidad asociada a un yo-ideal sirve para mantener a raya nuestra humanidad y vulnerabilidad.

–Etcétera.

Las estrategias y dinámicas distractoras son ilimitadas, pues hasta las cosas en principio más nobles pueden utilizarse como

---

1. La planificación mental compulsiva impide que nuestra acción surja desde la escucha del presente, desde la conexión con nuestro sentir profundo y desde la inspiración que surge de él.

un mecanismo de evitación. Si ponemos atención, nos sorprenderá advertir hasta qué punto estamos configurando nuestra vida con el objetivo de distraernos de ciertos sentimientos, sensaciones y vacíos latentes.

Ver algunos de nuestros patrones limitados en esta clave –como formas de evitar entrar en contacto con nuestros sentimientos reales– los ilumina y les da un nuevo sentido.

Una vez descubiertos cuáles son nuestros patrones distractores más habituales, el siguiente paso es ser conscientes en nuestra vida cotidiana de cuándo estamos acudiendo a estas dinámicas y preguntarnos por la emoción o el sentimiento que hay detrás: «¿Qué estoy sintiendo? ¿Quizá hastío, aburrimiento, vergüenza, desamparo, remordimiento, tristeza, miedo, impotencia...?». Si no obtenemos una respuesta inmediata, mantenemos abierta la pregunta.

5. Integrar nuestros sentimientos y emociones

El siguiente paso es aprender a integrar y procesar nuestros sentimientos y emociones. Si se trata de emociones que nos resultan particularmente difíciles, de las que hemos huido toda la vida, podemos ir contactando con ellas poco a poco hasta ir alcanzando un sentimiento de confianza y seguridad.

La forma de procesar nuestros sentimientos y emociones es sencilla. En toda emoción podemos distinguir un polo mental y un polo corporal. El polo mental es el diálogo interno que alimenta la emoción. El polo corporal es la conmoción somática, la energía física de la emoción que se siente en el cuerpo, a veces en una zona determinada (la garganta, el vientre...), a veces de forma más amplia y difusa. Esta energía está en movimiento, tiene que fluir, pero cuando no permitimos su desenvolvimiento porque nos desconectamos del sentir, queda bloqueada y estancada, lo que termina siendo fuente de problemas.

Para procesar la energía que acompaña a la emoción, tenemos que hacer lo contrario de lo que hacemos cuando la evitamos: en lugar de rehusar o negar la sensación, le damos la bienvenida. Tomamos conciencia, a continuación, de cómo se manifiesta su patrón energético: por qué zonas del cuerpo se extiende y qué cualidad tiene. Ofrecemos atención a las sensaciones corporales y, sin más, las sentimos. En este punto, resulta de ayuda respirar serena y profundamente. Es interesante advertir que, cuando nuestra mente dice «no» ante una experiencia, esto tiene una traducción fisiológica muy clara: inhibimos la respiración. Respirar despacio y profundamente es la manifestación fisiológica de nuestro «sí» a la experiencia.

Si nuestra mente se va al drama emocional, si nos aferramos a un determinado relato y dramatizamos nuestros sentimientos, tomamos consciencia de que el drama es una distracción del sentimiento puro y retornamos a él; seguimos sintiendo y respirando serenamente. Tampoco nos vamos al pensamiento para analizar lo que nos pasa, para intentar entender por qué sentimos lo que sentimos; habrá otros momentos para ello;

El miedo a sentir **217**

por otra parte, a menudo las genuinas comprensiones advienen espontáneamente tras la integración de los sentimientos, porque la presencia que posibilita esta integración es también la fuente de la comprensión. Sencillamente, permanecemos con lo que estamos sintiendo. Si nos enfrentamos a sentimientos difíciles, permanecemos el tiempo en que nos resulte posible hacerlo sin violencia.

Si mantenemos esta disposición, con el tiempo las sensaciones difíciles terminan dando paso a una sensación de centramiento, paz y ligereza.

Efectos de esta práctica

En un inicio, la práctica del autoconocimiento, es decir, la disposición a ver y a sentirlo todo, irá sacando a la luz lo que había sido negado y ocultado (sentimientos dolorosos no vividos, frustraciones latentes, cualidades rechazadas...). Si estamos recorriendo este camino, antes o después tendremos que afrontar todo aquello de lo que hemos huido. De hecho, en esta fase inicial, por momentos podrá parecernos que estamos peor que antes. Pero pronto se advierte que el dolor que quizá hemos de atravesar es un dolor sano, limpio, pasajero; un dolor de crecimiento.

Perseverar en la disposición a sentirlo todo tiene efectos muy poderosos; trae a nuestra vida frutos muy ricos y transformadores. Señalaremos algunos de ellos:

–Al profundizar en esta disposición, *descubrimos experiencialmente que nada nos puede dañar intrínsecamente*. Comprendemos que, desde el estado de presencia, podemos sentirlo todo, también aquello que previamente nos parecía abrumador, lo que creíamos que nos iba a arrastrar y que iba a poder con nosotros. Descubrimos que podemos acoger todo sin daño, que nuestro verdadero ser nunca puede ser dañado.

–*Perdemos*, además, *el miedo a sentir* porque advertimos que sentir no equivale a sufrir. Al sentirlo todo de la forma indicada, se nos revela que no hay daño ni sufrimiento en el sentir. No nos dañan las sensaciones y los sentimientos por muy retadores que parezcan. Descubrimos que el sufrimiento no equivale a sentir, sino a la resistencia a sentir. Descubrimos de forma experiencial que el sufrimiento es la resistencia a lo que es.

–*Desaparece el miedo al dolor inevitable; también al dolor físico*. Por ejemplo, las personas hipocondríacas tienen la creencia de que una enfermedad crónica o grave las destruiría y les impediría ser felices. Pero, sintiéndolo todo, se descubre que la idea de que el estado de enfermedad es terrible e insoportable es solo un relato, una anticipación mental que es una forma de resistencia al dolor.

–*Perdemos el miedo a la vida*. En efecto, cuando profundizamos en esta práctica, desaparece el miedo a sentir porque descubrimos que sentir no nos daña, que lo que nos daña es la resistencia a sentir. Y cuando perdemos el miedo a sentir, perdemos también el miedo a la vida. De hecho, ¿por qué tememos ciertas situaciones y experiencias? Porque tememos los sentimientos que creemos que aflorarán en esas situaciones, es decir, porque tememos sentir.

Perdemos el miedo a la vida, además, porque, puesto que lo reprimido siempre se proyecta, todos los sentimientos negados los proyectamos en el exterior, de modo que el mundo se nos muestra como un lugar hostil y amenazador.

6. No huyamos del dolor

Mencionamos al reflexionar sobre la vulnerabilidad que la estrategia descrita por la que evitamos sentir para no sufrir parte de una creencia errada: «Es posible evitar el dolor y los sentimientos desagradables, y seguir experimentando toda la gama de los sentimientos positivos». Pero lo cierto es que, si anestesiamos nuestra sensibilidad para no sentir el dolor, la anestesiamos para todo, es decir, también perdemos la capacidad de experimentar amor, gozo y éxtasis, de vibrar con la percepción del bien, la verdad y la belleza.

Indicamos también que, cuando somos vulnerables y soltamos nuestras corazas, cuando mantenemos la sensibilidad a flor de piel, cuando no tenemos miedo a mirar la realidad ni a sentir lo que esa mirada despierta en nosotros, nuestros sentimientos se intensifican y, por lo tanto, también sentimos más el dolor puro. Si tenemos la sensibilidad despierta y la mirada

220 El coraje de ser

limpia, no podemos menos que sentir dolor cuando percibimos el mal presente en el mundo, el daño que nos causamos los unos a los otros, todo aquello que va en contra de la belleza, el bien, la justicia, la verdad y la plenitud de la vida.

No huyamos de ese dolor. No temamos lo que nos pueda poner en contacto con él. Este dolor puro no solo no hay que evitarlo, sino que es un tesoro: es una puerta directa a nuestro propio corazón. Rompe y disuelve los muros internos, las zonas duras y los entumecimientos originados por nuestra resistencia al dolor. El dolor puro nos descontrae, nos humaniza, nos conecta con nuestro corazón y nos otorga el don de la compasión. Permite que la savia de la vida –la fuente del amor y de las restantes cualidades esenciales– fluya de nuevo a través de nosotros; que nos sintamos, en consecuencia, vibrantes y plenamente vivos.

El verdadero sufrimiento no lo provoca sentir, sino haber perdido la capacidad de sentir; equivale al entumecimiento de la sensibilidad. Este bloqueo –decíamos– va de la mano de la muerte espiritual e inhibe nuestra capacidad de amar y nuestra empatía. Todas las formas del mal, toda la indiferencia y la crueldad que hay en el mundo, se originan en este bloqueo.

Como hemos reiterado, el sufrimiento no equivale al dolor puro, pues, cuando este último es aceptado, puede sobrellevarse con serenidad, tornándose un dolor limpio y purificador en el que no hay drama emocional ni sufrimiento mental.

Efectivamente, el dolor puro es muy distinto del sufrimiento mental evitable y autocreado, del drama emocional, la autocompasión, el victimismo, la amargura o la depresión. En realidad, el sufrimiento autocreado y el drama emocional, en la medida en que nos desconectan de nuestros sentimientos reales, adormecen más aún nuestra sensibilidad, fortalecen los muros internos, agarrotan más el alma, impiden amar y conducen al entumecimiento espiritual; aunque parezca que cuando estamos sumidos en ellos estamos sintiendo mucho, en realidad son formas de insensibilización. En cambio, el dolor puro que resulta de contemplar ciertos aspectos de la realidad con el corazón abierto y la sensibilidad despierta, sí rompe los muros. De hecho, es la puerta de la alegría y del éxtasis.

¡Pobre de quien no puede llorar! Quien puede llorar fácilmente –no de una forma autocentrada, sino de la forma limpia y serena descrita– está realmente despierto, presente y vivo.[2]

7. Conclusión

En conclusión, un motivo por el que no estamos presentes en nuestra vida cotidiana es que no queremos sentir.

---

2. En el ámbito de las tradiciones espirituales y sapienciales, sucede a menudo que lo que originalmente era una idea genuina se termina desvirtuando. Por ejemplo, la constatación de que el dolor aceptado puede ser purificador, de que puede conectarnos con nuestra alma, deriva erradamente en la afirmación de que el dolor posee en sí mismo valor moral, espiritual o salvífico, lo que conduce al «dolorismo»: a exaltar el dolor por el dolor, a aferrarse a él e incluso a buscarlo y provocarlo.

No solemos ser conscientes del modo en que eludimos sistemáticamente el dolor y el contacto con nuestros vacíos, porque estos automatismos distractores están profundamente enraizados en nuestra manera de funcionar. De aquí la importancia de examinar nuestras formas cotidianas de huida, con las que nos ausentamos de nuestra propia experiencia.

Lo expuesto nos aporta nueva luz sobre la naturaleza de la aceptación, una noción en torno a la que orbitan muchos malentendidos. Matiza y enriquece su significado: aceptar no equivale a aprobar, a estar de acuerdo, a que nos guste lo aceptado; tampoco equivale a resignación; equivale a estar completamente presentes en nuestra vida, lo que solo es posible si tenemos la disposición a afrontar, mirar y sentir la totalidad de nuestra experiencia.

No podemos permanecer en el estado de presencia si no tenemos la disposición a sentirlo todo.

VIII. El silencio del yo

El misterio de la creación está aconteciendo a cada instante.

Del mismo modo que la inspiración genuina no surge del empeño personal y acontece cuando menos se la espera, la expresión directa, espontánea y creativa de lo que realmente somos no se puede forzar ni manipular: brota cuando quitamos los obstáculos, entre otros, los originados por la ignorancia y por la falta de aceptación, pues solo cuando nos reconciliamos con nuestro estado presente se crean las condiciones para que lo profundo pueda manifestarse.

Comprender que, como meros individuos, no somos la fuente última de lo que acontece a través de nosotros (pensamientos, acciones, sentimientos, cualidades, inspiraciones...) tiene como fruto la humildad genuina, la «desapropiación» de nuestros dones, el silenciamiento del yo.

> Al igual que no tenemos conciencia del cuerpo si gozamos de salud, el silencio de la personalidad es el signo de la más elevada salud psicológica y espiritual.

Invito a que nos aproximemos a las ideas que vamos a desarrollar a continuación con nuestra mente poética e intuitiva, y no exclusivamente con nuestra mente analítica. La mente analítica es dualista –traza límites y demarcaciones, conoce algo solo al ponerlo en relación con su opuesto, y, al afirmar un término de una polaridad, excluye necesariamente su contrario–, por eso, cuando se enfrenta a la dimensión profunda de la realidad, que es paradójica, necesariamente se confunde.

Hemos venido utilizando distintos términos y expresiones para apuntar a lo profundo en nosotros: Presencia, Ser, Sujeto, Nous, Principio rector... Si bien este modo de proceder puede resultar confuso, es intencionado. Considero útil aludir a las dimensiones últimas de lo real acudiendo a nociones diversas e introduciendo, además, una aproximación intercultural. En primer lugar, porque cualquier expresión que utilicemos siempre va a ser limitada, inadecuada. Y, en segundo lugar, porque acudir a palabras nuevas, que revelan distintos matices y facetas, así como a expresiones de culturas y tradiciones diferentes, nos obliga a buscar el referente vivo de la nueva expresión; nos moviliza para que encontremos, en nuestra propia experiencia, su significado directo y sentido.

En definitiva, la ventaja de esta flexibilidad radica en que evitamos el peligro de cristalizar los conceptos. A menudo, nos habituamos a ciertas palabras y, de tanto repetirlas, estas se anquilosan y pierden su savia viva, su referente experiencial. De hecho, en lo relativo a las cuestiones últimas, quienes acuden siempre a los mismos términos peligran con acabar confundiendo sus estructuras mentales con la realidad.

1. El misterio de la creación

> Cuanto más vulgar e ignorante es la persona, menos enigmático le parece el mundo. Todo lo que existe y tal como existe le parece que se explica por sí solo.
>
> ARTHUR SCHOPENHAUER,
> *El mundo como voluntad y representación*

¿Qué nos quieren decir las tradiciones místicas y las sabidurías orientales cuando nos invitan a *desposeernos*, a habitar en un vacío creativo?

Afirma Stephan Zweig al inicio de su obra *El misterio de la creación artsística*:

> De todos los misterios del universo, ninguno más profundo que el de la creación. Nuestro espíritu humano es capaz de comprender

226 El coraje de ser

cualquier desarrollo o transformación de la materia. Pero, cada vez que surge algo que antes no había existido –cuando nace un niño o, de la noche a la mañana, germina una plantita entre grumos de tierra–, nos vence la sensación de que ha acontecido algo sobrenatural, una fuerza sobrehumana, divina. Y nuestro respeto se hace máximo, casi diría, se torna religioso, cuando aquello que aparece es algo que no es perecedero […] y tiene fuerza para sobrevivir a nuestra época y a todos los tiempos por venir.

Esto sucede –añade a continuación– en la esfera del arte.

El misterio de la creación –que para Zweig tiene su máximo exponente en la creación de obras de arte perdurables–, en realidad, es un misterio que está aconteciendo siempre. Es el misterio mismo de la vida. De continuo, a cada instante, está surgiendo algo que previamente no existía.

Por ejemplo, la conversación que mantenemos en este momento[1] está creando algo que antes no era. Algo nuevo está pasando a la existencia. Por supuesto, en este intercambio podemos repetir palabras de otros o remitirnos a conocimientos pasados (cuando así procedemos, no creamos propiamente; actúa la mente discursiva, el tipo de mente mecánica que puede reproducir la inteligencia artificial). Pero, a lo largo de esta conversación, hay muchos momentos de comprensión y de inspiración que están alumbrando algo realmente inédito: yo

---

1. En este párrafo, he mantenido el tono oral de la charla que está en la base del texto.

digo algo que alumbra en vosotros una nueva idea; a su vez, vosotros replicáis y verbalizáis algo que a mí me inspira, que despierta en mí una nueva comprensión...

Por consiguiente, el milagro de la creación no solo acontece en esos momentos en que cualquier ser humano sensible se conmueve ante la irrupción en el mundo de algo grandioso que no existía previamente, sino que es un milagro que está acaeciendo constantemente, un milagro permanente.

La fuente de todo acontecer

Aquí y ahora, aquello que previamente no era está pasando a ser. Ahora bien, ¿de dónde procede esta creación? ¿Cuál es el origen y la fuente de todo este acontecer?

Por ejemplo, ¿cuál es la fuente de mis pensamientos? La mirada superficial respondería a esta pregunta del siguiente modo: «Si surge en mí una idea, esto significa que yo, como individuo, soy su origen y su creador, es decir, que yo la he originado». Si así lo creo, me apropiaré de este pensamiento. Y si mi mirada es más superficial aún, incluso me envaneceré: «¡Qué idea tan interesante he tenido!».

Pero ¿yo, como mero individuo, soy el creador de esa idea? ¿Mi persona puede, aquí y ahora, generar eso a voluntad?

Le preguntaron a Nisargadatta, en una ocasión, cómo sabía lo que tenía que responder en los diálogos que establecía con sus visitantes. Replicó que, al igual que escuchaba la pregunta, escuchaba la respuesta. En otras palabras, nosotros no creamos la respuesta; simplemente, la *escuchamos* en nuestro interior.

Más ampliamente, ¿podemos provocar, por mero empeño personal, una comprensión profunda y sentida, un momento de inspiración, un sentimiento de amor genuino y sincero...? Si mi persona fuera la creadora última de todo lo que acontece en mí, yo podría crear todo eso cuando quisiera, podría controlarlo con mi pensamiento y mi voluntad individuales. Pero, del mismo modo que la creación artística genuina no surge del mero empeño personal y acontece por sí misma inesperadamente, sin ser apremiada ni manipulada, no podemos provocar un instante de inspiración ni un sentimiento puro de amor. Podemos incidir indirectamente en las condiciones que favorecen su emergencia, pero no podemos generarlos de forma directa.

En efecto, lo que sucede en la creación artística sucede también en todos los ámbitos de nuestra vida. En esta última opera la misma lógica: nada realmente creativo, profundo y originario puede ser forzado, manipulado, controlado.

Nos hallamos, por lo tanto, ante un misterio... ¿Cuál es la fuente última de nuestros pensamientos, acciones, sentimientos, inspiraciones y anhelos más originarios y sinceros? ¿De dónde vienen? ¿De dónde proceden? ¿Cuál es la fuente última de todo?

Hemos usado diversas palabras para referirnos a esta fuente, pero, como ya hemos advertido, ¡cuidado con que, a base de repetir las palabras, estas tapen el misterio!

¡Qué bien sé yo la fonte que mane y corre,
aunque es de noche!

Aquella eterna fuente está ascondida.
¡Qué bien sé yo do tiene su manida
aunque es de noche!

Su origen no lo sé, pues no le tiene,
mas sé que todo origen della viene
aunque es de noche.

Sé que no puede ser cosa tan bella,
y que cielos y tierra beben de ella
aunque es de noche.

Bien sé que suelo en ella no se halla,
y que ninguno puede vadealla
aunque es de noche.

Su claridad nunca es escurecida,
y sé que toda luz de ella es venida
aunque es de noche.

[...]

La corriente que nace de esta fuente
bien sé que es tan capaz y omnipotente
aunque es de noche.

JUAN DE LA CRUZ, *Cantar del alma*

230   El coraje de ser

La constatación de este misterio nos remite a un fondo creador de todo, que es también nuestro propio fondo; a una fuente de la que surge todo, que es también nuestra propia fuente.

La filosofía oriental ha apuntado a menudo a esta fuente con las expresiones Nada o Vacío, porque, en efecto, se trata de una suerte de Nada creadora. En nuestra cultura occidental, a menudo sentimos cierta cautela ante estos términos porque los asociamos a carencia, a nihilismo. Pero en ningún caso se trata de una nada de carencia. Todo lo contrario: a la mente se le aparece como una nada («aunque es de noche») porque lo propio de la mente es conocer «objetos», contenidos de conciencia, por lo tanto, no puede atrapar su propia fuente y fundamento, no puede atraparse como conciencia pura. La fuente de los objetos de conciencia no es, a su vez, un objeto de conciencia; la fuente de todas las formas en sí misma no tiene forma. Por lo tanto, no hablamos de una nada de carencia, sino de una Nada de plenitud, de la fuente de todas las potencialidades.

Por cierto, este tipo de expresiones (Nada, Vacío) no son exclusivamente orientales. También son recurrentes en nuestra tradición filosófica occidental y en la tradición mística cristiana.[2]

---

2.   Hay quienes han querido ver en esas expresiones una negación de la dimensión personal de lo divino. Pero términos como «nada» o «vacío» son recurrentes en la tradición mística cristiana occidental y, muy en particular, en la tradición de la mística especulativa. El Maestro Eckhart, el gran místico alemán que vivió entre

2. Consecuencias del reconocimiento de que «yo no soy la fuente última»

Ahora bien, ¿qué consecuencias prácticas tiene en nuestra vida concreta el reconocimiento de que yo, como mero individuo, no soy la fuente última de lo que acontece en mí?

Este reconocimiento tiene consecuencias decisivas. Nos detendremos en dos de ellas.

Soltar el voluntarismo

En primer lugar, y como hemos apuntado, nos permite comprender que la emergencia en cada uno de nosotros de las cualidades esenciales no depende del control de nuestra mente y voluntad personales.

Hemos reiterado que hay dos vertientes en la tarea del autoconocimiento: ver lo que no somos y vivir lo que sí somos. Una diferencia decisiva entre ambas vertientes es la siguiente: podemos llevar a cabo una práctica positiva para ver lo que no somos, para disolver la falsedad, pero no para ser lo que real-

---

los siglos XIII y XIV, afirma que en lo divino cabe reconocer una dimensión personal (*Got*) y otra suprapersonal (*Gottheit*), a la que en ocasiones denomina la «Nada de dios». «La Divinidad cedió todo a Dios. La Divinidad es pobre, está desnuda y vacía como si no fuera; no tiene, no quiere, no desea, no trabaja, no ob-tiene. Es Dios quien tiene en sí el tesoro y la novia; la Divinidad es tan vacua como si no fuera» (*Tratados y sermones*).

mente somos. La expresión del yo profundo no se puede provocar, apremiar ni manipular; su emergencia es siempre directa, espontánea y creativa, no depende de nuestro mero empeño personal. Por supuesto, podemos establecer las condiciones interiores de presencia, receptividad y apertura necesarias para encauzar lo que ya somos en esencia, pero esto no equivale a forzar la emergencia de las cualidades esenciales. De hecho, cuando las intentamos forzar, se introducen el yo-ideal, las falsas cualidades, la falsa ilusión de que nuestras construcciones intelectuales equivalen a comprensiones obtenidas de primera mano, etcétera.

Asumir todo esto nos invita a profundizar en la disposición a soltar abordada en un capítulo anterior; en concreto, nos invita a soltar el voluntarismo en la tarea del autoconocimiento profundo y en la práctica sapiencial y espiritual.[3]

El reconocimiento de que no podemos «provocar» nada realmente genuino resulta frustrante para quienes pretenden conseguir todo mediante el empeño personal y el esfuerzo intelectual. En efecto, las personas voluntariosas, que logran muchas cosas con esfuerzo y método, se frustran y experimentan bloqueos cuando se acercan al camino interior con esta actitud, porque esta lógica no opera en el ámbito de lo profundo. El esfuerzo intelectual nos conduce de lo conocido a lo conocido,

---

3. Indicamos en el capítulo III que el voluntarismo es una falsa cualidad; como tal, no equivale a la voluntad genuina, es decir, a la determinación, el compromiso y la perseverancia, imprescindibles en este camino.

pero no permite que irrumpa nada realmente nuevo; y nuestro empeño voluntarista no nos va a hacer sentir ni a permitir ver lo que aún no estamos capacitados para sentir o para ver.

Las cualidades esenciales son algo originario, no son nuestra creación personal. Nos constituyen en lo profundo y fluyen en nosotros libremente cuando quitamos los obstáculos: cuando vemos lo falso como falso, y cuando asumimos, atravesamos y concienciamos plenamente nuestra realidad presente. Este es el único camino: aceptar y comprender nuestra experiencia presente sin impaciencia, sin imágenes rígidas relativas a dónde tenemos que llegar, sin pretender llegar a ningún lado, sin buscar resultados. Si hay algo que no alcanzamos a ver a pesar de nuestro empeño, es así porque aún no nos lo permite nuestro recorrido experiencial. Sencillamente, descansamos en la pregunta, en la duda. No nos forzamos a estar donde no estamos, a ser lo que no somos, a sentir lo que aún no sentimos, a comprender lo que aún no comprendemos.

La tarea del autoconocimiento sapiencial requiere honestidad, seriedad, compromiso radical con la verdad, perseverancia y coraje, pero no lucha y esfuerzo. Estos últimos indican que se ha introducido el voluntarismo, el yo-ideal, la falta de aceptación.[4]

---

4. Explicamos que, dado que no podemos renunciar a nuestro anhelo de plenitud y a nuestra aspiración a la excelencia, cuando nos identificamos con el yo-idea y nos autolimitamos, si tenemos inquietudes filosóficas o espirituales, tenderemos a construir una imagen de la persona plena, madura y sabia a la que intentaremos

No hace falta esfuerzo para ser lo que somos

Existe un debate recurrente en entornos afines a la filosofía oriental. Hay quienes consideran que no hace falta un proceso de purificación ni una práctica positiva para alcanzar la realización del Ser. Por otra parte, hay quienes critican esta posición, que supuestamente busca «iluminaciones instantáneas», e insisten en que la realización espiritual requiere una práctica sostenida y un compromiso activo y cotidiano con nuestro desarrollo humano, mental, emocional, moral y espiritual.

Desde mi perspectiva, se trata de un falso dilema. Las dos posiciones señalan una verdad parcial y, a su vez, se tornan falsas cuando se convierten en posiciones aisladas y excluyentes; en otras palabras, las dos son verdaderas según el nivel de realidad del que estemos hablando: absoluto versus relativo, esencial versus existencial.

Decía Nisargadatta: «Cuando la búsqueda cesa, el estado supremo es [...]. A menos que usted haga tremendos esfuerzos, no se convencerá de que el esfuerzo no lo llevará a ninguna parte».[5] Efectivamente, y como afirma la filosofía vedanta advaita, la realización del ser es inalcanzable mediante esfuerzo. Pero afirma también Nisargadatta: «Lo que usted

---

ajustarnos. Se introduce, de este modo, la pretensión: «Tengo que ser amoroso, bueno, ecuánime, vivir en la conciencia de unidad...». Además, rechazamos lo que en nosotros no se ajusta a esa imagen, es decir, incurrimos en la negación y en la represión.

5.   Nisargadatta, *Yo soy Eso.*

es ya lo es. Conociendo lo que usted *no es,* se libra de ello y permanece en su propio estado natural. Todo ocurre muy espontáneamente y sin esfuerzo».[6] O, en palabras de Ramana Maharshi: «La realización del Ser no admite progresos, es siempre la misma. El Ser permanece siempre realizado. Los obstáculos son los pensamientos. El progreso, por tanto, se mide por el grado en que se han eliminado los obstáculos que impiden entender que el Ser está siempre realizado».[7] En efecto, lo que somos ya lo somos, no hay progreso en la realización del Ser, pero sí lo hay en el conocimiento de lo que no somos pero creemos ser, es decir, en la eliminación de los obstáculos, de las ideas limitadas. No hay que hacer nada positivamente para ser lo que somos –decíamos–, pero sí hay que deshacer la cárcel que hemos construido por inadvertencia, y que solo existe en nuestra mente, porque nuestra realidad profunda siempre ha sido libre.

En la tarea del autoconocimiento sapiencial no se trata de ganar o lograr, sino de ir abandonando las barreras y resistencias que pone nuestra mente, lo que propicia un clima interno de transparencia, escucha y disponibilidad que posibilita que nuestra personalidad sea cauce y expresión de lo profundo.

6.   *Ibid.*
7.   Ramana Maharshi, *Sé lo que eres. Las enseñanzas de Ramana Maharshi.*

La humildad genuina o la «desapropiación»

> Todo el esfuerzo de los místicos se ha dirigido siempre a conseguir que no quede en su alma parte alguna que diga «yo».
>
> SIMONE WEIL, *La persona y lo sagrado*

Nos preguntábamos por las consecuencias prácticas que tiene en nuestra vida el reconocimiento de que, como meros individuos, no somos la fuente última de lo que acontece en nosotros. Nos hemos detenido en una de ellas: soltamos el voluntarismo y la pretensión. Una segunda consecuencia, que pasaremos a desarrollar a continuación, es la «desapropiación» de nuestros dones, el desarrollo en nosotros de la humildad genuina, del «arte de perder la importancia personal» (Castaneda).

Con la palabra «desapropiación» apunto al hecho de que, cuando nos vivimos como presencia, estamos en contacto con nuestros dones y los expresamos (con las cualidades esenciales que todos compartimos y con los dones únicos y singulares de cada cual), pero no nos apropiamos de ellos, es decir, no nos sentimos los creadores de esos dones ni los utilizamos para alimentar una autoimagen con la que identificarnos.

No estamos hablando de falsa humildad («qué poquita cosa soy»), de no llamar la atención, de autoempequeñecimiento. Estas actitudes conforman, de hecho, una modalidad más del yo ilusorio. Nuestros dones son luz; expresar nuestros dones con sencillez equivale, por lo tanto, a brillar. Las personas genuinamente carismáticas son aquellas que expresan sus dones, que no tienen miedo al brillo que les es propio, pero que, a su vez, no se apropian de sus dones.

Resulta revelador observar cómo las personas que son excelentes en la actividad que llevan a cabo suelen ser humildes; lo son, al menos, con respecto a eso en lo que son mejores. La mediocridad, en cambio, suele ir de la mano de la pretensión, la vanidad y el orgullo. La razón es la siguiente: solo quienes no se apropian de sus dones permiten que estos se expresen sin distorsión, de forma libre y auténtica. La apropiación que conforma el yo superficial es incompatible con la emergencia de algo realmente profundo y genuino.

3. El silencio del yo

Hace años impartí una conferencia en la que a la actitud de desapropiación que venimos describiendo la denominé el «silencio del yo».[8] Leí entonces varias citas, de las que recojo dos.

La primera es una cita del Evangelio:

> Pero tú, cuando des limosna, que no sepa tu mano izquierda lo que hace tu mano derecha.
>
> MATEO 6, 39

---

8.   Tercer Foro de Espiritualidad Aletheia, Zaragoza, 2013.

¿Qué nos sugieren estas palabras? ¿Qué significa «que no sepa tu mano izquierda lo que hace tu mano derecha»?

Una primera interpretación del significado de esas palabras sería la siguiente: *cuando des limosna, que no lo sepan los otros*, es decir, no lo hagas para construir una imagen ante los demás. Y, efectivamente, así prosigue la cita evangélica: «Cuando oréis, no seáis como los hipócritas; porque a ellos les gusta ponerse en pie y orar en las sinagogas y en las esquinas de las calles para ser vistos por los hombres».

Cabría una segunda interpretación de esas palabras complementaria a la anterior y algo más sutil: *cuando des algo, que no lo sepa quien lo recibe*, esto es, no busques tener protagonismo en el acto de dar; hazlo con tal transparencia que no dejes en deuda a la persona que recibe.

Y cabría, por último, una tercera lectura, aún más sutil: *cuando des algo, que ni siquiera lo sepas tú mismo*. Esta actitud es la propia de quien da y no espera nada a cambio, porque ni siquiera es consciente de que está dando. Y no lo es porque su dar es completamente espontáneo, natural, transparente y puro.

La segunda cita es un texto de las *Enéadas* de Plotino (siglo III):

> [...] muchos de nuestros actos nobles, tanto especulativos como prácticos, cuando pensamos y cuando obramos, no comportan el que seamos conscientes de ellos; el que está leyendo no es necesariamente consciente de que está leyendo, sobre todo cuando lee con intensidad; ni el que obra valientemente, de

El silencio del yo   **239**

que obra valerosamente ni de que actúa según la virtud del valor, y así en mil casos más; tanto es así que la reflexión consciente tiene el peligro de desvirtuar los actos de los que se es consciente, mientras que, cuando los actos están solos, entonces son puros y son más activos y vitales; es más, cuando los hombres buenos se hallan en tal estado, su vida es más intensa, porque no está derramada [...] sino ensimismada y concentrada en un mismo punto.[9]

¿Qué significa una vida que «no está derramada» sino «concentrada en un mismo punto»? ¿Qué ejemplos tenemos de momentos así?

La forma más elevada y plena de ser, nos dice Plotino, es una presencia no derramada, no desdoblada. En efecto, cuanto más pura e intensa es una actividad, estamos en ella más despiertos y vivos que nunca, nuestra presencia se intensifica, pero, a la vez, no estamos pensando en nosotros mismos. Somos plenamente conscientes, pero con una conciencia no dividida, esto es, que no nos objetiva.

Cuando nos vivimos como imagen, nos pensamos e imaginamos para sentirnos ser; devenimos objeto para nosotros mismos. Cuando nos vivimos como presencia, en cambio, somos sujeto, aquello que por definición no puede ser objetivado.

La experiencia más inmediata y directa que podemos tener

9.   *Enéadas*, I, 4, 10, 27.

de nosotros no es la que nos ofrece el pensamiento, porque este nos enajena, nos distancia de nosotros mismos al establecer la dualidad sujeto-objeto.

Las personas que no se viven como imagen sencillamente son. Y este sencillamente ser es lo que denomino el «silencio del yo»: la personalidad no desaparece, pero de algún modo se olvida de sí, se torna interiormente silenciosa y se limita a ser expresión de lo profundo que la guía.

Este estado, por cierto, es contrario a la tendencia característica de estos tiempos a vivir ante los ojos de los demás, habitando una suerte de «escaparate» que nos condena a una vida vicaria. Por ejemplo, las redes sociales nos enajenan en la medida en que, en nuestra vida diaria, dejamos de estar presentes en nosotros mismos, en lo que estamos haciendo en cada momento, y comenzamos a mirarnos desde fuera pensando en cómo queremos que los demás nos vean, en qué imagen de nosotros hemos de mostrarles. Ya no solo nos desdoblamos y nos convertimos en objeto para nosotros mismos, sino que ni siquiera la mirada que nos dirigimos es nuestra; es la de otros, lo que incrementa la enajenación.

El estado de presencia –decíamos– equivale a ser sin adjetivos. Nuestra Presencia posee en sí misma densidad ontológica plena. Como hemos reiterado, no necesitamos pensarnos ni aferrarnos a una autoimagen para sentirnos ser.

En otras palabras, en el estado de presencia no hay un yo superficial acompañando a la acción. No hay un yo que se separe de la acción y se la apropie.

Es una acción en que no hay dualidad entre la acción y el actor, entre la vida y quien la vive, entre el Yo profundo y el yo.

Hay alegría, pero no un yo que se apropia la alegría.

Hay dolor, pero no un yo que se identifica con el dolor.[10]

Hay dar, pero no un yo que se apropia de ese dar.

Las citas del Evangelio y de Plotino, así interpretadas, nos hablan, por consiguiente, del silencio del yo, de una suerte de autoolvido, de simplicidad y de pureza.

Esta es la paradoja no-dual del autoconocimiento: la culminación del conocimiento de Sí Mismo es un olvido de sí. Al igual que no tenemos conciencia del cuerpo si gozamos de salud –pues el cuerpo sano se mantiene en silencio, no se hace notar–, la máxima salud espiritual trae consigo el silencio de la personalidad.

El máximo recuerdo de Sí equivale a un olvido de sí.

La máxima salud del yo equivale al silencio del yo.

> Estoy dos veces muerto. No solo estoy muerto para mi cuerpo, sino también para mi mente.
>
> ¿Es usted consciente del trabajo tremendamente complejo que sin interrupción se lleva a cabo en su cerebro y su cuerpo? En absoluto. Aun así, para un observador externo todo parece funcionar inteligentemente y con un propósito. ¿Por

---

10. Esta es una de las diferencias existentes entre el dolor puro y el drama emocional.

242 El coraje de ser

qué no admitir que toda la vida personal puede hundirse por debajo del alcance de la consciencia y a la vez proceder sana y correctamente?

¿Es normal ser agudamente consciente del cuerpo? ¿Es normal estar torturado por los sentimientos y los pensamientos? Un cuerpo y una mente sanos viven casi totalmente inadvertidos por su dueño: solo ocasionalmente, a través del dolor y el sufrimiento, piden atención y cuidado. ¿Por qué no extender lo mismo a toda la vida personal? Uno puede funcionar correctamente, respondiendo bien y de modo total a cualquier situación, sin tener que traerla al foco de la conciencia. [...]

P: Parece que usted está a favor de una vida computarizada.

M: ¿Qué hay de malo en una vida libre de problemas? La personalidad es un mero reflejo de lo real. ¿Por qué el reflejo no ha de ser fiel al original de una manera espontánea? ¿Necesita la persona tener planes propios? La vida, de la que es una expresión, la guiará. Cuando se ha comprendido que la persona es un reflejo de la realidad, pero no la fuente, uno deja de preocuparse. Uno acepta ser guiado desde el interior y la vida se convierte en una jornada hacia lo desconocido.

NISARGADATTA, *Yo soy Eso*.

La ilusión de ser el hacedor

La intuición que venimos exponiendo ha sido articulada en el hinduismo, y muy en particular en la tradición vedanta, a través de la invitación a renunciar a la idea «yo soy el hacedor».

Esta propuesta en ningún caso es una invitación a abandonar la responsabilidad sobre las propias acciones, a dejar de asumirlas como nuestras. Equivale a reconocer que, como individuos, no somos su fuente última; equivale a la renuncia, por parte del pequeño yo, a atribuirse la autoría última de cualquier acción.

> En este mundo temporal todas las acciones suceden por intervención de las fuerzas de la Vida. Mas el individuo, engañado por la ilusión del «yo», piensa: «yo soy el hacedor».
>
> *Bhagavad Gita*

> La realización del Ser implica el abandono de la sensación «yo lo estoy haciendo» acompañando a los actos.
>
> RAMANA MAHARSHI, *Sé lo que eres*

Ramesh Balsekar ilustra el significado de esta intuición a través de la distinción entre lo que denomina la «mente funcional» (*working mind*) y la «mente que especula» (*thinking mind*). La mente funcional equivale al uso natural de la mente, el que nos permite realizar nuestras acciones y tareas diarias –por ejemplo, el que me posibilita articular estas ideas y compartirlas con vosotros–. La mente que especula es otro proceso mental completamente diferente que suele ser fuente de ansiedad y preocupación; es el diálogo interno por el que nos apropiamos de la acción, es decir, por el que nos identificamos con ella, nos definimos a través de ella y la usamos para alimentar un yo-idea tanto positiva como negativamente («¿Qué van a pensar?», «¿Pareceré esto o lo otro?», «Sería terrible no estar a la altura», «Qué bien lo he hecho», «Qué estúpido soy», etcétera).

Cuando la acción nos absorbe, cuando estamos en lo que estamos, no está presente la mente que especula, el diálogo interno que alimenta al yo superficial. El yo que se apropia la acción no existe entonces, y la acción no se detiene por ello, al contrario, es más plena, pura, auténtica y creativa. Esta reivindicación, esta apropiación, no existe la mayor parte del tiempo, y la vida sigue. Esto es una prueba de que ese pequeño yo que reivindica las acciones de la mente funcional como su creación no solo no es el genuino autor, sino que es una creación mental ilusoria. Este es el yo que impide la simplicidad de la acción, el que crea división: la mano izquierda que necesita saber lo que hace la mano derecha.

El verdadero significado de la renuncia

Lo explicado puede iluminar el verdadero significado de la palabra «renunciación», presente en cualquier camino espiritual: equivale a la renuncia a la ilusión de la posesión de nosotros mismos, es decir, al yo superficial.

Esta es la única renuncia que tiene sentido. De hecho, puedo creer que he renunciado a muchas cosas, pero, si estoy aferrado a mi autoimagen de «renunciador», en realidad no he renunciado a nada.

La ilusión de la autoposesión

Swami Rama Tirtha utiliza una imagen muy bella para ilustrar que, solo cuando desaparece la ilusión de la autoposesión, la Vida puede actuar sin obstáculos a través de nosotros, y que el pequeño yo que se cree el hacedor es incompatible con el gozo de ser y con la genuina inspiración.

Acude, en concreto, a la imagen del arcoíris.[11] Cuando contemplamos un arcoíris, admiramos su color y su magnificencia. Pero si nos dirigimos hacia donde está el arcoíris con el objetivo de mirarlo de cerca, este desaparece, lo dejamos de ver. El arcoíris solo se ve desde la distancia.

Del mismo modo, allí donde hay inspiración filosófica, artística o espiritual, o bien inspiración en la vida cotidiana, no hay realmente un ser humano que se considera a sí mismo inspirado. Esto último lo ven otros, lo dicen otros, se ve ante los ojos de otros, pero, desde el punto de vista de esa persona, desde su propia perspectiva, no existe tal ilusión («Fíjate, yo hago esto, yo estoy inspirado…»).

En otras palabras, la inspiración acontece solo en un estado de no apropiación. La persona inspirada ha renunciado a sí misma a favor de la inspiración. Y precisamente porque no busca apropiarse de la inspiración, *es* la inspiración misma.

Si queremos disfrutar de la inspiración y de sus frutos, o si

---

11.   *Cfr*. Swami Rama Tirtha, *In Woods of God-Realization*, volumen I.

queremos percibirnos como personas inspiradas, la inspiración nos abandona.

Análogamente, si queremos disfrutar de la conciencia y de la satisfacción de ser personas «espirituales», la espiritualidad nos abandona. Donde hay genuina espiritualidad, no hay nadie que esté pretendiendo ser espiritual, bueno ni nada en particular. La espiritualidad equivale, sencillamente, a ser en simplicidad y transparencia.[12]

En este estado, obviamente, tampoco hay una pretensión de simplicidad, lo que entrañaría la máxima contradicción.

En efecto, lo que somos no es algo que podamos aferrar con el pensamiento, sino una Presencia que nos lleva a un lugar de silencio y de sano autoolvido.

---

12. Por cierto, cuando esto se comprende y se vive, se descubre que, donde parece que hay mucha «espiritualidad», a menudo hay muy poca, y que, en cambio, a veces hay mucha y muy genuina allí donde ni siquiera se pronuncia esa palabra (porque hay desapropiación en la acción, amor y paz, que son los frutos reales del espíritu).

IX. Vivir al día

Reconocernos como Presencia equivale a habitar el presente.

La Presencia torna el presente profundo, significativo, fresco y nuevo. Solo la calidad de nuestra presencia llena el momento presente de calidad y hondura. Solo ella es fuente de alegría, belleza, plenitud y paz incondicionales (pues no dependen de cuál sea el contenido de nuestra experiencia).

No hay presencia cuando, en una huida hacia delante o hacia atrás, devaluamos el presente porque lo percibimos como un mero medio para llegar a algún lugar, o bien como algo que hay que aferrar con avidez (donde hay avidez, no hay presencia).

Tampoco hay presencia cuando confundimos la aceptación con la resignación. La presencia es un estado «proactivo». La verdadera aceptación abraza completamente el momento presente con creatividad y dinamismo, no con pasividad y resignación.

> En el presente radica todo lo que necesitamos. El presente cuida de sí mismo, pues, si estamos situados en nuestro centro, cada momento nos otorga la fuerza, la luz y la gracia que necesita ese preciso momento. El único lugar de la transformación es el ahora y, por ello, solo al cuidar del presente cuidamos del futuro. Quien entiende esto no se pre-ocupa y vive al día. Pone en el presente un vigor inmenso y todo lo demás lo deja en manos de la Vida.

Os invito a sentir en este momento vuestra presencia ontológica. Estamos físicamente presentes, habitando nuestro cuerpo desde dentro. Nos reconocemos como Presencia consciente, como eso que nos proporciona un sentido directo de ser y de lucidez. Sentimos la vida en sí, el simple hecho de ser, de estar vivos, lúcidos, despiertos… Y os pregunto: ¿es posible sentir nuestra Presencia en un tiempo que no sea el tiempo presente?

Evidentemente, no es posible. Y no lo es porque reconocernos como Presencia equivale a habitar el presente. El presente nos conecta con el estado de presencia y la Presencia es la sustancia del presente.

1. El secreto de la felicidad

Hace muchos años leí en el suplemento de un periódico un artículo sobre la felicidad en el que distintas personas describían los momentos más felices de su vida. Un detalle me llamó la atención: todas las situaciones que esas personas describían –las asociadas a esos momentos de máxima felicidad– eran completamente normales, cotidianas, incluso anodinas: una persona paseaba, otra cosía mientras sus hijos pequeños correteaban a su alrededor, otra se encontraba en su despacho, otra miraba por la ventana… Evidentemente, todas estas personas habían vivido situaciones más extraordinarias, pero no eran estas últimas las que recordaban cuando describían sus momentos más felices.

Todos nosotros podemos recordar momentos de nuestra vida que para un observador externo resultarían corrientes, en los que no ocurría nada especial, pero que en nuestra experiencia interna fueron plenos, completos, excepcionales.

Si nos preguntamos por qué esos momentos tuvieron esa cualidad, por qué estuvieron preñados de esa extraordinaria plenitud y profunda paz, probablemente no sabríamos responder. ¿Qué los hizo tan dichosos?

Pues bien, lo que tienen en común esos momentos es que todos ellos están impregnados de una cualidad única: la de nuestra propia presencia. Son momentos en que nuestra presencia se intensifica. En ellos nuestra mente no está resistiendo la experiencia presente; tampoco la está instrumentalizando, como si fuera un mero peldaño para alcanzar un cierto resultado futuro o un momento futuro mejor. No tenemos la creencia latente que cabría formular así: «Aquí y ahora falta algo». En otras palabras, en esos momentos no está presente en nuestra mente la división entre «lo que es» y «lo que (supuestamente) debería ser». Experimentamos un ajuste total con el momento presente, un perfecto acople. Coincidimos completamente con nosotros mismos. Y esto permite que el cauce que somos se descontraiga y se alinee con nuestra presencia, que emerjan y fluyan en nosotros las cualidades esenciales que somos en lo profundo.

Cuando esto sucede, cuando hay este ajuste, esta conexión, esta presencia intensificada, el momento presente se transfigura, se dilata, se ahonda y adquiere otra dimensión y cualidad.

¿Qué ha cambiado en esos momentos? Aparentemente, no ha cambiado nada; son momentos como tantos otros; no ha cambiado el contenido de la experiencia. Lo que ha cambiado es el «desde donde» se está teniendo esa experiencia, esto es, la hondura de nuestro ser. Y, cuando cambia el «desde dónde», todo cambia.

Cualquier momento, incluso los aparentemente más anodinos, se puede llenar de hondura y calidad. *Porque nuestra presencia torna todo profundo, hondo, significativo, bello, fresco y nuevo.*

Más aún, la presencia no simplemente tiene la capacidad de transfigurar situaciones aparentemente prosaicas, sino que permite que incluso los momentos arduos, las situaciones de dificultad, carencia, pérdida o enfermedad, se puedan llenar de belleza, silencio y plenitud.

2. La alegría incondicional

Ahora bien, ¿qué significa que la mera calidad de nuestra presencia pueda proporcionar belleza, completud y paz a cualquier situación? ¿Qué demuestra este hecho?

Lo que demuestra es que la verdadera belleza, completud y paz son nuestra naturaleza profunda y están siempre presentes en un estado atemporal.

Demuestra que esa belleza, plenitud y paz son incondicionales, es decir, que no dependen del contenido de la experiencia.

Nos revela que la verdadera alegría es incondicional: una alegría sin motivo, o, en otras palabras, para la que cualquier cosa puede ser motivo de alegría.

En su obra *Los lirios del campo y las aves del cielo*, el filósofo danés Søren Kierkegaard comenta el siguiente texto del Evangelio:

> En aquel tiempo, Jesús dijo a sus discípulos: «Por eso os digo: No andéis preocupados por vuestra vida, qué vais a comer, ni por vuestro cuerpo, con qué os vestiréis. ¿No vale más la vida que el alimento, y el cuerpo más que el vestido? Mirad las aves del cielo: no siembran, ni siegan, ni almacenan en graneros; y, sin embargo, vuestro Padre celestial las alimenta. ¿No valéis

El coraje de ser

vosotros más que ellas? [...] Observad los lirios del campo, cómo crecen; ni trabajan, ni hilan. Pero yo os digo que ni Salomón en toda su gloria se vistió como uno de ellos. Pues si a la hierba del campo, que hoy es y mañana se echa al horno, Dios así la viste, ¿no lo hará mucho más con vosotros, gentes de poca fe? No andéis, pues, preocupados diciendo: ¿Qué vamos a comer?, ¿qué vamos a beber?, ¿con qué vamos a vestirnos? Por todas esas cosas se afanan los paganos; pues ya sabe vuestro Padre celestial que tenéis necesidad de todo eso. Buscad primero el Reino de Dios[1] y su justicia, y todo lo demás se os dará por añadidura. Así que no os agobiéis por el mañana porque el mañana traerá su propio agobio. A cada día le basta su afán».

Mateo 6, 24-34

Glosando este texto evangélico y, en concreto, reflexionando sobre naturaleza de la despreocupación por el mañana de las aves del cielo y de los lirios del campo, comenta Kierkegaard:

¡Graciosa y feliz existencia tan llena de alegría! ¿O es que la alegría es acaso más pequeña porque, estrechamente entendido, lo que la hace tan alegre es poca cosa? No, pues este estrecho entendimiento es un error, y un error extremadamente triste y lamentable. Precisamente el que sea tan poca cosa lo que los hace tan alegres es la prueba de que ellos mismos son

---

1. «El Reino de Dios está dentro de vosotros» (Lucas 17, 20-25).

alegres, de que son la alegría misma. Si aquello de lo que uno se alegra fuera nada y, a pesar de ello, se sintiera uno en realidad indescriptiblemente alegre, ello sería la mejor prueba de que uno mismo es alegría, de que es la alegría misma, como ocurre con el lirio y el pájaro, los alegres maestros de alegría, que precisamente porque son incondicionalmente alegres son la alegría misma. Aquel cuya alegría dependa de ciertas condiciones, no es la alegría misma; su alegría es la de esas condiciones y está condicionada con relación a ellas. Pero aquel que es la alegría misma, es incondicionalmente alegre, y, a la inversa, el que es incondicionalmente alegre es la alegría misma. Las condiciones bajo las que podemos ser alegres nos causan a los hombres muchas fatigas y aflicciones, y aunque todas se cumplieran, tal vez tampoco seríamos incondicionalmente alegres.

En efecto, los seres humanos tendemos hacia todo aquello que promete reportar más placer y alegría a nuestras vidas (bienes materiales, confort, vínculos, experiencias y entornos estimulantes, logros profesionales…); en su consecución, invertimos mucho esfuerzo y, si hace falta, atravesamos fatigas. Esta inclinación es natural y legítima; bienvenidos sean los logros externos, posesiones y situaciones que incrementan nuestra seguridad, bienestar y satisfacción. Pero a menudo incurrimos en el error de situar en esas condiciones nuestro tesoro, nuestro máximo bien, a costa de descuidar lo más importante: el camino de la presencia, que es la sede de la alegría misma; a menudo nos obsesionamos con todo aquello que favorece un tipo de alegría que siempre va a ser relativa, frágil y condicionada, y desatendemos el «desde dónde», la verdadera fuente de la alegría incondicional.

Hoy en día, la mentalidad predominante asocia una vida feliz e interesante a los cambios y novedades, a que haya excitación, estímulos, experiencias impactantes y diferentes, como si lo que marcara la diferencia fuera el contenido de la experiencia y no la calidad y hondura del ser de quien la tiene. De hecho, al consumo de objetos, tan característico de la sociedad de consumo, se ha sumado el consumo de «experiencias».

Hace años se pusieron de moda las Wonderbox o Smartbox, esto es, regalar «experiencias»: «Opta por una de nuestras cajas regalo. Vive una descarga de emoción y adrenalina con nuestra selección de experiencias: atrévete con un salto en paracaídas, un vuelo en globo aerostático, iníciate al submarinismo o conduce un fantástico coche de carreras». Algunas cajas regalo ofrecían experiencias más hedonistas: escapadas a hoteles coquetos, masajes en sensuales *spas*... Lo interesante, en todos estos casos, es a qué se está denominando «experiencia»: según este uso de la palabra, el intercambio que estamos teniendo aquí, cocinar, charlar con nuestros seres queridos, reflexionar, pasear, acariciar a nuestra mascota, leer un libro o sencillamente ser no son «experiencias». Esto es muy revelador de la falta de presencia característica de nuestra época, pues quien no tiene una presencia de calidad se encuentra vacío, aletargado, necesita constantemente de estímulos diferentes e intensos para despertar un poco, para no recaer en el más absoluto aburrimiento.

Otra anécdota significativa: hoy en día, las letras de las canciones más populares a menudo tratan sobre enamoramientos y desenamoramientos intensos, sobre atracción sexual. No sería descabellado clasificar a los grupos musicales y cantantes atendiendo a este factor: los más mediocres son aquellos cuyos temas versan casi siempre sobre estos asuntos, pues hasta la persona más ruda, menos sensible, cuando se enamora o sufre mal de amores siente mucho y se vuelve un poco poeta; el verdadero artista, en cambio, es el que sabe ver poesía en todo, en cualquier situación cotidiana, quien vive intensamente la poesía misma de la vida.

3. La carrera enloquecida hacia ninguna parte

En efecto, la hondura y calidad de nuestra experiencia, la paz y el contentamiento genuinos, tienen una relación directa con la calidad de nuestra presencia; y esta, a su vez, con nuestra capacidad de habitar plenamente el momento presente.

Ahora bien, ¿por qué esta cualidad de nuestra propia presencia resulta, para muchos, tan esquiva?

Un primer motivo es el siguiente: son muchas las personas que no han recibido la buena noticia de que podemos descansar en algo más amplio y profundo que nuestra mera persona, de que tenemos ese tesoro en nuestro interior. Desconocen las cualidades esenciales que nos constituyen. No han recibido la buena noticia de que lo que somos ya es en esencia pleno (si bien esta plenitud esencial busca expresarse y desplegarse en el tiempo, en nuestra existencia concreta); de que no somos seres carentes de valía intrínseca (que han de adquirirla, por tanto, logrando, teniendo, haciendo); de que nuestra identidad no es algo que tenemos que alcanzar en el tiempo y defender y afirmar constantemente, sino que la poseemos por el mero hecho de ser.

Cuando no hemos recibido esta buena noticia, nos orientamos exclusivamente hacia la felicidad condicionada. *Buscamos y miramos en la dirección equivocada*: no atendemos a la fuente de la alegría incondicional, sino únicamente a las condiciones de una alegría que siempre es limitada, que siempre está amenazada. Y buscamos una condición, y luego otra, y luego otra, porque todas son frágiles y relativas y no tienen, por sí mismas, la capacidad de llenar nuestro vacío de ser. Y vamos alcanzando atisbos de una felicidad que parece que siempre se escapa en una carrera que no tiene fin.

Quienes no han recibido esta buena noticia experimentan, ocasionalmente, completud y paz, pero desconocen de dónde provienen; tienden a explicar su estado interno por las circunstancias, situaciones o estímulos, y no lo reconocen como la expresión de su mismo Ser.

> Existe felicidad cuando se presentan cosas agradables a la mente. Es la felicidad inherente al Ser y no existe otra felicidad.

No es ajena ni está distante. Realmente usted está sumergiéndose en el Ser en los momentos que considera placenteros y ese sumergirse da como resultado el gozo ya existente. Pero la asociación de ideas es responsable de adjudicar ese gozo a otras cosas y eventos. Mientras que, de hecho, ese gozo está dentro de usted. En esas situaciones usted está sumergiéndose en el Ser, pero de manera inconsciente.

RAMANA MAHARSHI, *Sé lo que eres*[2]

La carrera hacia delante

Un segundo motivo por el que la cualidad de la presencia resulta esquiva o por el que no la saboreamos de modo estable es que no habitamos el presente. Y no lo habitamos porque vivimos sumergidos en el «tiempo psicológico» (Krishnamurti),[3] en una carrera hacia delante, que es tanto una dinámica de búsqueda como de huida.

Es obvio que en esta carrera hacia delante inciden factores socioculturales. Vivimos en una sociedad muy competitiva y

---

2. Afirma un poco antes Ramana, en una frase enigmática que se ilumina a la luz de lo explicado: «Uno siempre está en *samadhi*, pero no lo sabe» (*Sé lo que eres*).

3. El tiempo psicológico no es el tiempo cronológico que mide el reloj, sino el tiempo que es producto del pensamiento que constantemente recuerda y anticipa. Obviamente, lo que resta presencia no es el hecho de remitirnos al pasado y al futuro, algo indisociable de la experiencia humana, sino el identificarnos con esta dinámica hasta el punto de desconectarnos del tiempo no pensado, del presente de la presencia. El yo superficial solo existe en el tiempo psicológico, nunca en el ahora eterno (*nunc stans*).

ansiógena cuyos valores fundamentales se orientan al rendimiento y al logro externo. Probablemente, nunca en la historia de la humanidad se ha vivido con tal grado de hiperestimulación y con una sensación interna de tanta velocidad. Y pagamos un precio muy alto por esta falta de presencia.

Leía hace poco una noticia inquietante: en Estados Unidos, en el 2019 (un año en el que supuestamente había crecimiento económico y pleno empleo), el setenta por ciento de los ciudadanos tomaban antidepresivos y se había batido el récord de muertes por consumo de opiáceos. La noticia aportaba un dato dantesco: en los lagos de Estados Unidos y de Canadá había peces con altos niveles de antidepresivos y opiáceos en el cerebro. Todo esto es el síntoma inequívoco de una sociedad enferma; la consecuencia de un modo de vida que se caracteriza por la falta de presencia.

A este respecto, alguien podría alegar: «Yo me he escapado de esta carrera enloquecida, de este acelerado ritmo colectivo. De hecho, soy antisistema, vivo en un pueblo, cultivo un huerto...». Pero a esta carrera no simplemente nos invita el entorno sociocultural y los valores dominantes; aunque optemos por un modo de vida diferente al preponderante, podemos mantenernos en ella. Y esto nos revela que hay un factor más profundo y estructural que nos sumerge en esa huida hacia delante. Este factor es el yo superficial y las «heridas ontológicas».

El yo superficial –explicábamos– nos hace percibir nuestra realidad y nuestro presente como insuficientes y limitados («siempre, aquí y ahora falta algo»); nos transmite una sensación básica, ontológica, de insuficiencia; nos hace sentir que nuestro ser no es completo, suficiente y valioso en sí mismo, de modo que recurrimos a la proyección de un yo-ideal. Creemos, por tanto, que nuestra identidad y valía intrínsecas se juegan en el tiempo.

La huida hacia delante, por tanto, no es solo un patrón sociocultural; se origina en cierta manera de vivenciar nuestra identidad. De hecho, esta última causa de la desconexión con la completud del momento presente es más profunda, origina en nosotros una angustia y una ansiedad estructurales.

La orientación al yo-ideal nos hace buscar una satisfacción condicionada que nunca llega del todo. A veces parece asomar, pero se termina revelando incompleta. La expectativa proyectada en el futuro de una satisfacción que nunca llega nos hace vivir a contrarreloj, como el Conejo Blanco de *Las aventuras de Alicia en el país de las maravillas*, siempre con el reloj en la mano: «Tengo prisa, llego tarde, llego tarde...».

Reproduzco, a este respecto, algunas creencias que han aflorado en mis consultas de asesoramiento filosófico:

«No puedo permitirme parar. He de vivir en un estrés permanente para justificar mi existencia».

«En la vida tengo que hacer unas cosas para obtener otras; tengo que estar instrumentalizando la vida constantemente, controlándola para obtener algo que aún no es, para adquirir un valor del que aún carezco».

«Tengo que hacer mucho para merecer la felicidad. Debería estar haciendo mucho más de lo que estoy haciendo».

«No basta solo con ser. No tengo derecho a ser. Tengo que justificar mi existencia mediante el rendimiento y la productividad». Etcétera.

Se trata de creencias operativas descubiertas por personas con inquietudes filosóficas, que llevan a cabo de forma regular prácticas contemplativas, lo que confirma lo insidiosas que pueden llegar a ser este tipo de ideas. De hecho, hasta el camino espiritual se termina convirtiendo para muchas personas en una modalidad más de esta carrera enloquecida hacia delante.

La huida hacia atrás

Pero esta carrera no solo es una huida hacia delante, sino que también tiene mucho de huida hacia atrás. Si bien para las personas comprometidas con su autoconocimiento el tiempo es un aliado pues va a favor de la sabiduría, en una sociedad en que la sabiduría no tiene un valor central, en la que se sobrevaloran la energía y los valores vinculados a la juventud, impera el pavor al paso del tiempo, a la decadencia orgánica y a la muerte.

En esta persecución frenética en la que avanzamos a contrarreloj, vemos cómo el paso del tiempo reduce el horizonte de posibilidades del yo-ideal; y aparece el aferramiento al pasado, la resistencia a renovarse de forma constante, a soltar elegantemente todo lo que el paso del tiempo se lleva consigo. De fondo, consciente o inconscientemente, late el *miedo a la muerte*, que puede sorprendernos en cualquier momento y que, a los ojos de muchos, parece sumergirlo todo en el sinsentido y la arbitrariedad.

En los dos casos, tanto en la huida hacia delante como en la huida hacia atrás, el presente se devalúa. No habitamos el presente. Se pierde la profundidad de la experiencia del ahora. Y el presente se convierte en algo huidizo: en un mero medio para llegar a algún lugar que todavía no es, o en algo fugaz que tenemos que aferrar con avidez.

Hay quienes interpretan, de forma errónea, que este apurar vorazmente el instante equivale a vivir el presente, pero, donde hay avidez, no hay presencia.

4. Falsos atajos

Todos guardamos un recuerdo latente de la plenitud oculta en el presente, que no es otra que la plenitud de nuestra propia Presencia.

Precisamente porque todos tenemos esta memoria, aunque sea de forma inconsciente, no podemos resignarnos a la ausencia de plenitud. Un profundo anhelo, una nostalgia ontológica, nos induce a buscarla, aunque sea mediante falsas salidas, atajos o escapes.

Uno de estos atajos es la *falsa espiritualidad*. Buscamos tener «experiencias» espirituales; buscamos en directo la paz y la felicidad sin estar dispuestos a pasar por el camino lento del autoconocimiento y del desarrollo. O asumimos creencias de segunda mano, como la de la inmortalidad del alma, para reprimir nuestro miedo a la muerte y el sentimiento de vulnerabilidad que acompaña a la conciencia de la impermanencia de todo lo existente (una creencia que en ningún caso equivale a la experiencia interna y real de la eternidad de nuestro ser: solo desde la experiencia de la Presencia se tiene un atisbo de lo que es la eternidad).

Otro atajo es la búsqueda de experiencias «intensas»: adrenalina, sexo compulsivo, recolección de placeres y estímulos diversos...; falsos escapes que permiten acallar por unos instantes la angustia asociada al yo superficial, siempre atado al tiempo psicológico, y encontrar un sucedáneo de la plenitud oculta en el ahora. A medio plazo, esta búsqueda termina dejando tras de sí una sensación mucho mayor de angustia y de vacío.

Frente a los falsos atajos, la única salida real es retornar al estado de presencia. Para ello no basta con instar a «vivir el presente», algo que leemos aquí y allá y que no es más que una consigna vacía, que no significa casi nada, que resulta irrealizable o, peor aún, que se confunde con el instantaneísmo y la avidez del *carpe diem*. Se trata de algo mucho más profundo y radical: de realizar el camino descrito del autoconocimiento filosófico, de transitar desde la hipnosis en la que nos sumerge el yo superficial a la Presencia, de recorrer el camino de la aceptación y de la entrega, de tener la disposición a concienciar y a sentir absolutamente todo.

5. El presente de la presencia no es estático, es flujo y dinamismo

En efecto, existe una íntima relación entre la disposición a aceptar la totalidad de nuestra experiencia y la capacidad de vivir el presente: al aceptar nuestra experiencia presente dejamos de estar en conflicto con ella, lo que posibilita concienciarla y habitar completamente el ahora.

En este punto considero pertinente una pequeña digresión. A veces nos resistimos a recorrer el camino de la aceptación, nos resistimos a aceptarnos o a aceptar las dimensiones de nuestra experiencia que no nos gustan, porque confundimos aceptar con resignarnos a la mediocridad, con soltar toda expectativa de mejora y plenitud. Hay cierta sabiduría en esta resistencia: todos tenemos la intuición de que estamos llamados a un estado de ser y de conciencia mucho más pleno del que habitualmente vivimos. El malentendido radica en creer que la aceptación excluye el dinamismo que nos permite cambiar y mejorar.

La aceptación proactiva

Esta confusión pasa por alto que la genuina aceptación es dinámica.

Aceptación equivale a presencia.[4] Y la Presencia es totalmente proactiva porque es plenitud de energía, conciencia y amor.

Es plenitud de amor y, por tanto, decimos sí a lo que es, a la totalidad de nuestra experiencia presente.

---

4. «Cuando nos situamos en nuestra Presencia, estamos totalmente presentes en nuestra experiencia tal y como se está manifestando. Dejamos ser lo que es. En otras palabras, *la Presencia en sí misma equivale a la aceptación*» (Mónica Cavallé, *El arte de ser*, capítulo X).

Es plenitud de conciencia y, por tanto, tenemos la disposición a ver, a confrontar la verdad sobre nosotros mismos, a comprender las causas de nuestro sufrimiento, a poner luz y discernimiento, lo que irá trayendo consigo comprensiones y, derivadamente, transformaciones.

Es plenitud de energía y, por consiguiente, llevamos a la acción lo comprendido; respondemos activamente en el presente a lo que este nos demanda desde la escucha de nuestra guía interna.

En definitiva, la aceptación real es acogimiento, pero también discernimiento y acción.

En la aceptación hay entrega completa al momento presente con creatividad y dinamismo, no con pasividad y resignación.

La aceptación indisociable de la presencia es, de hecho, el estado más proactivo, dinámico y creativo, el de máxima disponibilidad y capacidad de respuesta; es la fuente de todas las transformaciones.

La proactividad sin aceptación es voluntarismo.

La «aceptación» sin proactividad es mera resignación.

En la resignación, por consiguiente, no hay presencia. En el estado de presencia estamos presentes en nuestra experiencia responsabilizándonos activamente de ella, aprovechando cada ocasión como una oportunidad para descubrir y crecer. Si no hay esta responsabilidad, si estamos dejando pasar el tiempo sin transformar de forma creativa nuestras experiencias en crecimiento, en realidad no estamos presentes.

El presente de la presencia no es estático, sino flujo y dinamismo.

De nuevo, el signo es la paz

Habitar el presente, estar presentes y reconocernos como Presencia –decíamos– son expresiones que describen un mismo estado. Este estado incluye las dos dimensiones descritas: reconciliación con nuestra experiencia, por un lado, y crecimiento y proactividad, por otro.

Solo cuando se integran esas dos dimensiones –lo que sucede en el genuino estado de presencia–, aunque haya dificultades y dolor, habrá paz. De hecho, esta última es un signo inconfundible de que vivimos el presente con la actitud de aceptación proactiva descrita.

No hay paz en la acción forzada y voluntarista en la que no estamos reconciliados con la experiencia presente. Pero tampoco la hay en la «aceptación» pasiva y resignada. Si buscamos una falsa paz que nos evite responsabilizarnos activamente de nuestra propia experiencia, limpiar nuestra ropa sucia, movilizar nuestros dones en el presente, dar al mundo lo que tenemos que dar..., nos adentramos en un falso camino. Y prueba de ello es que, a largo plazo, no sentiremos paz. Experimentaremos apatía en el mejor de los casos; en el peor, ansiedad, tristeza por el tiempo desaprovechado y frustración (el indicador de que una posibilidad presente en nosotros no ha sido expresada).

6. El presente cuida de sí mismo

La vida no nos pide nada más para estar en paz. No necesitamos ser perfectos; no necesitamos haber superado nuestros patrones limitados. Solo nos pide la disposición descrita. Más aún, basta con la disposición a tener esta disposición, porque forma parte de nuestra condición el ser olvidadizos.

Esta disposición es suficiente para que en nuestra vida se instale poco a poco la serenidad.

Experimentamos, entonces, la alegría incondicional que viene de nuestro fondo; pero también la alegría existencial que acompaña al hecho de estar creciendo y floreciendo.

Y comprendemos el significado de la confianza básica, pues experimentamos de forma sentida que la vida realmente nos sostiene.

Descubrimos que en el presente radica todo lo que necesitamos.

Que la luz que necesitamos la recibimos en el presente.

Que la gracia que necesitamos solo nos es concedida en el presente.

Que la fuerza que necesitamos la encontramos en el presente y solo en el presente.

Cuando ocasionalmente converso con personas aterrorizadas por amenazas y peligros hipotéticos, siempre les digo que la vida no nos otorga gracia para afrontar todos los futuribles y todas las situaciones temibles que se nos puedan pasar por la cabeza, pero que siempre nos otorga inspiración y fuerza para afrontar los retos presentes si estamos en contacto con nuestra presencia.

Por lo tanto, el presente cuida de sí mismo.

Cada momento nos otorga lo que necesita ese momento.

Y solo al cuidar del presente cuidamos del futuro, porque este no es más que un presente prolongado. No cuidamos del futuro preocupándonos por el futuro, porque el ahora es el único lugar de la transformación, la que permitirá que ese presente prolongado que llamamos futuro sea diferente. Preocuparnos por el futuro es distraernos de lo único que está en nuestra mano.

Por otra parte, y como ya vimos, nuestra guía interna siempre nos habla en el presente. Nunca sabemos lo que nos dirá en el futuro. Consiguientemente, esta escucha y esta obediencia nos conectan con el ahora.

Cuando se entiende lo anterior, se empieza a vivir al día.

Se comprende que cada día tiene su afán.

Desaparece la preocupación obsesiva por el futuro.

Dejamos de planificar nuestra vida en lo esencial. Obviamente, no dejamos de planificar, con flexibilidad, nuestro trabajo, actividades y proyectos en la medida en que estos lo precisen. Pero sí dejamos de planificar en lo relativo a nuestra forma básica de estar instalados en la realidad.

En su obra *Los lirios del campo y las aves del cielo*, disertando de nuevo sobre el lirio y el pájaro, los sencillos maestros de la alegría, nos expresa Kierkegaard:

268 El coraje de ser

> Su doctrina de la alegría se reduce a lo siguiente: Hay un hoy. Y en este hoy se pone un vigor inmenso. Hay un hoy, y no hay absolutamente ninguna preocupación por el día de mañana, por la mañana siguiente. Y esto no es una ligereza del lirio y del pájaro, sino la alegría del silencio y de la obediencia. [...]
>
> ¿Qué es la alegría o qué significa estar alegre? Pues es estar en realidad presente en uno mismo; y este «estar-en-realidad-presente-en-uno-mismo» equivale al «hoy» del que hemos hablado, equivale a existir hoy, a existir de verdad *para el día de hoy*.

Unas páginas más adelante, nos recuerda el filósofo danés que el pájaro y el lirio también tienen aflicciones; que también están sometidos a la caducidad, a la pérdida, al dolor, al marchitamiento y a la muerte, como lo está todo en la naturaleza. Mas prosigue:

> ¿Cómo hacen el lirio y el pájaro para –lo que casi parece un milagro– ser incondicionalmente alegres aun en medio de la mayor preocupación? [...] Hay una frase de san Pedro que el lirio y el pájaro se han tomado a pecho y, por ser sencillos, al pie de la letra, siendo esto precisamente lo que le da eficacia. En esta frase hay un enorme poder si se la toma al pie de la letra, y si no se hace así, será más o menos impotente hasta llegar a ser una expresión sin sentido. Hay que ser incondicionalmente sencillo para tomarla incondicionalmente al pie de la letra: «Echad todas vuestras preocupaciones en Dios».

Y esto lo hacen incondicionalmente el lirio y el pájaro. Con la ayuda del silencio y la obediencia sin condiciones, arrojan lejos de sí *todas* sus preocupaciones como la más potente catapulta arroja algo y con la misma vehemencia con que se arroja lo que más se detesta; y la arrojan sobre Dios con la misma seguridad con que da en el blanco el arma más segura, con la misma fe y la misma confianza con que da en el blanco el tirador más experto. Y en el mismo instante –[…] que existe hoy, que existe desde el primer momento de su existencia– se sienten incondicionalmente alegres.

Este es el secreto de la alegría incondicional y de la paz, el secreto que solo conocen los sencillos: ellos ponen en el presente un vigor inmenso y todo lo demás lo dejan en manos de la Vida.

X. El egoísmo noble

Avanzar en la dirección que nos marca la alegría serena equivale a reconocer en ella la voz de nuestra guía profunda indicándonos el camino de nuestro desenvolvimiento.

Para recorrer el «camino de la alegría», es preciso satisfacer ciertos requisitos:

- *Vivir a la escucha* de nuestro sentir profundo.
- *La autoaceptación completa*: no podemos desenvolver lo que somos si no aceptamos lo que somos. A este respecto, se desarrollan dos intuiciones filosóficas que fundamentan la autoaceptación y el genuino amor propio, y se explican cuáles son los efectos que su asimilación tiene en nuestra vida.
- *Dejar de buscar la aprobación externa y la conformidad* para poder avanzar en un camino propio y completamente singular. Esto equivale a asumir nuestra «soledad existencial».

> −*Superar nuestras falsas concepciones sobre el egoísmo y el altruismo* hasta advertir que no hay dualidad entre el egoísmo noble y el genuino altruismo.
>
> −*Superar el miedo a nuestra luz y a nuestro poder* (este punto se desarrollará en el próximo capítulo).

1. Avanzar en la dirección de la alegría

El Ser, la Presencia, no es una realidad estática, sino un centro dinámico, una fuente creativa. Este dinamismo se manifiesta en nuestra existencia como un movimiento orientado a nuestro crecimiento y desarrollo, como un impulso actualizador que denomino −retomando una expresión del filósofo Spinoza (siglo XVII)− *conatus*.[1]

> Lo que el ser humano ha buscado no es en realidad ni el dolor ni el placer, sino simplemente la Vida. El ser humano ha buscado vivir en forma intensa, completa, perfecta.
>
> OSCAR WILDE, *El alma del ser humano bajo el socialismo*[2]

---

1. Véase capítulo VI, nota 4 de este libro.
2. Siempre he considerado a Oscar Wilde −al que nos remitiremos en varias ocasiones

Nuestra autorrealización tiene dos vertientes indisociables: por una parte, conocer quiénes somos en lo profundo, nuestra identidad central (en este nivel, conocerla equivale a serla, a vivirnos como presencia); por otra parte, desplegar eso que somos en esencia en nuestra existencia temporal, en nuestra vida concreta. Este doble movimiento equivale al flujo y al reflujo de una ola. Pretender disociar ambas vertientes es un error que siempre trae consigo desequilibrios: en primer lugar, el de pretender desplegarnos sin saber quiénes somos, sin que el «desde dónde» de ese movimiento actualizador sea el adecuado (lo que conduce, entre otras cosas, a confundir el desenvolvimiento de nuestro yo real con la construcción de un yo-ideal); en segundo lugar, el de disociar el camino espiritual del crecimiento y el desarrollo existenciales.

En otras palabras, el camino del autoconocimiento sapiencial es tanto un proceso de universalización como de individuación o singularización; son las dos caras de la misma moneda. Estamos aquí para recordar quiénes somos, para asentarnos conscientemente en nuestro fundamento ontológico −el que

---

en este capítulo− un autor particularmente profundo y certero, por más que, a los ojos de algunos, pase por frívolo. A este respecto, comparto totalmente la apreciación de J.L. Borges, quien afirma sobre Wilde: «Leyendo y releyendo, a lo largo de los años, a Wilde, noto un hecho que sus panegiristas no parecen haber sospechado siquiera: el hecho comprobable y elemental de que Wilde, casi siempre, tiene razón». Y prosigue: «[...] el sabor fundamental de su obra es la *felicidad*. [...] Wilde es un hombre que guarda, pese a los hábitos del mal y la desdicha, una invulnerable inocencia» (Jorge Luis Borges, *Otras inquisiciones*).

274 El coraje de ser

nos vincula esencialmente a todas las formas de vida y establece la conciencia de unidad–, y también para florecer, para desenvolver y desplegar nuestra singularidad, nuestros dones individuales y potencialidades creativas.

Cuando en nuestra vida hay genuino crecimiento, desenvolvimiento de nuestras mejores posibilidades internas, experimentamos un incremento de nuestro sentimiento íntimo de potencia, es decir, hay alegría[3] (paz, contentamiento sereno) y también «virtud». Retomo el sentido clásico y etimológico del término virtud: potencia o poder (*virtus*) actualizador,[4] es decir, capacidad para movilizar de forma fluida nuestras cualidades intrínsecas, nuestros poderes cognitivos, afectivos y creativo-volitivos en su orientación estructural hacia la verdad, la belleza y el bien. Por ejemplo, del mismo modo en que decimos que una persona es virtuosa de un instrumento porque lo toca con dominio y facilidad, una persona que posee la virtud de la prudencia es aquella que tiene facilidad para discernir el bien del mal y para actuar en consecuencia, etcétera.

En efecto, la filosofía clásica establecía una conexión directa entre la verdadera felicidad y la virtud. Avanzar en la dirección

---

3. Spinoza afirma que hay únicamente dos afectos básicos: la tristeza y la alegría. En esta acepción amplia, la alegría no equivale a la mera animación superficial, ni siquiera a la alegría psíquica; es algo más abarcador, que incluye sentimientos como la paz interior, el contentamiento, la serenidad y el amor.

4. Este es también el significado de palabra taoísta *Te*: «virtud» o «poder» (presente en el título de la obra referente del taoísmo filosófico: *Tao Te King o El libro del Camino y de la Virtud*).

de la virtud es avanzar en la senda de la bienaventuranza, y viceversa: quien es genuinamente feliz siempre promoverá en sí mismo y en los demás el bien y la virtud.

> La mejor forma de hacer buenos a los niños es hacerlos felices.
>
> OSCAR WILDE

> Únicamente la persona feliz puede tener una buena voluntad, y únicamente la persona desesperada tiene que ser también mala en el querer y en el obrar. [...] Toda dirección buena de la voluntad tiene su nacimiento en una superabundancia de sentimientos positivos del estrato [de nuestro ser] más profundo de todos.
>
> MAX SCHELER, *Ética*

En otras palabras, la satisfacción subjetiva más profunda, la verdadera felicidad, se corresponde, para los clásicos, con la posesión un bien objetivo: el bien supremo. Es decir, hay felicidad en la medida en que nos asentamos en los valores superiores (la verdad, la belleza y el bien), que son facetas del Ser, y en que nos orientamos dinámicamente hacia ellos.[5]

---

5. Como veremos en el próximo capítulo, es significativo que hoy en día se haya perdido en buena medida esta conexión entre la felicidad y la virtud: se concibe la felicidad como un estado de disfrute meramente subjetivo, no relacionado con la posesión de un bien o valor objetivo.

En consecuencia, en la medida en que el sentimiento íntimo de potencia y de contentamiento sereno son la señal de aprobación de nuestro ser, el rastro subjetivo que deja nuestro verdadero desenvolvimiento, puede constituirse como guía en el camino del vivir.

Es preciso seguir el rastro de la genuina alegría.

Ahora bien, ¿reconocemos habitualmente en la alegría serena la voz de nuestra guía profunda indicándonos el camino de nuestro desenvolvimiento? ¿Avanzamos en la dirección que nos marca la alegría?

¡Qué diferente hubiera sido la vida de muchos de nosotros si nos hubieran enseñado, desde muy pequeños, a seguir el «camino de la alegría», a escucharnos íntimamente para seguir nuestras más genuinas inclinaciones, la dirección de aquello con lo que canta nuestro corazón! Pero, aunque no hayamos recorrido este camino de forma plena en el pasado, podemos determinarnos a recorrerlo con firmeza de ahora en adelante.

2. Requisitos para recorrer el camino de la alegría

Para seguir el rastro de la alegría, es preciso satisfacer ciertas condiciones interiores. A lo largo del presente capítulo nos detendremos en las siguientes:

–Vivir a la escucha de nuestro sentir profundo.

–La autoaceptación completa: no podemos desenvolver lo que somos si no nos aceptamos.

–Dejar de buscar la aprobación externa y la conformidad para poder avanzar en nuestro propio camino, que siempre es completamente singular. Esto equivale a asumir nuestra «soledad existencial».

–Superar las falsas concepciones sobre el egoísmo y el altruismo hasta advertir que no hay dualidad entre el «egoísmo noble» y el genuino altruismo.

–Perder el miedo a nuestra luz y a nuestro poder.

La autoescucha

Seguir el rastro de la alegría solo es posible si vivimos a la escucha de nuestro sentir profundo, de nuestro saber intuitivo, de la inteligencia del corazón. Quien recorre este camino sabe en qué dirección avanzar y perseverar porque escucha su verdad íntima, cuáles son sus auténticas inclinaciones, qué es aquello que le otorga una mayor sensación de unidad y congruencia internas, más satisfacción profunda, más energía estable y serena, más armonía y apertura… Como veremos en el próximo capítulo, no hablamos de guiarnos por la alegría superficial o por la excitación pasajera y de corto alcance, sino por el contento sereno y la paz interior.

Como señalamos en nuestra reflexión sobre la fuente del criterio, no estamos desamparados existencialmente: contamos en todo momento con una guía interna, con un sentir profundo que guía nuestro proceso actualizador y que nos habla tanto a través de la alegría serena y de la paz como del sufrimiento y de la falta de paz.

La completa autoaceptación

Nuestro único deber sagrado es ser nosotros mismos, seguir el impulso que se orienta a nuestra plena singularización, seguir la dirección de la alegría, que coincide con la de nuestro más profundo querer.

En propiedad, ni siquiera se trata de ser uno mismo, sino de sencillamente ser. Pues, al sencillamente ser, y sin pretenderlo, nuestra singularidad se despliega y configura de forma genuina, con espontaneidad, sin inhibición, afectación ni pretensión. El «sencillamente ser» de la Presencia posibilita el llegar a ser uno mismo de la personalidad.

En efecto, no hay tarea más importante que la de ser uno mismo. Pero qué habituales son la tendencia a la desvalorización propia, la sensación de ser intrínsecamente insuficientes o carentes, y, paralelamente, la tendencia a compararse para medir el propio valor («No valgo»; «No valgo tanto como otros»; «No tengo nada significativo que aportar»...).

¿Cómo vamos a expresar plenamente lo que somos si estamos a disgusto con lo que somos, si no nos aceptamos? Es evidente que un requisito básico de este camino es la completa autoaceptación.

Intuiciones que fundamentan el genuino amor propio

Ahora bien, ¿cuál es el fundamento de la autoaceptación? En otras palabras, ¿dónde fundamentar nuestro valor y, consiguientemente, nuestro amor propio?

Dos intuiciones filosóficas nos permiten cimentarlo en roca sólida:

–La primera es la comprensión de que *poseemos un valor absoluto e intrínseco por el simple hecho de ser.*

Yo, tú, cada uno de nosotros, somos una manifestación sagrada de la vida. Somos una expresión del Ser, una expresión de Amor, Inteligencia y Vida que, como tal, posee un valor absoluto y sagrado.

Esta grandeza y valor intrínsecos no los perdemos nunca; tampoco en los momentos en que estamos sumidos en la mayor confusión, ignorancia o debilidad.

Pero, además, cada uno de nosotros es un punto focal de esa Vida que nos trasciende dotado de un rostro personal, completamente singular. Cada uno de nosotros es una obra de arte original y única. Sin ti, sin mí, algo faltaría en el mundo que no puede ser sustituido por nada ni por nadie.[6]

–La segunda intuición que fundamenta el amor propio y la completa autoaceptación es la comprensión de que *cada realidad tiene ya dentro de sí aquello que está llamada a expresar.*

---

6.   A menudo, la afirmación de nuestro valor incondicional como seres humanos se malinterpreta. Que seamos intrínsecamente valiosos y esencialmente completos, merecedores de aceptación y respeto incondicionales, no significa que, en el nivel existencial, no tengamos que adquirir una valía relativa en ámbitos como el de las

«Soy insuficiente», «Soy inadecuado», «Soy menos», «Soy mediocre»… Este tipo de afirmaciones, presentes en el diálogo interno de tantas personas, carecen de fundamento filosófico. Porque la Vida no se equivoca. Cada uno de nosotros ya tiene dentro de sí los dones que está llamado a expresar, y, como señalamos en su momento, también la guía interna que nos permite expresarlos.

Si la margarita se comparara con una rosa y quiere ser una rosa, se sentirá insuficiente y mediocre; pero si se limita a ser lo que es, será y se sentirá completa. Si el ciprés se compara con el manzano, puede concluir que es inferior porque no ofrece frutos tan ricos al mundo; pero el ciprés tiene en el concierto cósmico otra función, otro simbolismo, otro significado, otra belleza (por ejemplo, la que Gerardo Diego captó magistralmente en su soneto «El ciprés de Silos»).

La margarita tiene todo lo que necesita para ser una margarita; el ciprés, para ser un ciprés; la rosa, para ser una rosa; el manzano, para ser un manzano; el jazmín, para ser un jazmín…

---

relaciones amistosas o íntimas, el del trabajo, el de la reputación que adquirimos ante nosotros mismos, etcétera, mediante nuestras acciones, es decir, a través de la satisfacción de ciertas condiciones. Hay personas que pretenden ser recompensadas en estos ámbitos sin necesidad de ofrecer lo mejor de sí mismas, de esforzarse, de comportarse con integridad, etcétera. Hoy en día están muy en boga los mensajes que fomentan esta falsa autoestima apelando a nuestro valor incondicional, pero confundiendo niveles de realidad: lo absoluto (nuestro valor intrínseco e incondicional como seres humanos, que nunca perdemos) y lo relativo (nuestro valor como pareja, amigo, profesional…), lo esencial (siempre completo en sí mismo) y lo existencial (siempre en desarrollo).

Ninguna de esas manifestaciones de la vida es más o menos que otra; cada una es completa en sí misma e igualmente necesaria en el concierto cósmico.

De forma análoga, nadie es intrínsecamente inadecuado o mediocre. Nadie que es aquello que en realidad es, resulta insuficiente o mediocre. Nos comportamos con mediocridad, eso sí, cuando pretendemos ser lo que no somos o cuando no expresamos aquello que en verdad somos.

Efectos de estas comprensiones

La asimilación completa de estas dos intuiciones pone las bases del genuino amor propio y tiene efectos revolucionarios en nuestra vida:

–Un primer efecto es que adquirimos la firme disposición que cabría resumir en estas palabras: *«Quiero ser yo plenamente»*. Ya no queremos ser otro u otra. Solo entonces, cuando nos aceptamos completamente, cuando dejamos de medirnos con medidas extrínsecas, empezamos a protagonizar plenamente nuestra propia vida.

–Otra consecuencia es que se desarrolla una actitud de respeto incondicional dirigida hacia nosotros mismos. *Nos respetamos profundamente*. Este respeto tiene un reflejo muy claro en nuestro diálogo interno, en el que desaparece la autocrítica culpabilizadora y la desvalorización. Quien conoce la belleza incondicional de su ser, inalterable a pesar de nuestras limitaciones humanas, no puede faltarse el respeto a sí mismo.

–Un tercer efecto es que *dejamos de compararnos*. Porque

nos respetamos y nos aceptamos, no nos comparamos. Con la palabra comparación no aludo, en este contexto, a lo que el castellano expresa en el término «emulación»: sentirnos inspirados por personas que han desarrollado cualidades o aspectos que nosotros no hemos desenvuelto en el mismo grado, sentirnos movilizados para desarrollarlos en nosotros. Me refiero a la comparación en la que miramos al otro con el objetivo de medir nuestra propia adecuación o valía intrínsecas, entristeciéndonos cuando nos percibimos por debajo (y, por momentos, envaneciéndonos cuando nos percibimos por encima). Este tipo de comparación es una falta de autorrespeto, un acto de autorrechazo. Cuando se establece en nosotros como un patrón habitual, es una suerte de suicidio moral, de «suicidio ontológico», porque significa que no queremos ser quienes somos, que queremos ser otro u otra.

Cuando aspiramos a ser nosotros mismos, no perdemos ni un instante comparándonos con los demás, fantaseando con ser diferentes o con vivir vidas posibles que no son la nuestra. Tampoco estamos pendientes de las vidas ajenas. Los cotilleos carecen por completo de interés para quien está protagonizando su propia vida; no solo no le interesan, tampoco tiene tiempo para atenderlos porque está demasiado ocupado viviendo su vida.

Las intuiciones mencionadas, decíamos, ponen las bases de la aceptación y del amor propios. Hay mucha literatura de autoayuda en que se habla de la autoaceptación en términos muy diferentes a los expuestos, como si se tratara de decirse lo estupendo y maravilloso que es uno. Pero lo cierto es que, si alguien necesita decírselo una y otra vez, es porque en el fondo no se lo cree. Por otra parte, en este tipo de mensajes ya se ha introducido un elemento comparativo (relativo a ser mucho o poco, más o menos). Como tuvimos ocasión de explicar, un signo del amor propio, de la aceptación propia, es un estado de transparencia, de silencio del yo, en el que no hay un diálogo interno en el que nos decimos que somos mediocres, pero tampoco que somos estupendos. Sencillamente, somos con libertad y fluidez; coincidimos por completo con nosotros mismos. Cuando hay plena autoaceptación, la personalidad se silencia, se vuelve transparente. Como señalamos entonces, al igual que un signo de salud física es el silencio del cuerpo, una señal de salud anímica es el silencio de la personalidad.

Abandonar la búsqueda de aprobación.
Asumir nuestra «soledad existencial»

Además de la autoescucha y de la completa autoaceptación, un tercer requisito para recorrer el camino de la alegría es el de abandonar la búsqueda de aprobación y de conformidad. Solo entonces podemos avanzar en la senda de nuestra propia singularización.

La voz que habla en lo profundo nos habla a cada uno en nuestra estricta intimidad. Nadie puede escuchar la guía interna de otro ser humano. Por lo tanto, nadie nos puede suplir en nuestro camino vital; este es siempre completamente individual.

Solo cada cual puede configurar creativamente su propia vida y solo cada cual es responsable de su realización y felicidad.

Asumir esto último equivale a asumir nuestra «soledad existencial», esto es, que nadie puede protagonizar nuestra vida por nosotros ni tomar por nosotros las decisiones que la conforman. En este nivel, estamos indefectiblemente solos.[7]

Hay una gran diferencia entre el nivel de conciencia de la persona que ha asumido su soledad existencial y el de quien no la ha asumido. Hace muchos años me invitaron a impartir una charla sobre el «liderazgo», un término por entonces muy en boga. No simpatizaba con el uso que se solía dar a esa palabra, muy vinculado al éxito en el mundo empresarial y social. Como expresé entonces, considero que una característica del verdadero líder es que no tiene ningún afán de serlo; se constituye como tal sin pretenderlo, por sus cualidades o por su grado de desarrollo en un determinado ámbito. Otra característica es que ha asumido su soledad existencial. Tiene, por ello, una singularidad, una densidad individual, un carisma, una independencia interior, que lo dota de la cualidad del

---

7. Como menciono en la nota 5 del capítulo I: «La soledad existencial así entendida en absoluto equivale al aislamiento existencial». Es más, sin asumir nuestra soledad existencial no podemos acceder al estado de Presencia en el que se establece la conciencia de unidad. Como afirma Simone Weil en su libro *La persona y lo sagrado*: «El tránsito a lo impersonal no se consigue sino por medio de una atención de una rara cualidad y que solo es posible en soledad. No solamente soledad de hecho, sino soledad moral. Jamás se verifica en quien se considera a sí mismo como miembro de una colectividad, como parte de un "nosotros"».

liderazgo. En cambio, las personas que no han asumido su soledad existencial se hallan, de algún modo, desdibujadas, no tienen personalidades atractivas ni consistentes, pues están a la espera de que el exterior les otorgue orientación, aprobación, reconocimiento de su valía y un sentido de identidad.

Por lo tanto, cuidado con buscar aprobación y conformidad; cuidado con buscar ser aceptados por nuestro entorno en lugar de aspirar a ser auténticos y, en consecuencia, felices; cuidado con querer parecer personas «adecuadas» o «buenas» ante los demás, porque esto obstaculiza la genuina bondad, esa bondad no pretendida que es una cualidad intrínseca a nuestro ser; cuidado con querer resultar «especiales» o «interesantes» ante la mirada ajena, pues esto es señal de que no nos sentimos únicos ni genuinos porque no estamos conectados con nuestra verdadera singularidad.

El camino de la singularización (al que Carl Jung denominaba «proceso de individuación») solo es posible si abandonamos la búsqueda de aprobación, si somos libres con respecto a las expectativas del entorno familiar, grupal o social. Solo entonces podremos avanzar en un camino propio; porque –insistimos– todo camino auténtico siempre es un camino completamente singular.

Esta idea también se puede trasladar al ámbito de la espiritualidad. Cualquier camino espiritual auténtico es siempre un camino singular, algo que con frecuencia pasan por alto las vertientes más dogmáticas y rígidas de las religiones, que tienden a reprimir el criterio individual y a imponer caminos estandarizados.

Las personas que acuden a las consultas de asesoramiento filosófico a veces preguntan: «¿Qué tengo que hacer en esta situación? ¿Qué sería lo correcto?». Y en ocasiones experimentan cierta decepción inicial porque, salvando el principio general de no dañar (el límite de nuestra conducta siempre es el respeto a la libertad e integridad de los demás), no reciben respuestas, sino preguntas. Y es que no hay reglas generales ni recetas. Lo que es necesario y enriquecedor en un momento dado en la vida de una persona puede no serlo en otro momento. Y lo que puede ser bueno para alguien puede no serlo para otro en una situación análoga.

> La personalidad es algo muy misterioso. Un ser humano no puede ser siempre valorado por lo que hace. Una persona puede observar las leyes y, sin embargo, carecer por completo de calidad interior. Puede transgredir la ley y, sin embargo, ser buena. Puede ser mala, sin haber hecho nunca algo malo. Puede cometer un pecado contra la sociedad y, sin embargo, realizar a través de ese pecado su verdadera perfección.
>
> OSCAR WILDE, *El alma del ser humano bajo el socialismo*

Superar las falsas concepciones sobre el egoísmo y el altruismo

Un cuarto requisito para avanzar en el camino de la alegría es el abandono de nuestras concepciones erradas sobre la naturaleza del egoísmo y del altruismo.

Pero antes de proseguir con nuestra reflexión, os invito a

responder interiormente a las siguientes preguntas en unos pocos segundos:

¿Qué entiendo por egoísmo? ¿Qué es una persona egoísta?
   ¿Qué entiendo por altruismo? ¿Qué entiendo por bondad o por una persona buena?

Si registramos lo primero que nos viene a la mente, tomaremos conciencia de los significados que de forma automática asociamos a estas nociones, es decir, de nuestras creencias operativas al respecto.

El egoísmo noble

> Vivir como queramos realmente vivir no es un lujo ni un capricho; es nuestra más elevada tarea. Y no es una consigna fácil, como podría parecer a la mirada superficial, pues requiere un grado de sinceridad, coraje y libertad con respecto a la aprobación ajena y a las expectativas el yo-ideal que no suelen ser habituales. ¿Egoísmo? Sí, pero «egoísmo noble», en expresión de Aristóteles.
>
> Mónica Cavallé, *El arte de ser*

¿A qué se refiere Aristóteles con la expresión «egoísmo noble»? De entrada, el filósofo ya nos da a entender con ella que existe un egoísmo sano y un egoísmo insano. De cara a ilustrar esta diferencia, se hace la siguiente pregunta en el capítulo VIII de en una de sus obras fundamentales, la *Ética a Nicómaco:*

288 El coraje de ser

Se suele plantear como problema si hay que amarse a sí mismo más que a otro cualquiera. Se suele censurar a los que se aman a sí mismos más que a nadie, y se les llama «egoístas» en la idea de que están en una actitud vergonzosa. También parece que la persona mala todo lo hace en interés propio –y tanto más cuanto más perversa es (le suelen echar en cara cosas como que nunca obra al margen de su interés)–; la buena, en cambio, obra por el bien y por el interés de su amigo, descuidando el suyo propio.

Sin embargo, la realidad está en desacuerdo con estos argumentos. Se dice, en efecto, que hay que amar más a quien es más amigo [...], pero uno es el mejor amigo de sí mismo, por lo que hay que amarse ante todo a uno mismo.

[...] podría decirse que el ser humano de bien es el más egoísta de todos [...] porque se adjudica las cosas más bellas y mejores, porque goza de la parte más elevada de su ser, amando por encima de todo el principio soberano que lo constituye esencialmente y obedeciendo dócilmente a sus órdenes.

[...] de modo que la persona buena debe ser egoísta, porque, siéndolo, se beneficiará personalmente y beneficiará a los demás.

Aristóteles califica este egoísmo de noble para diferenciarlo de lo que denomina «egoísmo vulgar», el propio de las personas a las que mueven las pasiones y que, al buscar su interés propio, lo que consideran su bien, se hacen daño a sí mismas y dañan a otros porque desconocen cuál es la naturaleza de su verdadero bien.

No hay nada inconveniente, por tanto, en la búsqueda del propio bien; de hecho, a ello nos insta ineludiblemente *el conatus* que nos constituye. La cuestión radica en dónde estamos cifrando el propio bien: si en lo que es bueno para nuestro yo real o en lo que alimenta nuestro yo superficial.

El «egoísmo noble» es el amor propio del sabio, el de la persona que comprende que en ella habita una chispa de la Inteligencia cósmica, un principio soberano –el Principio rector–, y lo ama, lo respeta por encima de todo y lo obedece. Es el amor propio de quien honra sus propias inclinaciones, su querer y su sentir profundos, los que permiten el despliegue de sus mejores potencialidades; el de quien comprende que ser lo que somos y expresarlo, vivir la vida que queremos realmente vivir (en la medida en que esté en nuestra mano), no solo es un derecho, sino nuestro más elevado deber. Es el amor propio de la persona completamente responsable de sí misma, que sabe que nadie la puede suplir en su autorrealización y en la realización de su tarea particular, que nadie sino ella es responsable de su felicidad (no carga a nadie con esa responsabilidad, del mismo modo que ella tampoco se hace cargo de la felicidad de nadie, aunque contribuya alegremente a la felicidad de otros); el de quien, puesto que satisface estos requisitos, de forma espontánea y sin pretenderlo, da mucho a los demás.

«El bien es difusivo», afirmaba Tomás de Aquino retomando una intuición clásica. Quien tiene mucha riqueza interior porque su ser es grande rebosa de eso que tiene. Una persona así necesariamente aporta valor a la vida de los demás; irradia una atmósfera que inspira y favorece el crecimiento y la felicidad de los otros; es un árbol que da frutos, y estos frutos alimentan, enriquecen y embellecen el mundo.

La persona interiormente rica siempre da, pero sin pretensión alguna, sin asumir el papel de «dadora». Como vimos en el capítulo octavo, el compartir de esta persona no va a acompañado del pensamiento «Yo estoy dando» (recordemos el «dar que no sabe que da»). Es un compartir natural, alegre, en el que no hay ningún tipo de abnegación ni de sacrificio; nadie se está sacrificando en beneficio de nadie.

Y cuando se da sin autosacrificio y con alegría, y el otro recibe con alegría, se supera el falso dilema entre el egoísmo y el altruismo.

El egoísta noble se beneficia a sí mismo y, por este motivo, beneficia a los demás.

El egoísmo vulgar es estéril. Quien es egoísta de este modo, ni se beneficia a sí mismo (porque desconoce dónde radica su verdadero bien e interés propio) ni tampoco beneficia a los demás.

El verdadero significado del término «altruismo»

Si buscamos en el diccionario el significado de la palabra «altruismo», encontraremos definiciones como las siguientes: «Diligencia en procurar el bien ajeno aun a costa del propio»; «Virtud moral que consiste en el sacrificio espontáneo o por medio de la voluntad de los propios intereses, deseos e incluso de la misma vida en favor de otros o de todos»; «Abnegación»; etcétera.

Una errada interpretación de estas definiciones puede pasar por alto un principio ético elemental, implícito en lo que venimos explicando, y que se deriva de nuestra dignidad intrínseca y de nuestro valor absoluto:

Cada persona es un fin en sí misma. Nadie es un medio para los fines de otros.

Sorprende que, hasta hace muy poco, desde una perspectiva histórica, en los países más desarrollados haya habido esclavos: personas que, a veces desde su mismo nacimiento, eran consideradas medios para los fines e intereses de otras personas. Hoy en día no concebimos esta subordinación, pero, de alguna manera, nos volvemos esclavos en un sentido interno cuando creemos que los fines y necesidades de los demás son más importantes que los propios y nos «sacrificamos» por ellos.

Nadie ha de sacrificarse por nadie. Nadie ha de subordinarse a nadie. Entre las personas adultas, las relaciones sanas son las relaciones equitativas y de cooperación, no las de subordinación. Por cierto, la sana vocación de servicio no es una forma de subordinación para quien está activamente comprometido con su propia potenciación, pues una persona así experimenta una profunda alegría al ser testigo del florecimiento de los demás y al promoverlo.

Pero, del mismo modo que no se nos ha solido educar para seguir la dirección de la alegría, a menudo se nos ha inculcado un altruismo mal entendido que elogia el sacrificio y la autorrenuncia. En efecto, frecuentemente se confunde la bondad con el hecho de priorizar a los demás sobre uno mismo.

Pareciera que los valores éticos radicaran solo en el hecho de vivir orientados a los demás. Se olvida una dimensión decisiva de la ética: el correcto amor propio o lo que Kant denominaba los «deberes para con uno mismo».[8]

Muy en particular, cuánto se ha condicionado –y, en ocasiones, manipulado– a las mujeres con un falso ideal de bondad que elogia la autonegación, como si esta última fuera indisociable de la orientación al cuidado de los otros. Quizá este condicionamiento explique parcialmente por qué la depresión es más frecuente entre las mujeres que entre los hombres: es imposible dar más importancia a las necesidades de los demás que a las propias y ser feliz.

Esta errada concepción del altruismo se sostiene, entre otras, en la creencia de que el bien propio y el bien del otro están en conflicto, de que hay un dilema entre ambos: el egoísta piensa en su bien y el altruista en el bien de los demás. Pero entre el egoísmo noble y el genuino altruismo no hay dilema alguno. Nuestro verdadero bien siempre redunda en el bien de los demás. Lo que es bueno para mi yo real siempre es bueno para el yo real del otro, y viceversa.

Los bienes superiores, decíamos, son compartibles y difusivos. Los conflictos de intereses solo se dan en el plano del yo superficial. Si quiero ser el número uno, habrá competencia y, por lo tanto, conflicto; si quiero el trozo de tarta más grande o

---

8. *Cfr*. Immanuel Kant, *La metafísica de las costumbres*, segunda parte.

si quiero fama y honores, habrá conflicto; si quiero demostrar que tengo razón a toda costa, también habrá conflicto... Pero estas son falsas necesidades del yo superficial, en ningún caso son necesidades y bienes de nuestro yo real.

En otras palabras, los conflictos aparecen cuando busco el bien propio sin saber quién soy y, por lo tanto, sin conocer cuál es mi verdadero bien, es decir, cuando busco lo que considero mi bien desde la conciencia de separatividad.

La conciencia de unidad se establece, no priorizando al otro por encima de mí, no dirigiéndome al otro pasándome a mí por alto, sino yendo desde mí al otro. Centrándome en mí de una forma sabia siempre llego a los demás porque no estamos separados.

Por lo tanto, podemos descansar en la convicción íntima de que, cuando escuchamos la voz de lo profundo y seguimos nuestro camino, estamos poniendo los medios para dar al mundo nuestros mejores frutos; y de que es así, por más que, de entrada, no siempre parezca obvio. Por ejemplo, el creador que se aísla temporalmente para realizar su obra puede parecer egoísta, pero está poniendo las condiciones para sacar lo que lleva dentro y ofrecer su mejor aportación. No siempre resulta obvio, además, porque abundan los espejos distorsionantes: las personas propensas a decirnos que estamos siendo «egoístas» cuando avanzamos por nuestro camino sin atender a sus reclamos o a los imperativos del grupo. Ciertamente, este camino requiere valentía y mucha independencia interior.

Cuando nos responsabilizamos completamente de nosotros

mismos –sabiendo quiénes somos, es decir, cifrando nuestra identidad y nuestro bien en el lugar correcto–, todo lo demás vendrá por añadidura, incluido el sano altruismo. Porque, insistimos, el dilema entre nuestro bien y el bien del otro es ilusorio.

El altruismo mal entendido

Cuando incurrimos en el falso altruismo, dejamos de tener nuestro eje de gravedad en nosotros mismos y lo ubicamos fuera, lo que nos vuelve personas desdibujadas, sin algo sólido y genuino que aportar. Aunque nos llenemos la boca con palabras como «dar» y «los demás», no tendremos nada realmente consistente para dar si antes no ha habido un proceso de singularización.

Nos volvemos, además, dependientes. Cuando nos pasamos por alto para ir hacia el otro, nos vaciamos de nosotros mismos. Necesitamos, entonces, que se reconozca nuestro sacrificio, pues así alimentamos un «yo-ideal bueno» con el que intentar llenar nuestro vacío. Nos seguimos volcando en el otro para que nos proporcione la identidad y el valor de los que nos hemos desconectado, el autorrespeto perdido.

Detrás del falso altruismo hay «minoría de edad»: miedo a responsabilizarse de uno mismo, de la propia vida, vocación, realización y felicidad.

Hay, además, exigencias ocultas: si creo que amar es pasarme por alto y sacrificarme por el otro, creeré que el otro también ha de sacrificarse por mí si me ama, que ha de renunciar a su interés y pasarse por alto. No es extraño que tantas personas tengan miedo al amor: lo asocian a un estado de esclavitud, de mutua sumisión.

La persona que practica este tipo de altruismo no puede ofrecer un amor genuino. Quien no se respeta a sí mismo, su propia integridad y autonomía, tampoco respetará la integridad y autonomía del otro; no lo amará de una forma sabia. Quien no se ama a sí mismo no sabe ni puede amar bien, aunque esto lo compense con mucha efusividad sentimental. Paradójicamente, un «yo-ideal amoroso y dador» en ocasiones oculta un déficit en la capacidad de amar.

Por último, una característica de estas personas es que lo que más les puede alterar es que las llamen «egoístas».

El egoísmo vulgar

Cuando habitualmente hablamos de egoísmo, no solemos referirnos al egoísmo noble, sino a lo que Aristóteles denomina «egoísmo vulgar», el vinculado a la conciencia de separatividad.

Ahora bien, si el egoísmo vulgar no equivale, en ningún caso, a querer lo mejor para sí, ni a procurarse la vida que uno quiere realmente vivir, ¿cuál es su naturaleza? Como respuesta a esta pregunta, aporto la descripción que de este tipo de egoísmo ofrece Oscar Wilde en su obra *El alma del ser humano bajo el socialismo*:

> [...] se llama egoísta a un ser humano si vive en la forma que él cree más conveniente para la completa realización de su

personalidad, cuando en realidad el principal objetivo de su vida es su propio desarrollo. De hecho, esta es la forma en que cada uno debiera vivir.

El egoísmo no consiste en vivir como uno quiere vivir, sino en pedir a los demás que vivan como uno desea vivir. La falta de egoísmo es la no interferencia en la vida de los demás. El egoísmo siempre tiende a crear alrededor suyo una absoluta uniformidad de tipos. La ausencia de egoísmo reconoce a la variedad infinita de tipos como algo encantador, la acepta, la aprueba y la disfruta.

No es egoísta pensar por uno mismo. La persona que no piensa por sí misma sencillamente no piensa. Pero es burdamente egoísta exigir que el vecino piense de la misma forma y tenga las mismas opiniones que uno. ¿Por qué iba a hacerlo? Si puede pensar por sí mismo, probablemente pensará de forma diferente. Y si no puede pensar, es abusivo pedirle algún tipo de pensamiento.

Una rosa roja no es egoísta por querer ser una rosa roja, sería horriblemente egoísta si quisiera que las demás flores del jardín fueran rojas y rosas. […] el ególatra es aquel que tiene exigencias sobre los demás, y el individualista no deseará eso. No le brindará placer. Cuando el ser humano haya comprendido el individualismo,[9] comprenderá también lo que es la simpatía

---

9.   Una expresión con la que Wilde alude, de algún modo, a lo que Aristóteles denomina «egoísmo noble» o superior, el que promueve la propia singularización.

El egoísmo noble **297**

y la ejercerá libre y espontáneamente. Hasta el presente, el ser humano apenas ha podido cultivar la simpatía. Ha sentido simpatía solamente por el dolor, y la simpatía por el dolor no es la forma más elevada de simpatía. Toda simpatía es bella, pero la simpatía por el sufrimiento es la menos bella. Está matizada de egolatría. Puede llegar a ser morbosa. Existe en ella un cierto elemento de terror por nuestra propia seguridad. Es el miedo de ser nosotros mismos el leproso o el ciego, y que a nadie le importe. De este modo, el concepto resulta curiosamente restrictivo. Uno debiera simpatizar con la vida en su totalidad, no solamente con los dolores y las enfermedades, sino con las alegrías, la belleza, la energía, la salud y la libertad de la vida. La simpatía considerada con amplitud es por supuesto la más difícil. Requiere más generosidad. Cualquiera puede simpatizar con los sufrimientos de un amigo, pero se requiere una naturaleza muy bella –se requiere en realidad la naturaleza de un verdadero individualista– para simpatizar con el éxito de un amigo.

Siempre habrá, por supuesto, simpatía hacia el dolor. Es uno de los primeros instintos del ser humano. Los animales que son individuales, es decir, aquellos más evolucionados, la comparten con nosotros. Pero debe recordarse que, si bien la simpatía por la alegría intensifica la suma de alegría en el mundo, la simpatía por el dolor no disminuye realmente la cantidad de dolor. Puede capacitarnos para soportar el mal, pero el mal persiste. La simpatía por la tuberculosis no cura la tuberculosis, eso lo hace la ciencia. Y cuando […] se haya resuelto el problema de la pobreza, y la ciencia haya resuelto el problema de la enfermedad, el campo de los sentimentalistas habrá disminuido y la simpatía del ser humano será amplia, sana y espontánea. *La persona encontrará felicidad en la contemplación de la felicidad de los demás.*

En efecto, la naturaleza del verdadero altruismo, el que es indisociable del egoísmo noble, radica en *encontrar felicidad en la contemplación de la felicidad de los demás*; en experimentar, de una forma sentida, que el bien propio y el bien de los demás no están separados.

Superar el miedo a nuestra luz y a nuestro poder

El quinto requisito para avanzar en el camino de la alegría es el de superar el miedo a nuestra luz y a nuestro poder. Ahondaremos en este requisito en la segunda parte del próximo capítulo.

XI. El miedo a la propia luz

Este capítulo tiene dos partes claramente diferenciadas que nos permiten profundizar en lo expuesto en el capítulo anterior.

En la primera parte se matiza que, si bien, como acabamos de indicar, hay alegría cuando la vida se siente incrementada, es necesario jerarquizar adecuadamente las distintas modalidades de alegría, pues no todas ellas tienen la misma profundidad. Esto resulta posible a la luz de la estructura trina del ser humano: cuerpo, psique y espíritu. No hay que confundir la alegría corporal con la alegría anímica, ni esta última con la alegría espiritual. Solo la alegría espiritual puede proporcionar una satisfacción profunda y permanente. Y, aunque todas las alegrías son buenas, en ocasiones es preciso sacrificar un bien y una alegría menores para poder encarnar un bien y una alegría mayores.

En la segunda parte se profundiza en uno de los

> requisitos del camino de la alegría mencionados en el anterior capítulo: superar el miedo a nuestra luz y a nuestro poder.
>
> Se enumeran y describen algunos patrones limitados que reflejan ese temor y que dificultan el reconocimiento de nuestra grandeza intrínseca y la expresión plena de nuestros dones y cualidades. ·
>
> Por último, se propone un ejercicio que nos invita a reconocer nuestras principales cualidades y a tomar conciencia de cuál es nuestra relación con ellas.

«El más grande servicio que cualquier ser humano puede hacer a sus hermanos es alzarse a lo más elevado de su propio ser» (Henry David Thoreau). En otras palabras, el mejor servicio que podemos hacer a los demás es *ser* más.

Es propio de la Vida –decíamos– querer vivir, buscar más vida, una vida más plena. Todo tiende al incremento vital, al desarrollo. En el ser humano, este incremento vital tiene un reflejo subjetivo: la alegría; y la alegría en todos los niveles: corporal, psíquico o anímico (mental-afectivo) y espiritual. Hay alegría cuando la vida se siente incrementada.

A su vez, allí donde hay una potencialidad que quiere desplegarse a través de nosotros, una posibilidad latente pulsando por manifestarse, la experimentamos subjetivamente como deseo, anhelo o aspiración. Es la misma fuerza de la Vida en su anhelo de expresión lo que sentimos como aspiración o querer.

Todo lo que incrementa la vida y todo lo que actualiza al ser humano en cualquiera de sus dimensiones es bueno. Esta afirmación debería resultar una obviedad si no fuera porque, a menudo, hemos sido mal educados en lo que Spinoza denomina las «supersticiones tristes que prohíben la alegría». Hemos asumido sistemas de creencias que, de alguna manera, han invertido los valores (como afirmaba Friedrich Nietzsche), de modo que el empequeñecimiento propio se ha revestido de virtud. Por ejemplo, algunas formas inmaduras de religiosidad, en la medida en que han demonizado el deseo, han sido contrarias a la naturaleza de la vida, a la que le es propio buscar siempre su incremento.

Recientemente, dialogaba en una consulta filosófica con una mujer muy religiosa acerca de sus creencias latentes sobre Dios. Afloraron, entre otras, las siguientes: «Es un señor (un varón) severo, que ama a los que se empequeñecen, se humillan y se sacrifican; que quiere que renunciemos al placer; que quiere que las mujeres que más le aman permanezcan calladas, que no ocupen los primeros puestos y que renuncien a los signos externos de feminidad; que tiene predilección por los pobres; que, a quienes más ama, les envía dolores y sufrimientos; etcétera». Intelectualmente, esta mujer en ningún caso aceptaba esas creencias, algunas de ellas asumidas desde la infancia, pero reconocía, con sorpresa, que operaban en ella con fuerza en un nivel emocional. Este es un ejemplo del tipo de creencias erradas que nos hacen percibir que la dirección del desarrollo espiritual y del crecimiento en bondad no coincide con la dirección del incremento vital.

Leía recientemente estas palabras de Teresa de Calcuta: «Sufrir es participar en la Pasión de Jesucristo. En cierta ocasión me encontraba junto al lecho de una mujer enferma de cáncer y la animaba y consolaba diciendo que ese dolor era un beso de Jesús».[1] Cabrían dos lecturas posibles de esas palabras: una interpretación según la cual, cuando el dolor físico inevitable es serenamente aceptado, se nos revela la libertad y la potencia de nuestra dimensión espiritual;[2] y otra interpretación en clave «dolorista» –el dolorismo, dijimos,[3] es la actitud religiosa que exalta el dolor, lo busca de forma positiva y se complace en él, como si tuviera en sí mismo valor moral o espiritual–. Esta última interpretación claramente contrasta con las siguientes palabras de Spinoza: «Solo una divinidad hostil podría alegrarse de mi debilidad y de mi sufrimiento y honrar la virtud de mis lágrimas»; o con estas palabras del Evangelio: «Yo he venido para que todos tengan Vida, y la tengan en abundancia» (Juan 10, 10).

La Vida es pura autoexpresión creativa. La Inteligencia que la rige se orienta siempre a nuestra plena autoexpresión en todos los niveles, es decir, a nuestra plenitud y felicidad.

1. Entrevista publicada en el *ABC* del 21 de agosto de 1989.
2. Una dimensión espiritual que, como veremos a continuación, es la sede de la felicidad más profunda e incondicional, de la «bienaventuranza».
3. Véase capítulo VII, nota 2 de este libro.

En este punto, alguien podría objetar que, mientras no estemos plenamente instalados en la conciencia de unidad, si seguimos el camino de la alegría buscaremos incremento vital y alegría meramente para nosotros y existirá el peligro de que incurramos en la codicia y en tantas otras actitudes destructivas de la convivencia. Y, en efecto, es posible que alguien sumergido en la conciencia de separatividad distorsione el significado de la invitación a seguir la guía de la alegría, que le sirva para justificar su hedonismo y sus anhelos de poder personal, que confunda los caprichos de su yo superficial con las inclinaciones de su yo profundo. Pero, para quien no está entumecido espiritualmente, es solo cuando se sigue de modo consciente el camino de alegría, y cuando este se integra en el camino más amplio del autoconocimiento, cuando se descubre experiencialmente –con íntima certeza y no como un mero mandato moral– que en la codicia no hay alegría genuina, profunda y permanente.

1. Jerarquía de las alegrías

En principio, ¿qué facilita más nuestro incremento vital: la pobreza o la prosperidad materiales? Parece evidente que la solvencia económica es más favorecedora de nuestro desenvolvimiento: nos permite tener la tranquilidad y la libertad necesarias para volcarnos en lo realmente importante y dedicarnos a lo que más amamos, apoyar materialmente causas en las que creemos, disponer de medios para viajar, aprender y cultivar nuestro espíritu, poseer cosas bellas que dignifican y ennoblecen la vida, mantener una familia y proveerla, etcétera. Pero, a su vez, seguro que nos vienen a la mente ejemplos de personas que han involucionado moral y espiritualmente al haber cifrado en el éxito material su máximo bien y su principal valor.

El placer es bueno; es la alegría del cuerpo. Sin margen para el placer en nuestra vida, enfermamos física y anímicamente. Pero también es cierto que hay personas que se han degradado en la búsqueda del placer tras convertirlo en su más elevado objetivo.

Estos ejemplos –y muchos otros que podríamos traer a colación– nos demuestran que es necesario complementar la reflexión del capítulo anterior, la invitación a seguir el camino de la alegría, con otra que clarifique cómo jerarquizar adecuadamente nuestros bienes (lo que consideramos bueno porque incrementa la vida), nuestros valores, y las distintas modalidades de alegría.

A este respecto, nos puede aportar luz la estructura trina del ser humano (cuerpo, psique, espíritu), reconocida unánimemente por las filosofías sapienciales. En efecto, en el ser humano podemos reconocer tres dimensiones indisociables pero jerarquizadas entre sí: la dimensión somática, la dimensión anímica o psíquica y, por último, la dimensión espiritual, jerárquicamente superior a las anteriores e independiente de ellas.[4]

---

4.   *Cfr.* Mónica Cavallé, «La estructura trina del ser humano», *El arte de ser*, capítulo IV.

Hay alegría, decíamos, cuando la vida se siente incrementada –por lo tanto, hay tristeza e impotencia cuando la vida se siente inhibida–. A su vez, el incremento vital se puede experimentar en el nivel somático, anímico o espiritual.

La alegría en el nivel somático equivale a los placeres meramente corporales, así como a la sensación de potencia, salud y vitalidad.

Las alegrías anímicas o psíquicas se corresponden con todo el ámbito de las alegrías y sentimientos positivos que experimentamos cuando sentimos que estamos creciendo interiormente, cuando hay incremento en nuestra vida en el ámbito mental, afectivo y creativo.

La alegría espiritual, por último, es el contento íntimo y la paz interior que no dependen de los vaivenes del destino (pues, como afirmábamos en el capítulo pasado, constituyen nuestra naturaleza profunda y están siempre presentes en un estado atemporal). Equivale a lo que los clásicos denominaban «bienaventuranza».

El placer y la vitalidad indican vida incrementada en el nivel orgánico. A su vez, los sentimientos anímicos y espirituales indican que la vida se siente potenciada, o bien inhibida, no en su dimensión estrictamente orgánica, sino en lo relativo al perfeccionamiento o degradación de nuestra persona, en nuestra dimensión anímica, moral y espiritual.

La estratificación de los sentimientos y de los valores

Max Scheler, un filósofo alemán que desarrolló su obra en el primer tercio del siglo xx, afirma, en esta línea de reflexión, que cabe reconocer sentimientos que son más profundos que otros. En otras palabras, existen estratos en el plano del sentir: el *sensible*, el *corporal y vital*, el *puramente anímico* y el *espiritual*.[5]

A su vez, estos estratos del sentir se corresponden con una jerarquía de valores, pues cada estrato del sentir da acceso a un determinado tipo de valor. «Los valores son fenómenos que se sienten claramente» (Scheler, *Ética*);[6] no es la mente pensante la que capta los valores, sino la sensibilidad, una intuición sentida, la inteligencia del corazón, tan rigurosa y exacta en su ámbito como la lógica deductiva lo es en el suyo. Según Scheler, en un estrato inferior nos encontramos con los valores hedónicos: lo agradable frente a lo desagradable; por encima se hallan los valores corporales y vitales: lo «noble» entendido como potencia y plenitud vitales; en un nivel supe-

---

5. Según Scheler, hay sentimientos puramente sensitivos (placer o displacer, voluptuosidad...), sentimientos corporales y vitales (sentimiento de salud o de enfermedad, bienestar o malestar, frescura o agotamiento, aversión o simpatía, atracción sexual...), sentimientos anímicos (alegría, tristeza, melancolía...) y sentimientos espirituales (beatitud, paz del alma, desesperación profunda...).

6. Según el filósofo, frente a los sentimientos ciegos, hay «sentimientos intencionales», esto es, que captan aspectos de la realidad. A su vez, entre estos últimos hay un tipo de sentimientos que son los «sentimientos de valor», es decir, que captan los valores.

rior se encuentran los valores espirituales (percibidos por los sentimientos anímicos): la verdad, la belleza y la justicia; y, por último, en el estrato superior de los valores espirituales, se sitúa el valor de lo sagrado, que se experimenta en el éxtasis, la adoración o la veneración.

Considera Scheler que esta estratificación de los sentimientos (y, paralelamente, de los valores) se verifica de forma directa en nuestra propia experiencia. Y, en efecto, la experiencia fenomenológica evidencia esta coexistencia de niveles. Por ejemplo, una persona puede sentir un dolor corporal y tener felicidad espiritual. Puede disfrutar del placer de una buena comida y, a su vez, estar desesperado y sentirse profundamente vacío espiritualmente. Puede estar pasando por una pérdida muy dolorosa (económica, afectiva...) y tener paz interior. Puede estar hundido en el cinismo y reír mucho. Y puede llorar y, a la vez, experimentar una profunda serenidad.

Si lloro por la pérdida de algo o de alguien amado, pero tengo una profunda paz espiritual, ¿estoy triste o no lo estoy?

Este tipo de experiencias confirman la mencionada estructura trina del ser humano, pues revelan la coexistencia de sentimientos que, para la mirada superficial, parecerían contrarios y mutuamente excluyentes, pero que no lo son puesto que pertenecen a estratos distintos de nuestro ser.

Por lo tanto, existe una jerarquía de los valores y también una jerarquía de los sentimientos que captan valores. Unos valores son más elevados que otros, unos sentimientos son más profundos que otros (cuanto más elevado es el valor, más profundo es el sentimiento correspondiente).

Scheler nos aporta unos criterios que nos permiten establecer esta jerarquía:

–Los sentimientos que nos dan noticia de los valores superiores son duraderos. Por ejemplo, el amor, cuando es el estado propio de quien se ha establecido en la conciencia de unidad, no es un sentimiento pasajero; en cambio, el mero placer sí lo es.

–Los bienes inferiores son divisibles y generan conflictos de intereses, por ejemplo, cuando uno siente que recibe menos que otro en el reparto de bienes materiales. Los valores superiores, en cambio, *no son divisibles*, por lo tanto, todos pueden participar plenamente de ellos y alegrarse con ellos.

–Los valores superiores *fundamentan* a los inferiores. Por ejemplo, podemos renunciar a un placer si eso va a favor de nuestra salud corporal, y, a su vez, podemos arriesgar nuestra integridad física en nombre de la verdad o de la justicia (porque los valores espirituales son superiores a los valores vitales, de modo que lo espiritual fundamenta lo vital).

–Por tanto, los valores inferiores son *relativos* a los superiores, pero no a la inversa.

–Por último, los sentimientos que captan los valores superiores producen una *satisfacción* más plena y profunda, una vivencia mayor de cumplimiento.

Esto explica por qué, cuando nos sentimos plenos porque estamos asentados en nuestro centro espiritual, disfrutamos mucho de los pequeños placeres de la vida; en cambio, cuando estamos espiritualmente vacíos porque no estamos proactivamente orientados a los valores más elevados, a menudo los placeres menores dejan paso a una sensación de hastío e insatisfacción (pues esperamos, al menos inconscientemente, que llenen un vacío interno que nunca podrán colmar).

Por cierto, de esto último se deduce que el apego desordenado al placer no se deriva del atractivo de los placeres mismos (como piensa el moralista), sino del vacío espiritual. Acudiendo a nuestra terminología, la búsqueda desordenada del placer es siempre un intento de llenar un vacío de alegría de ser. Como este intento es infructuoso, finalmente deja tras de sí la sombra del vacío interior y del tedio. Pero, cuando ya no pretendemos llenar con placeres el vacío ontológico o espiritual, sino que cada dimensión se completa de la forma que le es propia, el placer se experimenta sanamente; y este placer es bueno porque potencia y plenifica la vida. Bienvenido sea todo lo que reporta más belleza y placer a la existencia.

A los criterios aportados por Scheler añado otros dos:

–Los sentimientos que captan los valores más elevados son *más activos*, requieren más creatividad, más movilización de nuestra capacidad de amar, crear y comprender; los inferiores son más pasivos. Los placeres más superficiales son fáciles de obtener, por ejemplo, es muy fácil obtener el placer que nos proporciona el sentido del gusto; pero ¿qué nos satisface más, sacar adelante un proyecto significativo y vocacional, lo que

310 El coraje de ser

conlleva esfuerzo, perseverancia y entrega, o comer nuestro plato preferido?

–Los sentimientos vinculados a los valores superiores no se pueden provocar, son un don. Podemos provocar un momento de placer, pero no la satisfacción profunda que procede de una vida auténtica y coherente consagrada a los valores más elevados; y menos aún podemos provocar un sentimiento profundo de bienaventuranza espiritual, que siempre es una gracia.

La experiencia de la felicidad más profunda siempre es un don. Por eso nunca se ha de buscar en directo: es el fruto indirecto de una vida creativa estructurada por una adecuada jerarquía de valores.

En otras palabras, la alegría no es el objetivo directo, pero siempre es la guía.[7]

La verdadera felicidad

En conclusión, la satisfacción genuina, la más profunda, no equivale al placer.

La felicidad que realmente merece este nombre, la más honda y satisfactoria, la que es estable e independiente de las contingencias de la vida (salud o enfermedad, éxitos o fracasos, altos y bajos anímicos...), siempre es de origen espiritual.

Resulta habitual escuchar en entrevistas realizadas aquí y

---

7. Ni siquiera la autorrealización ha de ser para nosotros el objetivo directo, sino el subproducto de la orientación a los genuinos bienes y valores.

allá que la felicidad no existe, que consiste solo en momentos. Pero la persona que conoce la felicidad espiritual sabe que no es así, que esta puede ser un telón de fondo estable en la propia vida, presente también en medio de la incertidumbre, la pérdida y el dolor.

Sacrificar lo inferior por lo superior

En el capítulo pasado reflexionamos sobre las falsas concepciones del altruismo, las que lo asocian a sacrificio (a sacrificar el propio bien por el bien de los demás) y a abnegación. Pero de lo que venimos exponiendo se deriva que hay un sentido del término «sacrificio» que sí podemos rescatar: a veces hay que renunciar a lo inferior en nombre de lo superior; a veces hay que sacrificar un bien y una alegría menores para poder encarnar un bien y una alegría mayores.

Ahora bien, cuando sacrificamos lo inferior por lo superior, en realidad no nos estamos sacrificando, porque no estamos renunciando a nuestro propio bien.

Pondremos algunos ejemplos que ilustran lo que significa sacrificar lo inferior por lo superior:

Muchos conflictos en las relaciones afectivas vienen dados por la dificultad para armonizar las mutuas necesidades. Alguien podría concluir erradamente que priorizar las propias necesidades, como nos marca el camino de la alegría, nos hará entrar en conflicto con las necesidades de nuestra pareja. Pero mantener una relación afectiva no requiere sacrificar nuestras verdaderas necesidades (si alguien nos lo demanda, no nos ama bien); requiere, eso sí, renunciar a algunas apetencias menores, una renuncia que posibilita el acceso a formas superiores de plenitud y de felicidad. Incluso un vínculo con una mascota demanda pequeñas renuncias, pero el bien mayor asociado a la riqueza de este vínculo es superior al valor de la mera comodidad.

En los primeros años de la relación madre e hijo, la madre deja a un lado muchos de sus intereses. Pero esta cesión posibilita un bien mayor: el desarrollo de una nueva vida humana y la creación de un vínculo que moviliza en ella dimensiones inéditas. Ahora bien, si el niño ya sobrepasa los cinco años y la madre sigue siendo una dadora sin vida propia, que ha renunciado a su vida personal por el niño, incurre en el sacrificio y en la abnegación mal entendidas. Esta forma de vivir la maternidad tiene el peligro de fomentar en el niño actitudes narcisistas y machistas, pues la figura femenina es percibida como un mero medio para los fines de otros.

Francisco de Asís optó por la pobreza como forma de vida. Sentía que esta opción le ponía en contacto directo y desnudo con la belleza del mundo. Quería, además, sentir hasta el final lo que afirma el Salmo: «Tú eres toda nuestra riqueza y saciedad». Él y sus hermanos vivían al día, serenos, alegres y sin preocuparse por el futuro, como los lirios del campo. También el filósofo Diógenes el Cínico optó por la pobreza y vivió como un vagabundo. Al renunciar a la necesidad de tantas cosas, saboreaba con particular intensidad la autarquía de su propio ser. Pero, en su renuncia, tanto Francisco como

Diógenes siguieron el camino de la alegría: su opción partía de la intuición de una plenitud interior que buscaba profundizar en sí misma.

Por cierto, estas dos opciones excepcionales nos dan una lección de vida decisiva: nos recuerdan la independencia o autosuficiencia de nuestro principio espiritual. Pero también nos transmiten una valiosa lección de vida las personas que disfrutan de su prosperidad material, la conseguida por medios legítimos (creativos, no competitivos), y la utilizan para favorecer el incremento vital en sí mismas y en los demás. En concreto, estas personas nos transmiten la lección que expresa así Spinoza: «Solo en la medida en que sentimos más alegría pasamos necesariamente a una mayor perfección y participamos de la naturaleza divina. Por eso, conviene que el sabio use las cosas y se deleite con ellas tanto como sea posible (sin llegar al empacho, pues el empacho no es alegría) […] y de todo lo que podamos disfrutar sin perjudicar a otros» (*Ética*).

Las dos lecciones son necesarias. No hay una única forma correcta de vivir.

Cuando las renuncias no proceden del amor, de la experiencia, o al menos del atisbo, de un bien mayor, traen consigo represión, frustración y amargura, habituales en las personas severas, moralistas, tristes e impotentes, que ni saben alegrarse ellas ni tampoco se alegran con la alegría de los demás.

2. El miedo a nuestra luz

Mencionamos en el anterior capítulo que, para avanzar en el camino de la alegría, es necesario satisfacer varios requisitos: vivir escuchando nuestro sentir profundo; la autoaceptación completa; dejar de buscar la aprobación externa y la conformidad, es decir, asumir nuestra «soledad existencial»; superar las falsas concepciones sobre el egoísmo y el altruismo; y, por último, superar el miedo a nuestra luz y a nuestro poder. Desarrollaremos a continuación este último requisito.

Si bien el mejor servicio que podemos hacer a los demás es *ser* más, con mucha frecuencia tememos nuestro propio incremento vital.

Quien se adentra en el autoconocimiento profundo o quien acompaña a otros en ese camino termina descubriendo que no solo tememos nuestra sombra, nuestra inadecuación, no valer, no ser suficientes, sino que, en la mayoría de nosotros, hay un miedo aún más profundo e insidioso: el miedo a nuestra luz, a nuestra grandeza, a nuestro poder.

Nuestro miedo más profundo no es no ser capaces.
Nuestro miedo más profundo es que
somos enormemente poderosos.
Es nuestra luz, no nuestra oscuridad,
lo que más nos asusta.
Nos preguntamos: ¿quién soy yo
para ser brillante, atractivo, talentoso, fabuloso?

El miedo a la propia luz **315**

De hecho, ¿quién eres para no serlo?

Eres un hijo de Dios.

Nuestro empequeñecimiento no sirve al mundo.

No hay ninguna sabiduría en encogerse

para que otros no se sientan

inseguros cerca de nosotros.

Estamos predestinados a brillar, como los niños lo hacen.

Nacimos para manifestar

la gloria de Dios que está dentro de nosotros.

No está solo en algunos de nosotros, está en cada uno.

Y cuando dejamos que nuestra luz brille,

inconscientemente damos a otras personas

permiso para que hagan lo mismo.

Al liberarnos de nuestros propios miedos,

nuestra presencia automáticamente libera a otros.

MARIANNE WILLIAMSON, *A Return to Love*

Hemos insistido en la importancia de tener una buena relación con nuestros defectos, de no temer nuestra imperfección, de aceptar con naturalidad nuestras pautas limitadas –somos conscientes del daño que originan y sentimos el dolor puro correspondiente, pero sin sentirnos culpables y sin castigarnos por tenerlas, sin el orgullo de pretender estar por encima de ellas–. Podemos ver nuestras limitaciones sin criticarnos ni impacientarnos, lo que nos permite observarlas con ecuanimidad y comprender su contexto y sus causas. Esta disposición propicia nuestro crecimiento y desarrollo.

Pero, en la tarea del autoconocimiento, tan importante como lo anterior es aprender a reconocer nuestras cualidades, nuestros dones y nuestra grandeza intrínseca. Como decíamos, no solo tenemos una mala relación con nuestra sombra, sino también con nuestra luz; no solo tenemos problemas para aceptar nuestra debilidad, sino también nuestro poder; no solo nos avergüenza nuestra hostilidad, sino también nuestro amor; podemos avergonzarnos de nuestra mundanidad, pero también de nuestra espiritualidad; podemos engrandecernos falsamente, pero también encogernos y empequeñecernos; podemos ocultar o rechazar nuestros defectos, pero también nuestras cualidades (entusiasmo, fuerza, coraje, penetración, sensibilidad, belleza...).

> Nadie enciende una lámpara y la pone en un sitio oculto, ni bajo el celemín, sino sobre el candelero, para que los que entren vean su resplandor.
>
> LUCAS 11, 33

Efectivamente, nadie puede ser una persona plena y útil para los demás sin el reconocimiento de sus dones y cualidades. Nuestro empequeñecimiento disminuye la riqueza, la luz y la belleza del mundo.

¿Podemos imaginar una flor plegándose y ocultando su belleza o un felino caminando encogido para que no se vea su fuerza y gracilidad, para ser «humilde», para no resultar arrogante?

Los niños no tienen miedo a brillar. Expresan libremente sus cualidades. Pero, a medida que crecemos, a menudo nos vamos encogiendo para que los demás no se sientan menos, para no parecer vanidosos, para resultar humildes, para ser aceptados, porque nos intimidan y asustan los horizontes a los que nos abre el reconocimiento de nuestra grandeza intrínseca y de nuestros dones, para eludir la responsabilidad que se deriva de asumirlos, etcétera.

Patrones limitados en los que se manifiesta el miedo a nuestra luz y a nuestro poder

En esta línea de reflexión, enumeraremos algunos patrones limitados en los que se manifiesta nuestro miedo a nuestra luz y a nuestro poder:

–En ocasiones nos empequeñecemos *para sentirnos aceptados o incluidos*, para que los demás no se sientan menos, para que no se sientan inseguros, para no despertar envidias.

–Nos empequeñecemos y nos tornamos sumisos *para obtener amor*: nos ponemos en un segundo lugar, no nos afirmamos, no reconocemos nuestros propios valores y logros, renunciamos a nuestra propia autoafirmación, nos rebajamos, para recibir cariño, protección y empatía. Este es el origen de la falsa bondad y de la falsa humildad: nos mostramos débiles e impotentes para conseguir algo a cambio. En el fondo, esta sumisión es una estrategia de manipulación y de control.

En definitiva, y al igual que sucedía en la pauta anterior, creemos que nuestro autoempequeñecimiento nos permitirá estar menos solos y más integrados, ser amados y aceptados.

–Nos empequeñecemos *para evitar la vanidad*. Esta conducta tiene dos variantes: buscamos no parecer vanidosos ante los demás (esto nos remite a los dos patrones previos), o bien buscamos no incurrir en la vanidad y resultar humildes ante nosotros mismos.

Hay personas en las que el reconocimiento de los propios dones despierta sentimientos de vanidad, arrogancia o superioridad. Por eso se resisten a este reconocimiento. Pero la arrogancia y la vanidad nada tienen que ver con el reconocimiento de los propios dones. La arrogancia es competitiva (se sostiene en la comparación) y olvida el origen suprapersonal de los dones, se los «apropia» en el nivel estrictamente personal. El reconocimiento sabio de los propios dones percibe que son «dones», esto es, que no son nuestra creación personal, y los reconoce y celebra por igual en las demás personas y en cualquier manifestación de la vida, sin conciencia de separatividad, sin sentirnos por encima ni por debajo de nadie.

–Nos empequeñecemos *por miedo a la responsabilidad*. Utilizamos nuestro empequeñecimiento como una forma de eludir la responsabilidad plena sobre nosotros mismos y sobre nuestra vida, como una excusa para nuestra pasividad. Si pensamos que somos «poquita cosa», ya no esperamos nada grande de nosotros mismos y también evitamos el peso de las expectativas de los demás sobre nosotros: «Nadie, ni yo mismo, espera nada significativo de mí, por lo tanto, no tengo que hacer nada».

El miedo a la propia luz **319**

Quienes tienen este patrón, a menudo creen, de modo inconsciente, que, si no aspiran a nada significativo, eluden la posibilidad de fracasar. La ironía es que, desde el momento que renuncian al reconocimiento de sus dones y a expresarlos, ya han fracasado existencialmente.

–No asumimos nuestra luz y nuestro poder *porque tenemos un sentimiento básico de no merecimiento*. Como vimos en el capítulo anterior, la falta de autoestima y la ceguera ante nuestra grandeza y valor intrínsecos hacen que no nos sintamos merecedores ni poseedores de lo mejor.

Si tenemos el hábito de minimizar nuestras cualidades cuando alguien las señala, probablemente no nos sintamos dignos portadores de nuestra luz.

–Nos empequeñecemos también *cuando experimentamos envidia*. La envidia equivale a sentir que la luz del otro nos eclipsa y nos resta luz. Esto ya es una señal de que hemos negado la luz de nuestra propia singularidad, pues, como mencionamos al disertar sobre el egoísmo noble, el hábito de la comparación equivale a un «suicidio ontológico».

Quien no vive la vida que anhela vivir, salvo si es una persona muy noble, no tolera que otros vivan la vida que desean vivir. Si criticamos innecesariamente las opciones vitales de los demás, es porque nosotros no estamos haciendo lo que está en nuestra mano para vivir como realmente queremos. Cuando estamos viviendo plenamente nuestra propia vida, no criticamos: inspiramos y alentamos.

En efecto, cuando hemos negado nuestra propia luz porque

no estamos siguiendo con valentía el camino de la alegría, es probable que nos moleste la luz de los demás y su autoafirmación, que nos sorprendamos resaltando innecesariamente sus defectos.

La persona que ha asumido su luz con total «desapropiación» se alegra íntimamente ante el brillo y los dones de los demás y los celebra; es un espejo de las cualidades y dones de los otros: se los hace ver, se los reconoce con objetividad y exactitud (sin exagerarlos ni disminuirlos); es generosa en sus palabras, comentarios y devoluciones.

La envidia, el resentimiento, la hostilidad, la codicia, la ira, la frustración, la severidad, el moralismo... no son en realidad nada sólido, sino la manifestación de un déficit de desenvolvimiento auténtico y de alegría de ser; son el signo de la ausencia de una vida dichosa.

–Nos empequeñecemos, por último, *cuando tenemos miedo a la felicidad, al amor y a nuestra dimensión espiritual.*

El miedo a la felicidad

Supuestamente todos anhelamos felicidad y amor; y, en lo más sincero y hondo de nosotros mismos, así es. Pero quien ha penetrado en el alma humana sabe que la mayoría de las personas no pueden sostener en su vida un grado elevado de felicidad y de placer. Con frecuencia tenemos más miedo a la felicidad que al sufrimiento, al placer que al dolor, al amor que a la soledad. De hecho, a menudo nos apegamos al sufrimiento. Para muchas personas, el pesimismo y un estado anímico bajo son su lugar de confort y de seguridad.

Enumero algunos juicios limitados que afloraron en una consulta de asesoramiento filosófico y que reflejan este miedo a la felicidad:

«Lo bueno no es estable y duradero. Mejor no ilusionarse con lo bueno, porque luego sufriré si lo pierdo».

«La felicidad no es un lugar seguro. Si soy feliz, va a pasar algo terrible».

«No puede ser verdad que todo esté bien. Esto va a fallar en algún momento».

«La felicidad es un estado engañoso. Tienta a bajar la guardia y no nos prepara para el conflicto y el dolor».

«La naturaleza de la realidad es conflictiva; no debo eludirla sintiéndome bien».

«No es justo que yo sea feliz si otros no lo son».

«Si mantengo un tono bajo, yo controlo la caída, de modo que el golpe no será tan sorpresivo, humillante y duro como si la caída se me impone cuando no la espero».

«Es bueno y seguro vibrar bajo».

«Tengo que rastrear y fiscalizar lo malo para que no me coja de sorpresa».

«Soy realista cuando me pongo habitualmente en lo peor».

«Tengo que estar cerca de los que sufren y de los perdidos compartiendo su energía». Etcétera.

Resulta significativo con cuánta frecuencia afloran este tipo de creencias en la indagación llevada a cabo con personas con tendencia a la tristeza y al desánimo.

En el miedo a la felicidad parece operar la siguiente lógica: en algún momento hemos asumido que la felicidad es un lugar inseguro. Por ejemplo, hemos tenido atisbos y anhelos de felicidad que se han visto reiteradamente defraudados, y anticipamos que, a la felicidad, seguirá la temida decepción; tememos abrirnos a lo bueno de la vida: «Si espero lo bueno, me decepcionaré, por lo tanto, mejor esperar lo peor»; «Lo bueno no es estable y duradero; mejor no ilusionarme con ello»... Desconfiamos de la realidad del amor y del bien, de su solidez, y buscamos protegernos del desengaño y del sufrimiento asociado.[8]

O bien hemos intentado ser felices sin lograrlo –porque hemos cimentado nuestra felicidad en el lugar inadecuado, en el ámbito de lo que no depende de nosotros, o porque la hemos concebido de forma inmadura– y, consiguientemente, nos hemos frustrado; y, en esta situación, puesto que no podemos renunciar a la felicidad porque estamos estructuralmente orientados hacia ella, encontramos una falsa salida: nos apegamos a la infelicidad e intentamos ennoblecerla («el sufrimiento me hace especial») o incluso disfrutarla. De este modo, y como expresa una de las creencias enumeradas, no experimentamos la humillación y la vergüenza de que la infelicidad se nos

---

8. En el ámbito de las relaciones de ayuda, este patrón es habitual en los consultantes que tienden a subrayar sus dificultades y no reconocen sus mejoras, aunque las haya: prefieren creer que no podrán cambiar, que no les va a pasar nada bueno, porque quieren eludir la incertidumbre de la espera y la posible decepción.

imponga a nuestro pesar. La elegimos; al menos nosotros la controlamos.

> Ya que no podemos extraer belleza de la vida, busquemos al menos extraer belleza de no poder extraer belleza de la vida. Hagamos de nuestro fracaso una victoria, algo positivo y erguido, con columnas, majestad y aquiescencia espiritual.
>
> FERNANDO PESSOA, *El libro del desasosiego*

Para las personas con tendencia victimista, el apego al sufrimiento –un sufrimiento que llevan como bandera– es su forma de «tener razón: «Si sufro y sois testigos de ello, os demostraré, y demostraré a la vida, cuánto os habéis equivocado conmigo». Es su forma, por tanto, de convertir su desventaja en ventaja, su impotencia en poder, de «hacer de su fracaso una victoria».

El miedo a nuestra dimensión espiritual

Una manifestación más del miedo a nuestra luz es el miedo a nuestra dimensión espiritual. Enumero algunos juicios limitados que han aflorado en consultas de asesoramiento filosófico y que reflejan este temor:

> «Si me entrego a la dimensión espiritual, entraré en un territorio que no controlo».
>
> «Si me abro a esa dimensión, me disolveré, perderé mi identidad».
>
> «En ese lugar elevado y feliz, estaré sola».

«Soy una persona comprometida, y la indignación intrínseca al compromiso político o social excluye el clima espiritual de la serenidad».

«El bien es aburrido. En el mal y en lo transgresor hay "vidilla", vitalidad, autenticidad, creatividad y libertad. El reposo de lo "perfecto" conduce a la parálisis, empacha»...

Esta última creencia parte de una concepción mojigata y falsa del bien, que poco tiene que ver con el verdadero bien. En realidad, cualquier cualidad positiva (espontaneidad, libertad, vivacidad, creatividad, juego, picardía sana, risa...) es siempre una faceta del Ser y, por lo tanto, del bien.

El miedo al amor

Una variante de este temor a nuestra dimensión espiritual es *el temor al amor*. De nuevo, damos por sentado que todos queremos amor, pero, aunque lo anhelamos en lo más hondo de nosotros, de hecho, es muy habitual el miedo al amor. Este se puede manifestar como un sentimiento de no ser merecedor del amor recibido, pero también como vergüenza a la hora de expresar amor, de sentir una profunda empatía, de dejarnos conmover profundamente, de rendirnos ante la belleza, de abrirnos a lo superior a través de la meditación, la oración o la entrega... En algún lugar de nosotros, hemos interpretado que todo esto equivale a dependencia y a debilidad. Al contrario que la persona sumisa y complaciente, quienes temen expresar amor creen, de modo latente, que serán más respetados y amados si lo retienen.

Las cualidades superiores afloran en un clima interno de apertura y de vulnerabilidad. Si hemos interpretado que la vulnerabilidad es debilidad –por una afirmación de la propia independencia y una búsqueda del poder mal entendidas–, algo en nosotros se cerrará automáticamente a los sentimientos amorosos, de rendición, entrega, receptividad y apertura. Nos cerraremos, en consecuencia, a los estratos más profundos de nuestro ser.

Conclusión

Se habla mucho de la importancia de no reprimir la propia sombra, pero mucho menos de la importancia de no reprimir la propia luz.

Si bien muchas corrientes psicológicas tienden a poner un particular énfasis en los traumas infantiles a la hora de explicar nuestras perturbaciones anímicas, *la principal causa del sufrimiento humano es toda la luz que en nosotros ha sido reprimida, no expresada*. La falta de despliegue de lo mejor de nosotros mismos es la raíz del sufrimiento más insidioso y radical. De hecho, cuando los dolores de la vida y las experiencias difíciles se convierten en oportunidades de aprendizaje, y esto nos permite movilizar nuestras mejores posibilidades internas, puede haber dolor, pero ya no sufrimiento.[9]

---

9. Hay quienes apelan a las situaciones difíciles del pasado para justificar su sufrimiento presente; y hay quienes las convierten en vías hacia lo profundo, en sus principales lecciones de vida, las que les permiten dar grandes saltos interiores hacia niveles superiores de conciencia.

3. Reconocer nuestras cualidades

Insistimos en capítulos anteriores en la importancia de conocer nuestros patrones limitados básicos, así como las ideas erradas que los alimentan. Pero más importante aún es que conozcamos nuestros dones, fortalezas y cualidades singulares, que apreciemos eso único que tenemos que ofrecer y que nadie podrá expresar de la manera en que nosotros lo haremos.

Señalábamos que nuestra Presencia es sede de cualidades esenciales: amor y alegría incondicionales, inteligencia y conciencia plena, energía y voluntad esenciales. Estas cualidades básicas se expresan en una pluralidad de cualidades derivadas. La cualidad básica del amor se manifiesta como aceptación, respeto, cuidado, compasión, alegría, generosidad, gratitud, bondad... La energía y voluntad, como fortaleza, coraje, asertividad, perseverancia, proactividad, capacidad de lucha, vitalidad... La inteligencia, como penetración, discernimiento, objetividad, imparcialidad... A su vez, de su combinación mutua derivan cualidades como la comprensión propia y del otro (conjunción del amor y de la objetividad), la creatividad, la ecuanimidad, la autenticidad, la autonomía, la confianza, la paciencia, la serenidad, el sentido del humor...

Puesto que el Ser es la fuente creativa que se manifiesta en nosotros en una diversidad de cualidades, no tiene sentido «apropiárselas», que sean motivo de orgullo o vanidad. Por el mismo motivo, y como hemos subrayado en capítulos anteriores, la expresión directa y espontánea de las cualidades que nos constituyen, si bien requiere nuestra disposición proactiva, no depende de nuestro mero empeño personal.

Decimos que poseemos una cualidad cuando esta fluye en libertad en nosotros porque encuentra pocas obstrucciones, entre ellas, las que pone el yo superficial. Nuestras principales cualidades son, por tanto, aspectos en los que experimentamos un desenvolvimiento sano, auténtico y fluido (al menos, en cierto grado). Los patrones limitados, a su vez, son los bloqueos y distorsiones recurrentes que se dan en este desenvolvimiento.

Es importante reconocer que hay muchas facetas en las que ya nos expresamos de forma real, auténtica y libre. Pero, precisamente porque nuestras cualidades son los aspectos más espontáneos de nosotros, en los que no hay pretensión, no suelen ir acompañadas de un exceso de autoconciencia. A menudo somos más conscientes de lo que hemos conquistado con esfuerzo, o de lo que se nos resiste, que de lo que fluye en nosotros con naturalidad.

Un ejercicio sencillo nos puede ayudar a tomar más conciencia de cuáles son nuestras principales cualidades, así como de la naturaleza de nuestra relación con ellas.

Ejercicio. Procedemos a escribir una lista con nuestras veinte cualidades fundamentales. Si nos cuesta completarla, podemos preguntar a alguna persona significativa, que nos quiera y nos conozca bien, pero solo hemos de incorporar a la lista las cualidades que nos sugiere si nosotros también las reconocemos.

Cuando hayamos elaborado la lista (para ello nos tomamos el tiempo que necesitemos), examinamos qué hemos sentido al realizar este ejercicio y advertimos, también, si hemos tenido alguna dificultad.

Hay varias posibilidades:

Que nos resulte sencillo reconocer nuestras cualidades, que lo hagamos con facilidad y sin experimentar vergüenza o incomodidad. Esto sería lo natural.

Que experimentemos resistencia a reconocer nuestras cualidades y dones porque lo asociamos a autocomplacencia, vanidad o arrogancia; que, al hacerlo, aparezcan en nosotros sentimientos de vergüenza.

Que no las veamos, que nos cueste reconocerlas. Quizá porque no apreciamos lo que surge fácilmente en nosotros, porque lo damos por supuesto e idealizamos y sobrevaloramos lo que nos resulta difícil o aquello de lo que carecemos.[10] O quizá porque buscamos una manifestación perfecta y pura de la cualidad, cuando lo cierto es que todos podemos tener una cualidad y, a su vez, su reverso (podemos ser valientes en unos aspectos y no en otros, en unas ocasiones sí y no en otras no); para considerar que poseemos una cualidad basta con que se dé en nosotros un desarrollo significativo de la misma.

Que nos resistamos a reconocerlas porque percibimos este

---

10. Es importante no perder de vista que nuestro camino más propio coincide con la dirección en la que nos desenvolvemos con más alegría y fluidez.

reconocimiento como una exigencia que recae sobre nosotros: la de que seamos siempre y en todo momento de ese modo.

También puede ocurrir que dudemos de la sinceridad y pureza de nuestras cualidades. A menudo esto se explica porque, paradójicamente, algunas de nuestras cualidades están íntimamente ligadas a nuestros patrones limitados (una ambivalencia que no cuestiona la realidad de esas cualidades). Por ejemplo, alguien puede tener la cualidad de la generosidad y, a su vez, tender en ocasiones a «comprar» con su generosidad la aprobación y el cariño de los demás; o puede tener la cualidad de la compasión y, a su vez, proyectar dolores propios no sanados en el otro, de modo que su compasión se convierte en lástima o conmiseración.[11]

Etcétera.

El autoconocimiento requiere una mirada ecuánime sobre nosotros mismos que nos revele por igual nuestra sombra y nuestra luz sin incomodidad ni distorsión. Si no conseguimos ver con facilidad nuestras cualidades o, si al hacerlo, experimentamos incomodidad, extrañeza, vergüenza, duda o culpa, es porque, en mayor o menor grado, nos resistimos al reconocimiento de nuestra propia luz.

---

11. Como veremos en el próximo capítulo, este hecho confirma que nuestros patrones limitados son, en su raíz, cualidades, si bien distorsionadas en su expresión por causa de nuestras ideas erradas. Esto es una buena noticia: no nos constituyen nuestros patrones limitados (de hecho, cuando superamos un patrón limitado, nos sentimos más nosotros mismos, más auténticos y libres); nuestra realidad profunda está constituida únicamente por cualidades.

XII. Amar es comprender

Todas las conductas humanas tienen un sentido y, por lo tanto, pueden ser comprendidas.

Se ahonda en la naturaleza de la comprensión de las acciones humanas y se enumeran las intuiciones filosóficas que la hacen posible.

Dado que la relación que tenemos con nosotros mismos es el reflejo exacto de la relación que tenemos con los demás, si hay aspectos de nosotros rechazados, proyectaremos lo negado en el exterior y lo rechazaremos también fuera. Pero todo en nosotros puede ser comprendido e integrado porque la materia prima de nuestros defectos son nuestras cualidades esenciales, porque la sustancia de nuestros impulsos destructivos es nuestra fuerza creativa. La comprensión propia nos integra y unifica interiormente y nos permite comprender a los demás.

> Se nos invita a examinar nuestro grado de comprensión de nosotros mismos y de los demás, y se describen varias prácticas de comprensión y de perdón dirigidas hacia aquellas personas ante las que experimentamos rencor, intolerancia o «ira justa».

1. La comprensión de las acciones humanas

En capítulos anteriores hemos profundizado en las bases del conocimiento propio; en este y en el siguiente, nos detendremos en nuestra relación con los demás, en concreto, describiremos algunos de los cimientos de las relaciones interpersonales auténticas. Ambas dimensiones están intrínsecamente unidas: el autoconocimiento nos permite comprendernos a nosotros mismos, y esta comprensión nos capacita para comprender a los demás. La comprensión, a su vez, es la base del amor, pues nadie puede amar lo que no conoce.

Comprender a una persona es entender el sentido y la razón de ser que tienen sus acciones, sus conductas externas e internas (comportamientos, omisiones, impulsos, emociones...), un sentido que solo se ilumina a la luz de su contexto subjetivo, muy en particular, de su filosofía operativa, de sus ideas latentes sobre sí misma y sobre la realidad.

La comprensión así entendida parte del supuesto de que todas las acciones humanas, también aquellas que nos parecen más absurdas e irracionales, tienen un sentido y, por lo tanto, pueden ser comprendidas.

Por ejemplo, una persona descubre en sí misma una necesidad maliciosa de criticar innecesariamente a los demás, de encontrar fallos en ellos. Si hace un ejercicio de autocomprensión, quizá descubra que, detrás de esa conducta suya que descalifica, hay una intención subjetiva positiva: al criticar y rebajar a otros busca minimizar su sentimiento de impotencia –algo que en principio es bueno, pues el impulso hacia la potencia nos constituye–; y quizá descubra, también, que el problema radica en que tiene ideas inadecuadas sobre dónde radica su genuina potencia y en que cree, además, que su valor se fundamenta en la comparación: que para saber quién es ha de compararse y que la potencia y la luz del otro subrayan su propia impotencia y minimizan su luz. Estas concepciones erradas están filtrando su *conatus*, el impulso que le orienta a su potenciación, dando lugar a la tendencia a rebajar a los demás.

O quizá alguien tiene una actitud muy controladora y manipuladora. Si intentamos comprender a esa persona, probablemente advirtamos que el control es su única manera de experimentar algo parecido a la seguridad, dado que sus creencias operativas le han desconectado del sentimiento de confianza básica, es decir, de la confianza en que el fondo del ser humano y de la realidad es intrínsecamente inteligente y que, por tanto, puede descansar en él. Etcétera.

Por consiguiente, solo podemos comprender las acciones de una persona desde su propio marco de referencia. Hemos de ir más allá de nosotros mismos e intentar situarnos en el contexto mental de esa persona, intentar percibir el mundo como ella lo percibe. No podemos comprender sus acciones a la luz de nuestro contexto subjetivo, es decir, de nuestros valores, filosofía personal y nivel de conciencia; tampoco acudiendo a un conjunto prefijado y rígido de categorías al que pretendemos que esa persona se ajuste (un mapa de la personalidad, un diagnóstico, una etiqueta...). Solo a través del gesto interior de autotrascendernos, de ponernos realmente en el lugar del otro, podemos comprender el significado de conductas que, desde nuestro marco de referencia, quizá parecían ilógicas, gratuitas o insensatas.

Este principio también se aplica a la relación con nosotros mismos, porque muy a menudo descalificamos muchas de nuestras conductas sin intentar siquiera comprenderlas (por ejemplo, y retomando un ejemplo anterior, quizá la «parte» de mí que se identifica con el valor de la benevolencia no comprende a la «parte» de mí que necesita criticar maliciosamente a los demás).

Frente al moralismo, actitud «científica»

«¡Lo que hace esa persona es absolutamente incomprensible! No me cabe en la cabeza. Yo en ningún caso lo haría». O, en palabras de Spinoza: «[Eso] repugna a la razón, es vano, absurdo y digno de horror» (*Ética*). En efecto, cuando no se introduce el factor de la comprensión, todo lo que no podemos entender, lo que no tiene sentido a la luz de nuestro contexto mental, lo consideramos horror y locura.

Nisargadatta: Para el ignorante, todo lo que no puede entender es locura.

Interlocutor: Cuando por causas naturales miles y millones de vidas se extinguen (inundaciones, terremotos), no me aflijo. Pero cuando un hombre muere por la mano de otro hombre, me aflijo muchísimo. Lo inevitable tiene su propia majestad, pero matar puede evitarse y, por lo tanto, es algo horrible y monstruoso.

N: [...] Todo ocurre como ocurre. Las calamidades, bien sean naturales u originadas por el ser humano, ocurren, y no hay necesidad de sentirse horrorizado [...] Las causas de la perversidad también son naturales [...] Usted condena demasiado aprisa. Cuando se dé cuenta de que su mente es también parte de la naturaleza, entonces la dualidad cesará.

Nisargadatta, *Yo soy Eso*

[...] los afectos tales como el odio, la ira, la envidia, etcétera, considerados en sí mismos, se siguen de la misma necesidad y eficacia de la naturaleza [de sus leyes] que las demás cosas singulares, y, por ende, reconocen ciertas causas, en cuya virtud son entendidos.

Baruch Spinoza, *Ética*

Nisargadatta y Spinoza nos vienen a decir que, del mismo modo que, en el mundo físico, de una causa se siguen ciertos efectos, en el ámbito humano, de ciertas concepciones sobre la realidad o sesgos cognitivos se siguen necesariamente ciertas conductas. En otras palabras, considerada la naturaleza humana y lo que le es propio (por ejemplo, el *conatus* que nos orienta a nuestra afirmación y potenciación), y considerados el nivel de conciencia y la filosofía operativa de una persona en un momento dado, esta persona, en ese preciso momento, no puede hacer las cosas de otra manera a como las hace. Afirmar esto no equivale a postular una suerte de determinismo, porque esa persona puede modificar sus concepciones sobre la realidad, su nivel de conciencia, y, en esa misma medida, ganar márgenes de libertad. Pero, en cada momento, sus conductas son un reflejo exacto de su nivel de comprensión.

Frente al escándalo y al moralismo sermoneador, este planteamiento introduce una mirada sobre el ser humano que tiene una cualidad «científica», en el sentido más elevado del término −«poseemos conocimiento científico de una cosa solo cuando conocemos su causa» (Aristóteles, *Segundos analíticos*)−;[1] introduce una mirada que busca fundamentalmente comprender.

Como hemos visto, este tipo de mirada es la que ha de fundamentar la tarea de autoconocimiento.

---

1. El principio de causalidad es un principio clásico de la filosofía y de la ciencia que afirma que todo efecto tiene su causa y que esta puede ser conocida.

Por cierto, esta mirada «científica» no excluye el juicio ético. No hay que confundir la comprensión de la persona con la valoración ética que nos merece su conducta. En otras palabras, comprender el sentido de una conducta en ningún caso equivale a justificarla.

La disposición a comprenderlo todo

En la formación que ofrezco en asesoramiento filosófico sapiencial, siempre comento que un filósofo asesor es alguien que no «condena demasiado aprisa» (Nisargadatta); alguien que, como afirma Spinoza en su *Ética*, «en lo tocante a los afectos y actos humanos, prefiere, no detestarlos y ridiculizarlos, sino entenderlos». Y lo mismo se aplica a cualquier persona comprometida con el autoconocimiento filosófico: ha de ser una persona a la que nada humano le es ajeno, que está dispuesta a comprender absolutamente todo en sí misma y fuera de sí.

Pocas cosas hay más liberadoras y sanadoras que el hecho de no sentirnos juzgados, categorizados o etiquetados, sino comprendidos en nuestra radical singularidad; y no con una mera comprensión sentimental (la de quien tiene buena voluntad, pero no nos ve realmente), sino con una comprensión real, que nos regala un mayor discernimiento sobre nosotros mismos y que, por ello, nos transforma.

2. Intuiciones filosóficas que posibilitan la comprensión

En *El arte de ser* describo con detenimiento cuáles son las intuiciones filosóficas que posibilitan la comprensión de las conductas humanas.[2] Comprender no es una cuestión de mera voluntad, sino algo inevitable cuando se posee un determinado nivel de conciencia, en concreto, cuando se han interiorizado ciertas intuiciones filosóficas, las que enumero sumariamente a continuación:

–Una de estas ideas, sobre la que hemos vuelto una y otra vez en los capítulos anteriores, es la de que todo el mundo busca su bien (Sócrates), la de que todo busca su incremento vital. En palabras de Sócrates: «Nadie puede apetecer el mal» (*Menón*). O según Spinoza: «Todo se esfuerza en perseverar en su ser, y este esfuerzo no es distinto de la esencia de la cosa misma»; y por eso, «nada ocurre en la naturaleza que pueda atribuirse a vicio de ella» (*Ética*).

Esta intuición filosófica es central en la práctica del asesoramiento filosófico y es asimismo una idea básica de la psicología humanista. El psicoanálisis humanista de Erich Fromm recoge el legado de Spinoza; su eje central es la evidencia de que todo busca su bien, lo que se manifiesta en la tendencia

---

2. *Cfr*. Mónica Cavallé, *El arte de ser*, capítulo XV.

de los organismos vivos a conservar la vida y a combatir la muerte, y en el ser humano, en particular, en la tendencia al crecimiento, al desarrollo, y en la orientación hacia la vida productiva, el amor y la alegría. Otro psicólogo humanista, Carl Rogers, nos invita asimismo a confiar por encima de todo en la tendencia direccional constitutiva del ser humano hacia el crecimiento y la autorrealización.

–Una segunda intuición es la de que *no existe en nosotros una tendencia originaria hacia el mal, ni impulsos que sean en su origen autodestructivos.*

Por supuesto, los impulsos destructivos y autodestructivos existen; el mal es muy real, pero, como sostenía Agustín de Hipona y tantos otros pensadores clásicos, tiene una realidad privativa: es carencia de bien.[3]

Análogamente, y como explicaremos más adelante, los defectos tienen realidad, pero no sustantividad última, pues son la expresión limitada o distorsionada de un impulso más originario que siempre es de signo positivo (a través de la crítica maliciosa, ejemplificábamos, se busca incrementar el sentimiento íntimo de potencia, etcétera). No puede ser de otro modo dado que nuestra realidad profunda está constituida únicamente por cualidades.

---

3. El Maestro Eckhart describe de forma elocuente cómo el mal tiene realidad, efectividad, pero no sustancialidad última, pues es solo ausencia de bien: «El mal no tiene ningún grado de sustancialidad: el demonio es nada, en cuanto mal, y los pecadores, por tanto, también son nada» (*Tratados y sermones*).

–A su vez, la causa de esta expresión limitada o distorsionada, lo que convierte lo que inicialmente era un impulso positivo en una acción destructiva, es la ignorancia. En otras palabras, *el mal es ignorancia*.

–Por lo tanto, *todas las conductas humanas pueden ser comprendidas*. De hecho, si pudiéramos conocer el contexto subjetivo de una persona, entenderíamos que en cada momento está haciendo lo que considera lo mejor (en un nivel operativo), esto es, que está haciendo la mejor elección entre aquellas que le parecen posibles, entre las que le muestra su nivel de conciencia.

–Y, por consiguiente, *los cambios profundos y estables no advienen en virtud de la reprimenda, de la crítica, del castigo, sino únicamente a través de la toma de conciencia, de la comprensión*.

Si asimilamos estas intuiciones en nuestro ser total, es decir, no de modo meramente intelectual, ineludiblemente comprenderemos. Hay personas que, sin saberlo, tienen incorporadas estas ideas en su forma espontánea de contemplar la realidad; de aquí su disposición natural y genuina a comprender.

Por supuesto, no siempre podemos conocer el contexto subjetivo de la conducta de los demás; de hecho, ni siquiera conocemos la filosofía operativa que subyace a muchas de nuestras conductas. Pero la asimilación de estos principios nos otorga la convicción de que siempre hay una razón para que una persona actúe como actúa y de que cada cual hace lo que mejor puede con los elementos de los que dispone; y esta convicción ya es en sí misma comprensión.

3. Comprendernos equivale a comprender a los demás

Hay quienes temen que el compromiso con la tarea del autoconocimiento y de la autocomprensión pueda conducir a cierto ensimismamiento narcisista, contrario a la sana disposición a salir de uno mismo para volcarse en el mundo circundante y en los demás. Como vimos al disertar sobre el egoísmo noble, esta objeción parte de un falso dilema: la alternativa entre egoísmo y altruismo, entre mi bien y el bien de los demás, es ilusoria. La relación con nosotros y la relación con los demás son las dos caras de la misma moneda; las actitudes que tenemos hacia nosotros y hacia los demás son correlativas. Por otra parte, y como hemos repetido, siempre irradiamos y compartimos con los demás nuestro nivel de conciencia.

Personalmente, desconfío de los discursos cargados de un altruismo excesivamente consciente de sí, que tiene siempre en boca a «los demás», a «los otros», porque la persona que está dando genuinamente no piensa demasiado en ello: está siendo, y siendo da; su ser es dar.

«Es que yo no me quiero, pero quiero mucho a los demás...». Estas palabras no tienen fundamento filosófico. Porque, en efecto, la relación que tenemos con nosotros es el reflejo exacto de la relación que tenemos con los demás.

Por lo tanto, comprendernos a nosotros mismos equivale a comprender a los demás.

Cuando nos comprendemos, comprendemos.

Cuando nos aceptamos, aceptamos a los demás.

Lo que rechazamos dentro de nosotros, lo rechazamos fuera.

Cuando asumimos nuestros límites y sombras, asumimos los límites de los otros.

Solo cuando nos conocemos, podemos conocer a los demás; y los veremos, además, con la misma profundidad con la que nosotros nos veamos.

Solo cuando somos más, damos más.

Comprendernos a nosotros mismos

Por consiguiente, antes de examinar nuestro grado de comprensión de los demás, examinemos nuestro grado de autocomprensión.

Cuando en nuestra vida cotidiana nos conducimos de formas que no se ajustan a lo que consideramos más deseable o adecuado, ¿incurrimos en la culpabilización propia, el autocastigo y el autodesprecio? ¿O, por el contrario, tenemos la disposición a comprendernos con la actitud científica descrita (sin justificarnos, asumiendo la responsabilidad y las consecuencias de nuestras acciones, sin confundir el arrepentimiento con la culpa)? ¿Nos impacientamos ante nuestros defectos y limitaciones? ¿Creemos que para poder aceptarnos y respetarnos debemos ser impecables? ¿Cómo nos conducimos y reaccionamos cuando descubrimos en nosotros cualquier manifestación de negatividad: hostilidad, ira, resentimiento, frialdad, destructividad, tristeza por el bien ajeno, envidia, crueldad, indiferencia, resistencia a dar o a compartir? ¿Lo negamos, no lo queremos ver, no lo admitimos porque choca frontalmente con nuestro yo-ideal? ¿Lo admitimos, pero pretendemos superar esas tendencias luchando contra ellas? ¿O quizá nos identificamos con nuestra negatividad y concluimos que esas conductas reflejan la última verdad sobre nosotros y que, por lo tanto, somos intrínsecamente malos?

La comprensión posibilita la integración

«Pues yo os digo: No resistáis al mal» (Mateo 5, 38). ¿Qué significa no resistir el mal? Significa que no luchamos frontalmente contra el mal que vemos dentro o fuera de nosotros.

Para la mirada dualista, favorecer el bien implica rechazar el mal. Por ejemplo, percibo en mí falta de amor y, puesto que quiero ser una persona amorosa, lucho contra mi impulso egoísta, o bien lo niego, lo aparto de mi conciencia, e intento tapar esa carencia de amor con una conducta externa pretendidamente amorosa. Muchas personas consideran que este es el camino para desarrollar el amor en ellas, pero el resultado es el contrario: rechazo partes de mí, lo que me divide interiormente; además, lo negado lo proyecto fuera,[4] de modo que

---

4. «En general, todo aquello que sistemáticamente hemos negado y reprimido, y que no forma parte de nuestra autoimagen consciente, configura nuestra *sombra*. Pero

termino rechazando a las personas en las que creo ver atisbos de eso que he negado en mí. Genero división y rechazo, que es lo contrario del amor.

Desde la visión no-dualista, en cambio, comprendemos que todos nuestros defectos y patrones limitados están hechos de la materia prima de nuestras cualidades esenciales. La materia prima de nuestra destructividad es pura energía creativa, por lo que al rechazar o reprimir nuestros defectos nos desconectamos en el mismo grado de nuestra creatividad.

Por ejemplo, advierto que en mí hay ira. No quiero sentirla. Tengo una mala relación con mi ira porque no encaja en mi autoimagen ideal. Por consiguiente, intento negarla, reprimirla,[5] y creo, erróneamente, que la única alternativa a esta negación sería explotar y expresarla de una forma inadecuada. Pero la materia prima de la ira es pura energía vital, *conatus*, energía afirmadora y creativa, de modo que, si niego la ira, me desconecto de mi fuerza y de mi poder. Ahora bien, ¿cómo integrar la ira de una forma adecuada? En primer lugar, la reconozco en mí, no la niego. En segundo lugar, me permito sentirla en mi

---

no porque dejemos de verla ni porque la excluyamos de nuestra conciencia, deja de pertenecernos y de ser operante. Actúa a través de lo que Jung denomina la *proyección*. En virtud de este fenómeno, todo el potencial que hemos negado en nosotros mismos y que, por ello, no expresamos de forma directa, lo proyectamos en el exterior, es decir, lo percibimos fuera de nosotros. Si es un potencial que consideramos negativo, lo percibimos, además, como vuelto "contra" nosotros» (Mónica Cavallé, *La sabiduría recobrada. Filosofía como terapia*).

5. Es sabido que algunas depresiones y somatizaciones resultan de la represión de la ira.

cuerpo, aunque sabiéndome más allá de ella. No me identifico con la ira, no reacciono desde ella, no me identifico tampoco con el diálogo interno que la alimenta, pero siento su energía y permito que fluya en mi cuerpo sin obstrucciones. Cuando procedo de este modo, sucede algo significativo: me siento cada vez más fuerte, viva y creativa; empiezo a tener mucha más lucidez, claridad y penetración sobre mí, sobre las situaciones de mi vida, sobre cuáles son mis límites en mi relación con los demás, sobre lo que realmente quiero y necesito. El contacto con esta energía me trae vitalidad, fuerza, claridad, lucidez y capacidad de afirmar mi verdad en el mundo. Finalmente, descubro que la materia prima de la ira es un tesoro, que es pura fuerza autoafirmadora y creadora.

Cuando vamos integrando de este modo las partes de nosotros escindidas, con las que estábamos en conflicto porque las considerábamos inaceptables, nos vamos unificando interiormente.

Y como los vínculos que tenemos con los demás siempre son un reflejo de la relación que tenemos con nosotros mismos, nuestras relaciones se irán tornando más armónicas. Es imposible que lo sean si hay aspectos de nosotros rechazados, porque proyectaremos constantemente todo lo negado en el exterior.

Comprender a los demás

Examinemos, ahora, nuestro grado de comprensión de los demás. Pensemos en nuestra relación con nuestra pareja, familia y amigos, en nuestros vínculos en el trabajo, en nuestra vida social. Preguntémonos si tenemos la disposición a comprender y a aceptar a esas personas tal como son; si experimentamos con frecuencia reacciones de intolerancia, condena, hostilidad, inflexibilidad, irritación e impaciencia ante lo que consideramos sus limitaciones y puntos ciegos; si tendemos al juicio y a la condena; si tenemos actitudes castigadoras y vengativas (aunque solo sea en nuestros pensamientos); si nos escandalizamos a menudo desde una posición de superioridad moral; si creemos que el castigo es imprescindible para el cambio; si nos apegamos a tener razón, es decir, al diálogo interno en el que dramatizamos lo equivocado que está el otro desde una posición de superioridad moral. Examinemos si hay en nosotros vínculos de resentimiento hacia figuras vivas o muertas; si hay personas a las que no estamos dispuestos a perdonar; si nos hemos quedado enganchados en sentimientos de enfado u ofensa, de «ira justa».

¿Somos conscientes de que si tenemos estas actitudes de falta de aceptación y compresión con los demás es porque también las tenemos con nosotros mismos?

> Por lo tanto, si cuando vas a poner tu ofrenda sobre el altar, te acuerdas allí mismo de que tu hermano tiene alguna queja contra ti, deja tu ofrenda junto al altar y ve primero a reconciliarte con tu hermano, y vuelve luego a presentar tu ofrenda.
>
> Mateo 5, 20-26

Hay quienes quieren abrirse al Amor con mayúsculas, si bien hay personas a las que no han perdonado ni comprendido. Esto carece de sentido, porque una falta de comprensión y de perdón es una contracción de nuestro corazón que bloquea el flujo de la fuente del Amor en nosotros.

La comprensión es el cimiento de la buena relación con nosotros mismos y con los demás. Sana nuestras relaciones. Es la base del amor, la aceptación y el perdón genuinos. Detrás de todos los patrones limitados que impiden o dificultan la buena relación con los demás siempre subyace una falta de comprensión.

4. Prácticas de comprensión

Los siguientes ejercicios (que formulamos en primera persona para facilitar su realización) nos pueden ayudar a incrementar en nuestra vida diaria, en nuestra relación con los demás, la cualidad de la comprensión y del genuino perdón.

Ejercicio 1

Pienso en una persona cuya conducta me cuesta comprender, ante la que siento intolerancia. Me siento absolutamente avalado por la razón en mi desprecio por esa persona y experimento lo que yo interpreto como una «indignación justa».

–En primer lugar, tomo conciencia de que, si siento eso, es porque me estoy quedando en *el nivel de su conducta*:

identifico a esa persona con su conducta y traslado el juicio que me merece la conducta a la persona (por ejemplo, si ha mentido, es un mentiroso, y, puesto que mentir es malo, esa persona es mala).

–Doy un paso más allá con la disposición de comprender, es decir, miro más allá del plano de la conducta de esa persona para ver su trasfondo: *su contexto personal* (circunstancias pasadas y presentes) y *su contexto mental,* es decir, la filosofía operativa que subyace a su conducta, sus concepciones sobre sí misma y sobre la realidad.

Me abro, por lo tanto, a reconocer que esa persona, a través de esa conducta, está buscando su bien, lo que percibe como un bien. Y que, dado el contexto mental actual de esa persona, aquí y ahora no puede hacer las cosas de otra manera a como las hace. Su conducta se deriva necesariamente de sus concepciones sobre la realidad.

Comprendo también que, detrás de mi falta de aceptación, subyace la creencia errónea de que esa persona «debería y podría haber hecho las cosas de otra manera a como las hizo».

–Y doy un paso más allá. Veo la conducta de esa persona, ya no solo a la luz de su contexto mental, sino *a la luz de su contexto ontológico, de su Ser*. Veo la realidad de su Presencia, de sus cualidades esenciales. Esto es lo que siempre subyace detrás de sus formas de funcionar.

Tomo conciencia de que el impulso básico o la intención última que está en el fondo de todas sus conductas es realizar y actualizar esa Plenitud que ya es en lo profundo.

¿Qué busca en el fondo esa persona? ¿Qué le motiva? Busca plenitud de inteligencia, amor y energía. Lo mismo que busco yo. Busca plenitud de vida, de ser, solo que a veces tortuosa o erradamente por causa de sus creencias y estructuras mentales.

¿Con qué sintonizo cuando me relaciono con esa persona (y con las personas, en general): con su Fondo o con su yo superficial, esto es, con sus modos errados de funcionar?

Por supuesto, veo esto último, como lo veo en mí, pero sé que es la parte de esa persona atrapada por la ilusión. El yo superficial es solo el modo erróneo en que hemos creído que alcanzaríamos la plenitud que anhelamos.

Si solo veo los modos concretos de funcionar de esa persona, su manifestación particular, no la veo realmente. Si solo veo su yo superficial y solo me relaciono con él, contribuyo a cristalizarlo y reforzarlo. Si me relaciono con su Fondo, contribuyo a liberar a esa persona de su yo superficial.

Obviamente, esto solo es posible si yo también me vivo así. Yo veo al otro como yo me vivo y me veo.

Comprender es tener esta mirada profunda que integra estas tres dimensiones. Veo las tres dimensiones a la par: la conducta, pero también el contexto mental y el trasfondo ontológico.

Una persona que tiene una mirada profunda y busca comprender no pierde nunca de vista estos tres niveles.

Ejercicio 2

Este ejercicio busca cambiar el relato que tengo sobre esa persona que despierta en mí una actitud intolerante; pues esta actitud siempre implica el apego a un relato rígido y dramatizado en el que me digo cuánta razón tengo yo y qué equivocado está el otro o qué malo es.

Me pregunto: *¿Qué sucede si modifico el relato?*

Por ejemplo, puedo pensar que mi hijo ha sido cínico y me ha mentido, o bien que tuvo que recurrir al lenguaje indirecto para evitar mi respuesta crítica, la cual le resultaba demasiado dolorosa. Puedo pensar que mi madre es una mala madre porque no me atendió como debía, o bien puedo ver en ella a una mujer confusa y desbordada por su propia biografía, que hizo lo que pudo, y que no me cuidó bien porque ni siquiera sabía cuidar de sí misma. Puedo escandalizarme con los pequeños detalles machistas de mi marido, o bien puedo entender que los errores de una generación se transmiten a otra, que él asumió ciertas maneras de concebir y afirmar su identidad como varón y, que, sin esos roles, se siente confuso y perdido.

Me pregunto: *¿Qué relato es más verdadero?*

Cuando me doy cuenta de que estoy apegándome a un relato severo y rígido que alimenta mi resentimiento, tengo la disposición a flexibilizar el relato.

No niego los hechos ni el daño sufrido. No justifico la conducta. No niego que esa persona sea responsable de los hechos concretos que ocasionaron el daño. A lo que renuncio es al apego al relato en el que dramatizo lo incorrectos que fueron sus actos y en el que solo atiendo a la conducta sin comprender su contexto.

Ejercicio 3

Todos hemos sido dañados y todos hemos dañado a otros. Todos hemos sido decepcionados y todos hemos decepcionado. Todos hemos sufrido injusticias y todos las hemos cometido. Todos sin excepción; se trata de algo indisociable de la condición humana. Precisamente porque es así, con frecuencia tenemos una carga psicológica acumulada desde la infancia de resentimientos, odios y sentimientos de culpabilidad.

No puedo ser interiormente libre si no estoy en paz conmigo y con mi entorno, si no libero a los demás de mis vínculos de resentimiento, de mi rencor y mis reproches.

Elijo una persona hacia la que siento resentimiento (aunque sea sutil), con la que tengo cuentas pendientes: porque me hizo daño a mí o porque dañó algo o a alguien amado; por lo que hizo o no hizo; porque me ha decepcionado, porque no ha respondido a mis expectativas (por ejemplo, me está mostrando aspectos que no se corresponden con la imagen idealizada que inicialmente tuve de él o ella, y adopto una actitud de protesta y de reivindicación, como si me hubiera engañado).

Cuando me sienta interiormente preparado (no antes), visualizo a esa persona y le digo interiormente: *«Te comprendo y te libero»*.

«Te comprendo y te libero» significa «quiero verte con

objetividad». Es decir, no se trata de intentar ver todo bajo su mejor luz de forma voluntarista, ni de pretender ser «buenos», sino de tener una mirada objetiva, de vivir en la verdad.

Sabré que he perdonado cuando pueda visualizarme con esa persona y me sienta interiormente abierta y en paz.

A veces, sobre todo si el daño que siento es reciente, antes de perdonar tengo que reconocer el dolor, la amargura y la ira que siento. No tengo que negar que lo siento; me permito sentirlo. No puedo comprender olvidando, negando o reprimiendo los sentimientos negativos porque creo que no debería sentirlos. No hablamos, por tanto, de un perdón evasivo en el que prefiero no ver la verdad del otro ni la verdad de mi situación, así como no enfrentarme a mi enfado y a mi dolor.

Si el daño que he recibido es objetivo, no lo niego ni justifico la conducta. Quizá esa persona tuvo una actitud manipuladora y abusiva. Si es así, no temo verlo, admitirlo y enfrentarme a los sentimientos que este reconocimiento despierta en mí.

La cuestión es si –sin reprimir mis sentimientos ni negarlos, y dándome todo el tiempo que necesite para ello– quiero ir más allá de mi rencor o quiero instalarme en él; si prefiero «tener razón» o ser feliz.

Pero no he de forzar las cosas. Si no quiero comprender aún, si aún quiero castigar a esa persona en nombre de la justicia, por lo menos asumo que «querría querer» comprenderla en algún momento.

XIII. Amar es dejar ser

Nuestra capacidad de amar y la calidad de nuestras relaciones nos dan una medida bastante exacta de nuestro grado de desarrollo y de madurez interior. Las relaciones son el gran espejo. Podemos tener la ilusión de que hemos alcanzado un estado de paz en una situación de relativo aislamiento, pero son las relaciones estrechas las que nos revelan nuestro verdadero estado interno.

Proponemos examinar la calidad de nuestras relaciones atendiendo a varios ejes que son la condición de posibilidad de una vida afectiva profunda y de unos vínculos maduros y plenos:

–Nuestra disposición a ver a los demás con objetividad.

–La comprensión de que el amor es ajeno a las exigencias.

–La comprensión de que amar es dejar ser.

> −La determinación a responsabilizarnos de nuestras heridas y vacíos afectivos y a encontrar en nosotros la fuente del amor.
>
> −Nuestra disposición a relacionarnos y comunicarnos con vulnerabilidad.

Iniciamos este libro afirmando que la tarea del autoconocimiento es un viaje que sigue siempre una determinada trayectoria: la que transita desde la conciencia de separatividad a la conciencia de unidad. Se trata, decíamos, de un tránsito entre distintos niveles de conciencia. Cuando accedemos a un nivel de conciencia diferente, alcanzamos una identidad y una mirada nuevas, que, a su vez, nos revelan un mundo nuevo. En la conciencia de separatividad nos encontramos sumidos, en mayor o menor grado, en un estado de ceguera filosófica y espiritual. La conciencia de unidad, en cambio, es el estado de conciencia en el que despertamos a nuestra verdadera naturaleza y a la naturaleza profunda de las cosas.

Pocas palabras más equívocas que la palabra «amor» dado el uso abusivo que se hace de la misma, pero, en su sentido más profundo, equivale a lo que venimos denominando conciencia de unidad. En otras palabras, el amor no es un mero sentimiento, sino, ante todo, es un estado de ser y de conciencia. Por lo tanto, no hay verdadera sabiduría ni discernimiento sin amor, pues el estado de conciencia que otorga sabiduría, en el que estamos despiertos, es el amor. Una persona brillante intelectualmente, pero analfabeta en el arte de amar, no es en realidad inteligente, porque no está viendo el mundo bajo su verdadera luz, la que revela su realidad última y su sentido: la conciencia de unidad.

El camino del autoconocimiento, por tanto, es un aprendizaje tanto en el arte de ser como en el arte de amar. Si no hemos mencionado muy a menudo esta palabra es porque, como hemos insistido, el amor no se puede provocar en directo: no podemos forzarnos a sentir lo que no sentimos. La conciencia de unidad y el crecimiento en amor son el resultado indirecto de un desarrollo, y a lo largo de estas páginas nos hemos centrado en establecer las bases de este último.

Hace años conversaba en la consulta con un chico muy religioso al que afligían dudas de tipo teológico que, según él, bloqueaban su camino espiritual. Dado que el enfoque de mis consultas es filosófico, yo no era la persona adecuada para dialogar con él sobre asuntos teológicos, pero, puesto que había mencionado de pasada que tenía dificultades en sus relaciones interpersonales, le sugerí lo siguiente: «Todas las religiones y tradiciones espirituales otorgan centralidad al amor. ¿Qué tal si empezamos a examinar este asunto, sobre cuya importancia seguro que no dudas? No voy a preguntarte por tu amor a Dios; empecemos por examinar qué tal andas de amor en tus relaciones cotidianas. Por ejemplo, ¿sientes que todas las personas que tratas, también las que te desagradan, son tus hermanos? Afirma san Juan de la Cruz: "Quien a su prójimo no ama, a Dios aborrece". Y: "En el ocaso de nuestra vida seremos juzgados en el amor". No se nos examinará de cuestiones teológicas, sino en el amor...». Él admitió que necesitaba poner luz en este ámbito, y a eso nos dispusimos. Le comenté que, cuando se avanza en dirección a la conciencia de unidad y cuando nos establecemos en ella, nuestro discernimiento espiritual se incrementa, alcanzamos comprensiones inaccesibles a la mera disquisición racional, porque solo el amor otorga la forma más elevada y profunda de inteligencia: la inteligencia del corazón.

1. Las relaciones son el gran espejo

Hace años impartí un taller sobre el amor en cuya presentación afirmaba que pocas cosas contribuyen de forma más directa a la felicidad en nuestra vida cotidiana que nuestra satisfacción y plenitud afectivas, que el hecho de poseer un corazón cálido, abierto y radiante. Por el contrario, cuando nos sentimos aislados (lo que no equivale a estar solos, pues en soledad podemos estar inmersos en conciencia de unidad), experimentamos dolor, vacío y sinsentido porque la vida es relación y estamos llamados a la unión.

En el capítulo «El egoísmo noble» profundizamos en una vertiente importantísima del amor: el amor propio. En este capítulo profundizaremos en algunas condiciones que posibilitan el desarrollo del amor en el ámbito de las relaciones interpersonales.

Una medida muy fiable de nuestro desarrollo personal, de nuestra madurez interior, es precisamente nuestra capacidad de amar y la calidad de nuestras relaciones: que no tenemos miedo a la intimidad ni miedo a sentir, que estamos dispuestos a establecer relaciones significativas y profundas, que tenemos la capacidad de abrirnos con vulnerabilidad, de dar y recibir, de compartir, confiar, comprometernos y entregarnos.

Las relaciones son el gran espejo. En un estado de relativo aislamiento podemos tener ilusión de que nos hemos establecido en un estado de paz interior, pero son las relaciones cotidianas las que nos revelan realmente nuestro verdadero estado interno. Muchas personas que, en situaciones de retraimiento social o de carencia de relaciones íntimas, creen haber alcanzado la paz, la pierden al establecer relaciones estrechas.

Puesto que las relaciones son el gran espejo, podemos concluir que, de algún modo, todas las personas que aparecen en nuestra vida, muy en particular las que menos nos gustan y las que más nos retan, nos están enseñando a amar. Podemos preguntarnos a este respecto: *¿qué lección relacionada con el amor me plantea esta persona o esta situación interpersonal difícil?*

2. Los cimientos de una vida afectiva plena

De cara a examinar detenidamente nuestra forma de relacionarnos, atenderemos a varias disposiciones y comprensiones que son la condición de posibilidad de unos vínculos maduros y de una vida afectiva plena:

1. La disposición a ver a los demás con objetividad (que comenzamos a abordar en el capítulo pasado).
2. La comprensión de que el amor es ajeno a las exigencias.
3. La comprensión de que amar es dejar ser.
4. La determinación a responsabilizarnos de nuestras heridas y vacíos afectivos, así como a encontrar en nosotros la fuente del amor.
5. La disposición a relacionarnos y comunicarnos con vulnerabilidad.

Amar es querer ver al otro tal como es

Señalamos en el capítulo pasado que comprender equivale a querer ver a las personas y a las cosas en sí mismas, es decir, no en función de nuestras expectativas, deseos y temores, sino a la luz de su propio contexto. En la disposición a comprender, nos autotrascendemos, salimos de nosotros mismos para intentar ver a las personas y las cosas tal como son. Y en esta salida, lejos de enajenarnos, nos enriquecemos con el regalo de la singularidad del otro y ganamos en realidad y objetividad.

No es habitual poner en relación el amor con la objetividad. De hecho, la conocida expresión «el amor es ciego» establece la conexión contraria: describe el enamoramiento como un estado de pérdida de objetividad (Cupido tiene los ojos vendados) en el que se nubla nuestra capacidad de discernimiento y, entre otras cosas, no vemos los defectos de la persona amada. Pero, en su acepción genuina, el amor tiene una relación directa con la verdad.

Esta relación del amor con la verdad desenmascara las falsas formas de amor, por ejemplo, el amor sentimental, en el que nos regodeamos en nuestros propios sentimientos, pero sin salir realmente de nosotros mismos.[1] El pseudorromanticismo, por ejemplo, es sentimentalismo carente de objetividad: en realidad, no nos interesa quién es realmente el otro, sino que sea una percha adecuada para proyectar en él o ella nuestras propias fantasías románticas.

Hay personas que arrastran la herida de no haberse sentido amadas, pero que, a la vez, afirman que fueron muy queridas por sus progenitores o, al menos, por alguno de ellos. ¿Cómo se explica esta aparente discordancia? Se explica porque el progenitor abrumó a su hijo con atenciones, pero no lo vio en sí mismo, en su singularidad, en sus verdaderas necesidades; este recibió mucho amor sentimental, pero estuvo hambriento de amor real, el que va de la mano de la objetividad.

Cuando adquirimos la determinación de querer ver realmente a las personas con las que nos vinculamos, nuestras relaciones cambian de manera sustancial. Comenzamos a amar mejor, y el otro se siente más y mejor amado. Un ejemplo ins-

---

1. Vimos cómo el sentimentalismo es una falsa imitación de la cualidad del amor y cómo no hay en él verdad ni objetividad.

pirado en un diálogo mantenido en la consulta puede mostrar esta disposición:

Siento que mi pareja se ha enfriado sexualmente. Esto lo puedo vivir como un drama emocional, como algo que me hace a mí, que me ofende, que supone una valoración negativa sobre mí («No le gusto; se ha dado cuenta de que no estoy a la altura...»). O, en cambio, puedo tener interés en entender qué le pasa sin vivirlo como algo meramente personal, sintiendo que sus procesos son suyos. Si dramatizo la situación, si la vivo de forma personal, no la veo con objetividad, no amo bien. Por supuesto, esta situación puede activar en mí dolor, frustración, miedos e inseguridades. Si es así, no lo niego, es más, comparto con mi pareja los sentimientos que se mueven en mí con vulnerabilidad, pero no mezclo las dos cosas: reconocidas y compartidas mis inquietudes e inseguridades, seguidamente me olvido de mí por un momento, la escucho e intento verla desde sí misma, desde su propio contexto, sin drama, con objetividad.

El amor no exige

No siempre resulta sencillo asumir que el amor es ajeno a las exigencias, pues la creencia de que amar, de algún modo, da derecho a exigir, es muy habitual; por ejemplo, creemos que tenemos derecho a exigir comprensión por el hecho de que nosotros ofrecemos comprensión, o que tenemos derecho a exigir gratitud y reconocimiento cuando damos algo a alguien.

«Los demás deberían darme en la medida en que yo les doy; deberían valorar lo que hago por ellos; deberían ser agradecidos; deberían ver mis necesidades y tenerme en cuenta...». «Mi pareja, si me quiere, tiene que darme el tipo de atención que demando y hacer lo que yo espero. Si hace algo que yo no haría (por ejemplo, preferir, en un momento dado, un plan con sus amigos a un plan conmigo), entonces no me quiere bien»... Damos, damos, damos, y luego empezamos a exigir. Como me comentaba una amiga hablando de su pareja: «Tras un tiempo, ya no la reconocía; la persona bondadosa y complaciente dio paso a una persona exigente y demandante que no paraba de hacerme reproches».

Resulta profundamente liberador, para nosotros y para las personas a las que nos vinculamos, entender que nadie tiene el deber de querernos, que amar es un acto libre y gratuito.

Mencionamos que las personas que poseen liderazgo natural son aquellas que han asumido su «soledad existencial». Actúan de dentro hacia fuera. No hacen nada con el objetivo de ser amadas, valoradas, reconocidas o aprobadas. Hacen aquello que sienten y en lo que creen sin esperar nada a cambio. Y, por lo tanto, son personas libres que, al amar, regalan libertad.

El amor exigente es dramático y pesado: «¡Todo lo que he hecho por ti!». Quizá no pronunciamos de forma explícita estas palabras, pero nuestra actitud sí las expresa. El amor genuino nunca habla en estos términos; no carga, no es pesado, no exige, no demanda, libera. El amor real siempre tiene la cualidad de la ligereza.

En otras palabras, el amor, o es incondicional, una salida total de uno mismo, o no es amor. Un amigo compartía recientemente conmigo una experiencia que revela cómo el amor sin condiciones es la verdadera fuente de la alegría. Había tenido que viajar para cuidar a su padre enfermo, un padre duro y difícil que no le había querido bien. Aunque la situación era ingrata por el deteriorado estado de su padre, haberle percibido frágil y vulnerable hizo que abandonara sus exigencias, reproches y demandas habituales sobre él, descubriendo, entonces, una inédita felicidad. Así me describió su vivencia: «Aunque la experiencia con mi padre ha sido intensa, ha sido todo un regalo de la vida que me ha permitido estar también sereno y abandonado a lo que "es", como una caricia a contrapelo de las que da la vida. He experimentado mucha serenidad, me he acercado mucho a él. Ver su fragilidad y cuidarlo me ha ido llevando a un amor incondicional que ya no tiene miedo ni pretende nada (que lo quieran, lo acepten...), que sabe colocarse en su sitio cuando tiene que hacerlo, pero sin esfuerzo ni rabia [...] he saboreado la densidad de la vida cuando uno se abre a lo que hay, a lo que es; y, a pesar de tratarse de cosas aparentemente "negativas" las que he vivido, las percibo como regalos, entre otros, el de vivir la vida con una intensidad y riqueza donde lo doloroso se experimenta desde un trasfondo que lo integra y le da sentido».

Muchas personas han compartido conmigo experiencias similares: en la relación con su madre o con su padre han abandonado resentimientos y exigencias latentes, y, sorpresivamente, incluso en medio de situaciones que prometían ser desagradables o difíciles, aflora en ellas un gran contento y serenidad. Experimentan y saborean la alegría y la ligereza del amor incondicional.

Esto se puede trasladar a todos los ámbitos de la vida. Por ejemplo, las personas que conciben su trabajo como una forma de servicio, lo viven con alegría. Quienes buscan reconocimiento, ser queridos, tener éxito, no experimentan sosiego, se encuentran en permanente zozobra; tienen momentos de excitación o euforia cuando parece que consiguen lo deseado, pero estos duran poco y terminan dando paso al miedo y a la ansiedad.

La fuente de la alegría es la misma que la del amor incondicional. En el ámbito interpersonal, lo que libera la fuente de la alegría es un dar sin contrapartidas, que no espera nada a cambio, en el que uno desaparece tras el acto de dar, en el que no se busca protagonismo ni que el propio dar sea visto y reconocido, en el que ni siquiera hay conciencia de que se da.

Por cierto, lo dicho sobre la incondicionalidad del amor se presta muy a menudo a malentendidos. El amor se alegra de la existencia de lo amado, sin pretender cambiarlo, sin esperar nada a cambio. Pero que el amor sea en sí mismo desinteresado e incondicional (como lo es el estado de ser correspondiente) no significa que no establezcamos condiciones en el mantenimiento de nuestras relaciones interpersonales. Del mismo modo, el hecho de que el amor no exija no significa que tengamos que permanecer en relaciones infelices o insatisfactorias.

El amor de pareja y el amor de amistad son bidireccionales, se sustentan en la reciprocidad. Si en una relación de este tipo no hay un dar y un recibir equilibrados y espontáneos, o si no somos bien amados, sencillamente no se dan las condiciones para el vínculo. Que el amor no exija tampoco significa que el amor no pida. Por el contrario: pedir es un acto de amor porque es un acto de confianza en el amor del otro, en su deseo de contribuir a nuestra felicidad; y es también un acto de vulnerabilidad en la medida en que no ocultamos nuestros deseos, lo que es importante para nosotros, y nos abrimos a la posibilidad de que nos puedan decir que no. Es propio del amor exigente esperar que el otro adivine nuestras necesidades; en cambio, saber comunicarlas y pedir con sencillez, respetando la libertad del otro, forma parte del arte de amar.

Hemos examinado la falsa creencia de que amar nos da derecho a exigir, pero estas exigencias se pueden manifestar en un nivel de conciencia aún más bajo: hay quienes no dan, pero, aun así, se sienten con derecho a exigir; de algún modo, se consideran poseedores de una categoría humana superior que justifica sus demandas.

Amar es dejar ser

El amor genuino –decíamos– es ligero, no carga, libera, no exige ni demanda y, por lo tanto, deja ser.

Solo nos sentimos a gusto con aquellas personas que nos dan espacio para ser lo que somos, que crean una atmósfera propicia para que seamos nosotros mismos. Y nos sentimos más a gusto aún con las personas que, no solo nos dejan ser, sino que, además, potencian nuestro ser. Todos buscamos crecimiento, vida incrementada; por ello, las personas más atrayentes son aquellas con las que nos expandimos libremente y en cuyo contacto obtenemos inspiración para nuestro desarrollo.

No dejamos ser cuando tenemos la necesidad de cambiar a los demás; cuando nos aferramos a la expectativa de que el otro cambie como condición para aceptarlo y para nosotros sentirnos bien; cuando no aceptamos a nuestra pareja tal como es; cuando tenemos una agenda oculta y estamos esperando cambiarla para poder, entonces sí, aceptarla plenamente. Por lo general, racionalizamos esta conducta: «Es por su bien; es para que crezca y aprenda»; pero esto es una forma de autoengaño, porque las personas solo crecemos en un clima de libertad.

No dejamos ser cuando esperamos que los otros vivan de acuerdo con nuestras expectativas, que sean o se comporten de una determinada manera; cuando decimos a los demás lo que han de hacer o cómo tienen que ser; cuando no damos libertad a quienes amamos para que sigan su camino, para que respondan a nuestras expectativas o no lo hagan, sin castigarlos con nuestro tono moralizante, nuestro enfado o nuestro rencor (expresado o no) si deciden alejarse o seguir un camino diferente; cuando no damos libertad al otro para que se quede o se vaya, para que esté o no esté, incluso para que se equivoque o para que no nos ame; cuando nos empeñamos en dar a quien no desea recibir, esto es, cuando imponemos nuestro «amor» de forma voluntarista.

Si no dejamos ser, no amamos de manera genuina. Es un engaño muy común pensar que una relación feliz depende fundamentalmente de que el otro sea la persona adecuada, de que se comporte como nosotros deseamos y nos dé lo que esperamos. Pero, supuesta la buena disposición y la capacidad de amar de la persona con la que nos vinculamos, una relación feliz se construye y se crea día a día y depende sobre todo de nuestra felicidad personal como individuos autónomos, de nuestra generosidad, de nuestra capacidad de ofrecer amor incondicional y de nuestra madurez afectiva.

Responsabilizarnos de nuestras heridas y vacíos, y encontrar en nosotros la fuente del amor

La idea de que solo podemos tener una relación feliz cuando nosotros somos personas felices nos pone en conexión con el siguiente cimiento de las relaciones maduras y plenas: responsabilizarnos de las propias heridas y vacíos, y encontrar en nosotros la fuente del amor.

El amor, en su realidad más radical, es una faceta del Ser, una cualidad esencial. Nuestro fondo es amor. En nosotros mismos ya hay una fuente de amor pleno, incondicional, a la que siempre tenemos acceso. Pero, como vimos al reflexionar sobre los vacíos ontológicos, a veces nos sentimos desconectados de esa fuente por causa de nuestras heridas y contracciones internas: porque no reconocemos de forma sentida nuestro valor sagrado y tenemos la creencia latente de que no somos, de modo intrínseco, suficientemente bellos, dignos, adecuados, valiosos o merecedores de amor; porque hemos cerrado nuestro corazón por miedo a sentir; porque no hemos comprendido, perdonado y aceptado (a alguien o a nosotros mismos).

Estas contracciones hacen que nos sintamos separados de la cualidad esencial del amor. Estos son algunos signos de esta desconexión:

–Perdemos la alegría de vivir.

–Nos volvemos cínicos; no confiamos en el amor y nos cerramos a él. Esto puede darse en ausencia de relaciones, o bien teniendo muchas, pero en las que no hay profundidad.

–Ubicamos fuera de nosotros la fuente del amor e intentamos llenar nuestro vacío de amor con el amor de los demás: con reconocimiento, admiración, validación o aprobación externas, con la construcción de un yo-ideal (de bondad, éxito, perfección...), con seducción y pseudorromanticismo, etcétera. Pero, por esta vía, el vacío de amor nunca se llena; nunca terminamos de sentirnos amados de forma satisfactoria, serena y estable; nuestras exigencias no tienen límite («el otro no me ha dado, o no me da, lo que debería darme») y de aquí los reproches, el resentimiento y la insatisfacción crónica.

Si no somos conscientes de nuestras heridas y vacíos afectivos y de su naturaleza, no nos responsabilizaremos de ellos y no los abordaremos de manera adecuada. Situaremos fuera la causa y la solución de nuestra insatisfacción; culparemos al exterior de nuestro descontento e iremos por la vida exigiendo –a veces compulsiva y apremiantemente– que nos den aquello de lo que nos sentimos carentes.

Solo cuando nos abrimos al amor que somos, podemos amar sin exigencias, de la forma ligera explicada, y solo entonces nos sentimos amados. Sin este contacto, nunca podremos ser saciados por ninguna persona ni realidad concreta. Solo el Amor que somos en lo profundo nos sacia, y solo a través de él nos sacian todas las cosas, también las personas reales con sus carencias y limitaciones.

Cuando nos aceptamos, cuando nos abrimos a sentir sin miedo, cuando reconocemos de forma sentida el valor y belleza de nuestro ser (que este es bueno, inteligente, bello y valioso en su misma esencia), nos descontraemos, hacemos pie en nuestra propia Presencia y coincidimos plenamente con nosotros mismos. Este contacto y apertura permite que fluyan a través de nosotros las cualidades esenciales.

El flujo libre de la cualidad esencial del amor tiene signos muy claros:

–La autoestima y la autoconfianza.

–Los sentimientos de calidez, conexión y comunión con la vida que fluyen desde dentro.

–El gozo de vivir.

–La capacidad de amar a otros genuinamente, sin proyecciones, exigencias ni dependencias.

A menudo, el hecho de que una persona significativa nos exprese reconocimiento o amor genuino, de que nos ame tal como somos, nos facilita abrirnos al reconocimiento del valor y de la belleza de nuestro ser; nos ayuda a decirnos sí. Ahora bien, hay quienes necesitan siempre de la mirada del otro para establecer este contacto, de lo que deducen (al menos en un nivel operativo) que la fuente del amor está fuera y que pasa por el amor y la aprobación de los demás. Pasan por alto que el amor propio que experimentan se origina en que, cuando son mirados con amor, su corazón se descontrae y, por un momento, reciben el amor incondicional que procede de su propio fondo; pasan por alto que la plenitud que experimentan procede, no solo de sentirse amados por el otro, sino, fundamentalmente, del contacto con el Amor que son en su mismo centro.

Decíamos que nunca somos felices en las relaciones si somos personas infelices. No podemos amar a los demás si no nos amamos a nosotros mismos. En primer lugar, hemos de gustar de nosotros (¿cómo, si no, vamos a confiar en gustar a alguien?), hemos de amar nuestra propia vida. En el ámbito de las relaciones interpersonales, todo suele ir bien cuando estamos proactivamente comprometidos con nuestro propio bien, cuando nos responsabilizamos plenamente de nosotros mismos.

Relacionarnos y comunicarnos con vulnerabilidad

Mencionamos, al disertar sobre la vulnerabilidad, que amar es ofrecer a los demás nuestro yo real, no nuestro yo-ideal. La vulnerabilidad, la capacidad de ver y asumir nuestro yo real, de compartirnos desde él, de dejarnos ver y sentir –decíamos–, es la base de la *intimidad* con nosotros mismos, con los demás y con la vida.

La vulnerabilidad es la condición de posibilidad de las relaciones íntimas plenas, pues estas requieren que admitamos nuestra necesidad de amor, que soltemos completamente el control, que nos rindamos a una fuerza que no dominamos y que nos trasciende, que mostremos nuestro yo desnudo, que nos abramos a alegrías y dolores potenciales, a lo desconocido.

El amor es una experiencia de salida de nosotros mismos, de rendición y vulnerabilidad, que solo es posible para quien se ha rendido a lo superior, para quien carece de orgullo y admite su anhelo de amor, para quien no tiene miedo a sentir, para quien no es cínico y tiene fe en el amor, para quien no tiene miedo a revelar su yo real porque se ha confrontado y aceptado (y, por ello, puede aceptar a los demás).

La aventura del desvelamiento permanente

Una relación de pareja se mantiene viva y despierta cuando se fundamenta en la manifestación continua de nuestro yo real, cuando la verdad es más importante que el mantenimiento de la relación. Cuando mantener la relación se considera más importante que la verdad, comienza su declive.

De hecho, uno de los objetivos de la relación de pareja es precisamente ese descubrimiento mutuo permanente. El amor de pareja no se desgasta ni cae en la rutina o en el aburrimiento (el principal enemigo de la relación) cuando los dos miembros se desvelan ante el otro y se interesan por conocer al otro, partiendo de la base de que el fondo de cada ser humano es inagotable; cuando se comunican con transparencia y vulnerabilidad; cuando adquieren el compromiso de crecer a través del vínculo y a través de las dificultades que aparecen en él; cuando consideran que su crecimiento interior y el crecimiento de la relación no están disociados. Sin este compromiso y sin la revelación del yo real, no hace falta ser adivino para saber que la relación tarde o temprano se volverá insatisfactoria (aunque pueda seguir resultando «cómoda»).

La frescura de la relación no se salvaguarda introduciendo, sin más, prácticas y planes novedosos, como a veces recomiendan los terapeutas de pareja. La energía romántica permanece viva cuando los miembros de la pareja no se dan por supuestos ni por conocidos y tienen la capacidad de volver a mirarse como si se vieran por primera vez, cuando mantienen vivo el misterio mutuo y la aventura del descubrimiento permanente.

XIV. La acción bella

Ser un canal de creatividad genuina, en todos los ámbitos de la vida, requiere una actitud de máxima receptividad y, a la vez, de máxima proactividad.

Se profundiza en esta última actitud y se desarrollan cuáles son los cimientos de la acción sabia y centrada:

–Tomar conciencia de que somos cocreadores.

–Enfocar este poder cocreador adecuadamente.

–Tener una dirección clara en nuestra acción. Esta dirección se ha de sostener en la escucha de nuestra guía interna.

–Una vez definida la actividad a la que nos orienta nuestro yo profundo, comprometernos con ello y ponernos a ello.

–Comprender que solo es posible actuar en el presente. Esto implica centrarnos en lo que podemos hacer hoy y hacer todo lo que podamos hacer hoy.

> −Hacerlo bien, de modo que cada acción sea un acto bello y culminado.
>
> −Sabernos cauces e instrumentos y desapegarnos de los frutos y resultados de nuestras acciones.

1. La paradoja de la creatividad

Afirmábamos en el capítulo noveno que, del mismo modo que la creación artística no surge del voluntarismo ni del empeño personal, pues acontece sin ser forzada ni manipulada, tampoco podemos provocar directamente una comprensión genuina o un acto de amor sincero. Este hecho –añadíamos– revela que cada uno de nosotros, como meros individuos, no somos la fuente creadora última de nuestra propia vida. Explicábamos asimismo que este es el fundamento de la humildad genuina, de la «desapropiación» de nuestros dones, del arte de perder la falsa importancia personal.

Ahora bien, y volviendo al ejemplo de la creación artística, la inspiración no puede ser forzada, en efecto, pero, a su vez, la obra de arte no se lleva a cabo si somos pasivos. La materialización de la obra necesita que el artista esté receptivo a la idea creadora, que la acoja y la contemple, que persevere en su realización, que lleve a cabo un trabajo regular y sostenido, que domine la técnica y tenga oficio para poder expresar esa idea adecuadamente, etcétera.

Trasladando esta reflexión a todos los ámbitos de la vida: no somos los creadores últimos de las expresiones más genuinas que buscan abrirse paso a través de nosotros, pero estas no llegan a existir sin nuestra correcta disposición y acción.

Las dos afirmaciones son ciertas, son las dos caras de la misma moneda.

Esta es la paradoja de la creatividad: vivir creativamente, ser un canal de creatividad auténtica, requiere dos actitudes solo aparentemente contrarias: una actitud de máxima *receptividad* –es decir, de escucha y disponibilidad– y una actitud de máxima *proactividad*.

Solo hay creación, en todas las dimensiones de nuestra existencia, cuando se conjugan estas dos actitudes, que se corresponden, respectivamente, con la energía masculina y femenina entendidas en su sentido arquetípico, es decir, como una polaridad energética presente en todo ser humano.

Pero a la mente dualista se le escapa la paradoja. Para la mente dualista, o bien hago o bien no hago, o soy activo o soy receptivo. En efecto, con frecuencia no integramos estas dos actitudes e incurrimos en uno de los dos extremos: en el voluntarismo o en la pasividad.

El *voluntarismo* capta media verdad, la de que sin proactividad no hay desenvolvimiento. Pero incurre en el error de creer que nuestro desenvolvimiento depende exclusivamente de nuestro esfuerzo, del control de nuestra mente y voluntad personales. Frente al voluntarismo, la proactividad de la que hablamos es desapegada, relajada, flexible, acepta lo que es, está dispuesta a cambiar de rumbo cuando sea preciso, se mantiene constantemente a la escucha de la propia guía interna.

A su vez, la *actitud pasiva* de esperar que las cosas sucedan o vengan a nosotros también capta media verdad: la de que, sin receptividad a lo superior, nuestra acción no tiene raíces profundas. Pero pasa por alto que, si bien no somos la fuente creadora última, sí somos sus colaboradores indispensables.[1]

Con frecuencia escucho este tipo comentarios a personas abiertas a la dimensión trascendente de la vida cuando hablan de sus cambios vitales: «Si algo tiene que suceder, sucederá». Por ejemplo, si anhelan tener pareja y no la tienen, quizá comenten: «Si tiene que venir alguien a mi vida, vendrá. La Vida (o Dios) me lo traerá». Estas expresiones a menudo son una justificación de la propia pasividad. Se pasa por alto que lo superior no está disociado de nosotros. La Vida es la fuente creadora última, sí, pero crea a través de nosotros, de nuestros pensamientos, actitudes, decisiones y acciones.

Retomando el ejemplo de la inspiración artística, esperar que las cosas sucedan equivale a que Velázquez se dijera con los brazos cruzados: «Si se tiene que hacer el cuadro de las

---

1. Como tuvimos ocasión de explicar en el capítulo octavo, también el camino espiritual puede incurrir en estos dos extremos: hay caminos espirituales que incurren en el error del voluntarismo y otros que incurren en el de la pasividad.

Meninas, se hará». Todos los grandes creadores son conscientes de que su mera persona no es la fuente última de su acción creadora, pero saben, asimismo, que su proactividad es indispensable para que la obra se realice.

En efecto, la creación genuina, en todos los ámbitos de la vida (y la vida es constante creación), requiere receptividad y proactividad plenas. Dedicamos el capítulo octavo a la primera actitud, a la desapropiación y al silencio del yo. Nos centraremos a continuación en la segunda actitud. Complementaremos todo lo dicho hasta el presente sobre la proactividad interior (cómo ser interiormente activos en nuestros pensamientos y actitudes) con una reflexión sobre la naturaleza de la acción exterior propia de la persona que se vive desde su yo real.

2. Los cimientos de la acción sabia y centrada

Enumeraremos, en concreto, algunos cimientos y requisitos que posibilitan la acción sabia y centrada.

Reconocer nuestro poder cocreador

El primer requisito es *tomar conciencia de que somos cocreadores, reconocer nuestro poder cocreador*.

La inteligencia y la fuerza creadoras que se expresan a través de nosotros son más grandes que nuestra mera persona, pero requieren que nuestra mente y voluntad individuales estén determinadas y enfocadas, requieren de nuestra acción para manifestarse. En este sentido, cabe afirmar que somos centros focales de esa inteligencia y fuerza creadoras, que somos cocreadores.

Continuamente, a lo largo de nuestro día, estamos cocreando realidades, creando mundos, configurando nuestra experiencia con nuestros pensamientos, actitudes, decisiones y acciones. El miedo a nuestra luz y a nuestro poder –decíamos– a veces se manifiesta como temor a reconocer que somos los «administradores» de un ingente poder creador; es más sencillo pensar que somos poca cosa, que podemos hacer poca cosa; es más cómodo pensar que somos víctimas o que nuestras decisiones diarias (internas y externas) tienen poco poder. Asumir nuestro poder creador puede dar miedo porque implica embarcarse en un proceso de singularización, responsabilizarse creativamente de la propia vida, asumir nuestra soledad existencial... Para muchos es más cómodo empequeñecerse, mantenerse en la minoría de edad, no singularizarse, sentirse «uno más».

Enfocar ese poder cocreador adecuadamente

Si el primer requisito es reconocer nuestro poder cocreador, el segundo es enfocar ese poder de manera adecuada, en la dirección y en el ámbito apropiados, esto es, hacer un uso correcto de nuestra voluntad.

Decíamos en el capítulo anterior que amar es «dejar ser». Cuando comprendemos esto, ya no usamos nuestra voluntad personal para forzar a los otros, para cambiarlos, para ajustarlos a nuestras ideas sobre cómo deberían ser (lo cual es una forma de violencia, aunque nos justifiquemos en que «queremos lo mejor para ellos»). Cuando dejamos de utilizar de este modo erróneo nuestra voluntad, se libera mucha fuerza creativa y tenemos la posibilidad de orientarla en la única dirección con sentido: nos volcamos en lo que depende de nosotros, en configurar creativamente nuestra propia vida. No la consumimos intentando cambiar a los demás. Tampoco la invertimos en fantasías irrealizables.

Por ejemplo, si alguien no es feliz en una relación y esta situación se mantiene a lo largo del tiempo, pretender cambiar al otro e instalarse en la queja es más sencillo, para quien no quiere abandonar la «minoría de edad», que responsabilizarse de forma proactiva de la propia vida, lo que quizá implica tomar la decisión de poner fin a esa relación y establecer las condiciones de una vida fecunda y feliz.

Tener una dirección clara en nuestra acción

El tercer cimiento es que nuestra acción tenga una dirección clara. Es fundamental tener claridad sobre nuestras prioridades y nuestra escala de valores, sobre a dónde vamos, qué es lo que queremos realmente hacer y cuál es nuestro lugar en el plan de las cosas. Como afirmaba Séneca, «Ningún viento es propicio para el que no sabe a dónde va».[2]

2. Séneca, *Cartas a Lucilio*, carta LXXI.

Ahora bien, ¿cómo conocer esa dirección? Esta pregunta nos remite al siguiente requisito.

Sostener esa dirección en la escucha de nuestra guía interna

El cuarto requisito es que nuestra acción esté guiada por la escucha de nuestro sentir profundo.

¿A qué actividades nos llama nuestro yo profundo (no nuestro yo-ideal)? ¿Cuál es la dirección que nos proporciona alegría serena y energía estable (no hablamos de la excitación que acompaña al fomento del yo-ideal)? ¿En qué actividad o actividades experimentamos este contento del corazón?

Experimentar alegría serena en una actividad no significa que esta sea fácil, que por momentos no sintamos miedo, que excluya la disciplina, el esfuerzo y los momentos áridos. Nos referimos a aquellas actividades que obedecen a un impulso que surge de lo más íntimo y que nos insta a movilizar nuestros dones más propios, a contribuir con lo mejor de nosotros. De hecho, cuando no seguimos este impulso, sentimos falta de paz y de satisfacción profundas (si somos personas sensibles, incluso enfermamos anímica o físicamente).

Nos podemos sentir llamados a cosas muy diferentes: al servicio, a las relaciones de ayuda, al cuidado de la familia, de otras personas o de la naturaleza, a la educación, a una actividad creativa (pintar, escribir, componer, diseñar, actuar, cocinar...), al compromiso activo con la justicia, a incidir directamente en los cambios sociales o políticos, a la actividad científica, a filosofar, a investigar, a crear entornos bellos y armónicos, a la creación de negocios que aporten valor a la sociedad, a liderar una causa en la que creemos, a secundar y apoyar causas en las que creemos, etcétera.

Muchas personas no reconocen qué es aquello que les permite contribuir de forma alegre y significativa porque no se sienten llamadas a una actividad específica. Pero estas personas siguen teniendo una vocación clara: la de movilizar sus mejores cualidades en las acciones que lleven a cabo. En estos casos, es importante que elijamos una actividad de entre las varias que permiten que encaucemos nuestros dones y que nos comprometamos firmemente con ella.

Es fundamental no incurrir en el error de establecer falsas categorías: importante o menos importante. Por ejemplo, ¿son más importantes las labores públicas que las labores de cuidado? En absoluto. Estas últimas, de hecho, se ocupan de lo más importante. Que no nos engañe la falsa escala de valores dominante. Podemos estar llamados a realizar una tarea anónima, que no proporciona brillo aparente en el mundo; o, a la inversa, quizá para llevar a cabo nuestra tarea tenemos que vencer la resistencia a exponernos, a salir del anonimato.

«Todo el mundo es un genio. Pero si juzgas a un pez por su habilidad para trepar árboles, vivirá toda su vida pensando que es tonto e inútil».[3] Efectivamente, todo el mundo tiene

---

3.   Frase difundida en internet, a menudo falsamente atribuida a Einstein.

dones para algo; todo el mundo es un genio en algo. Pero a veces no reconocemos nuestros dones porque nos medimos con parámetros falsos: con la escala de valores de nuestro entorno inmediato, con la de nuestro yo-ideal, con lo que más se valora en el escaparate social, con lo que creemos que nos otorgará más aprobación externa, etcétera.

Ponernos a ello

El quinto requisito es el de ponernos a ello con flexibilidad y confianza. Cuando comprendemos cuál es la dirección que hemos de seguir, cuál es la actividad a la que nos orienta nuestra verdad profunda, y cuando comprendemos que tenemos que sostener esa dirección y esa acción en la escucha de nuestra guía interna, el siguiente requisito es, sencillamente, el de ponernos a ello. Y ponernos con confianza, sin tener ninguna duda de que daremos los frutos que tenemos que dar porque eso es lo que la vida quiere, porque tenemos como aliada a la realidad, que quiere abrirse paso de esa manera a través de nosotros; y también con flexibilidad, porque la forma en que vamos a desenvolver esos dones a menudo no se va a corresponder con el modo, los tiempos y el ritmo que habíamos imaginado.

Sea como sea, nos comprometemos firmemente con ello, lo que implica estructurar nuestra vida en función de eso y, al mismo tiempo, simplificarla, eliminando lo que nos distrae de esa dirección prioritaria que queremos dar a nuestra vida, de lo realmente importante. En estos tiempos de aceleración, ruido e hiperactividad es fundamental tener presente que la simplicidad es una profunda necesidad espiritual.

Hacer todo lo que podamos hacer hoy

El sexto requisito es comprender que, puesto que solo el ahora es real (el recuerdo del pasado y la anticipación del futuro acontecen siempre ahora), únicamente podemos actuar en el presente.

Una vez clarificado a qué nos llama nuestro yo profundo, y una vez comprometidos con avanzar en esa dirección, es muy importante recordar que nuestro lugar de poder es el presente. Dicho de otro modo, en este compromiso, nos centramos exclusivamente en lo que podemos hacer hoy.

Ahí ponemos toda nuestra energía y atención.

No perdemos tiempo en lamentar lo que hicimos o no hicimos.

No nos entretenemos cavilando sobre todo lo que tendremos que hacer en el futuro (lo que conduce a la pasividad y al desánimo en el presente).

Hacerlo bien

Hacemos cada día lo que podemos hacer ese día, y, además –y este es el séptimo requisito–, lo hacemos bien, de modo que cada acción sea un acto bello y culminado.

Nuestras acciones diarias son de muy diverso tipo: nuestro trabajo, cuidar nuestros vínculos, las actividades lúdicas, las ordenadas al cultivo de nuestra mente y de nuestro espíritu, las que nos permiten avanzar en dirección a nuestro objetivo vital fundamental, el arreglo personal, limpiar, comprar, cocinar...; llevamos a cabo actividades orientadas a satisfacer nuestras necesidades físicas, emocionales, mentales y espirituales, nuestras necesidades de crecimiento y de contribución, etcétera.

Pues bien, lo único que nos demanda el camino de la acción sabia es que hagamos hoy lo que podamos hacer hoy.

Y que, además, lo hagamos bien.

No hablamos de perfeccionismo, porque ninguna acción humana es perfecta, tampoco de remitirnos a referentes ideales de corrección, sino, sencillamente, de culminar cada acción: que cada acción sea un círculo que se cierra, una acción lograda, una acción bella. Y sin diferenciar entre acciones superiores e inferiores. Todas pueden ser igualmente acciones culminadas.

Hacer todo lo que podamos hacer hoy en ningún caso implica hacer mucho. De hecho, hacer mucho es incompatible con hacer las cosas bien, serena y bellamente. A hacer mucho es a lo que a menudo impele la avidez del yo-ideal. Hacerlo bien, en cambio, equivale a no pretender hacer más de lo que podamos hacer con paz y felicidad.

Y cuando nos centramos en la acción presente, en hacer lo que podemos hacer hoy y en culminar cada acción, descansamos plenamente en el presente y dejamos que el futuro cuide de sí mismo.

La acción bella   **385**

Así que no os agobiéis por el mañana porque el mañana traerá su propio agobio. A cada día le basta su afán.

Mateo 6, 34

Si cada día nos centramos en lo que podemos hacer ese día y en que cada acción sea completa, se tratará de un día logrado.

Solo cuando hacemos lo que podemos hacer hoy y culminamos cada acción, estamos en paz con nosotros mismos y con nuestra vida.

Desapegarnos del resultado de la acción

Centrarnos en la acción presente solo es posible si nos desapegamos del resultado y del fruto de nuestras acciones.

No hay que interpretar mal el significado de este desapego. No hablamos de que no nos incumba que nuestra acción sea eficaz (por ejemplo, si construimos un puente, nos concierne que cumpla su función; entre otras cosas, que la gente que transite por él no resbale y se caiga, como sucede en el puente de la Constitución de Venecia). Significa que las consecuencias indirectas que trae consigo nuestra actividad (estatus, éxito, poder, reconocimiento externo...) no son nuestro objetivo; significa que no buscamos directamente estos resultados con el fin de recrearnos en ellos, engrosar nuestra autoimagen y alimentar un yo-ideal.

Pondremos algunos ejemplos de apego al resultado de la acción:

No ayudo a los demás desinteresadamente, por el bien del acto mismo, sino que estoy a la espera de que se reconozca mi labor para cultivar ante los demás un «yo-ideal bueno».

Si soy un científico, no investigo y comparto mis conocimientos para servir a la verdad, con honestidad, dedicación, amor y seriedad, sino que estoy esperando renombre, reconocimiento y fama. Por ejemplo, quizá manipulo ligeramente los datos para que un artículo científico me cuadre, o quizá envidio a otros científicos que percibo como la competencia.

O medito para iluminarme.

O me comporto bien para que Dios me otorgue un lugar en el cielo.

O, si soy político, actúo en función de las encuestas porque me interesa el poder, no la acción justa en sí.

El camino descrito resuena con la propuesta india del *karma yoga* o yoga de la acción, bellamente expuesta en la *Bhagavad Gita*. En esta obra, Krishna se dirige a Arjuna y le instruye acerca de cuál es el secreto de la acción pura: se recorre el «sendero de la acción» cuando se realizan las acciones diarias, aquello que cada cual ha de hacer, abandonando el apego a los resultados de las propias obras. Quien procede de esta manera convierte sus acciones en una ofrenda, en un acto de amor devocional.

Te enseñaré la Verdad que hace que una acción sea pura y esta verdad te hará libre. [...]

La acción bella   **387**

Aquel cuyas intenciones están libres del deseo y la codicia […] Un ser humano tal, que ha renunciado al fruto de sus acciones, está siempre contento, libre de envidia y de toda dependencia. Aunque interviene en la acción, no actúa.

[…] Se contenta con cualquier cosa que el destino le depara, pues está más allá de la dualidad de este mundo. Se muestra íntegro tanto en el éxito como en el fracaso, sin ningún síntoma de codicia y de celos. Sus acciones no le atan.

Esto es liberación. Su mente ha encontrado paz en la sabiduría y está libre de toda atadura; sus obras son actos de amor devocional. Las acciones de un ser humano así son puras.

[…] El devoto que renuncia al fruto de sus acciones consigue la paz eterna. Por el contrario, quien, acuciado por sus deseos y carente de devoción, busca la recompensa de sus acciones, se encadena a la esclavitud del apego a los resultados.

Bhagavad Gita

Quien pone su fin en la acción misma, prosigue Krishna, comprende: «yo no hago nada»; mi mente, mis sentidos, mi cuerpo, mi razón «son tan solo los sirvientes de mi alma».

Cuando las actividades diarias se realizan sin apego a los frutos de la acción, la motivación se vuelve pura: nuestras acciones se convierten en una forma de donación, de entrega y de servicio. De nuevo, no ponemos la acción al servicio de nuestra persona, sino que nos ponemos nosotros al servicio de la acción valiosa en sí.

Las claves ofrecidas son sencillas, pero muy poderosas cuando se llevan a la práctica. Abren todo un camino de vida: el de la entrega y la paz a través de la acción.

3. Signos de la acción no centrada

En contraste con lo que venimos describiendo, ¿cuáles son las características de la acción descentrada?

–Cuando la acción no es sabia, estamos identificados con lo que hacemos y con los frutos de lo que hacemos. A través del apego a estos frutos, buscamos alimentar una cierta autoimagen.

–No pensamos en términos de acción lograda y bella, sino de éxito y fracaso personal.

–Buscamos, a través de nuestra acción, obtener un beneficio extrínseco a la acción en sí: ser reconocidos, valorados y amados, lograr poder o estatus, realizar cierto yo-ideal…

–Establecemos categorías entre las acciones: consideramos más importantes las que otorgan esos beneficios, de modo que en las otras no ponemos nuestra mejor dedicación. Procuramos fundamentalmente la «virtud» pública (que es una falsa virtud) y no la virtud anónima.

–Nuestra actividad se convierte en una dramatización de los argumentos del yo superficial. Quienes se identifican con los resultados de su acción suelen experimentar grandes altibajos: alternan entre la excitación o los delirios de grandeza

La acción bella   **389**

y el desánimo y el bloqueo (cualquier dificultad o crítica les hunde y les provoca dudas sobre sí mismos); se adentran en la montaña rusa de la «mente que especula»:[4] «valgo mucho», «no valgo», «soy muy bueno», «soy mediocre»...[5]

–La identificación con los frutos de la acción se puede traducir en actitudes aparentemente opuestas, pero que no lo son: la avidez y la parálisis.

La ambición excesiva, la impaciencia, las prisas o la avidez son propias de quienes hacen más de lo que pueden hacer con paz y felicidad. Sienten constantemente que hay que rentabilizar el tiempo, que, si se relajan, van a perder oportunidades. No se centran en lo que pueden hacer hoy, sino que adelantan mentalmente, con apego e inquietud, lo que podrá suceder o querrían que sucediera. Incurren en la hiperactividad superficial, porque les interesa el resultado y no el proceso. A veces buscan conseguir esos resultados en poco tiempo, eludiendo la paciencia, la perseverancia, el esfuerzo, la disciplina, la rutina, las tareas arduas (cualquier actividad vocacional necesariamente pasa por momentos difíciles); o bien no vuelcan su energía en hacer bien su trabajo, sino en venderlo y en venderse a sí mismos, en encontrar contactos... En definitiva, buscan atajos, caminos cortos.

---

4. *Cfr*. la distinción entre la «mente que especula» y la «mente funcional» en el apartado «La ilusión de ser el hacedor» del capítulo VIII de este libro.
5. Esta dinámica es particularmente frecuente entre quienes realizan actividades creativas, lo que puede dar lugar a un tipo de neurosis característica de los artistas.

El coraje de ser

En el ámbito de las actividades creativas, esta actitud se manifiesta, entre otras cosas, en que se deja todo a expensas de la inspiración. Se tiene la fantasía de hacer algo grande sin trabajo ni esfuerzo. A veces se intenta forzar o manipular la inspiración a través del consumo de sustancias, de experiencias, etcétera.

Por otra parte, *la inhibición y la parálisis en la acción* son propias de las personas que incurren en el retraimiento en su proyección vocacional o profesional. Experimentan bloqueos misteriosos, que ocultan, en el fondo, pavor al fracaso, porque tienen un gran apego a los resultados de su actividad, lo que les hace muy susceptibles. Estas personas no actúan, o bien actúan sin comprometerse del todo con su tarea, desde el pensamiento inconsciente de que, de esta manera, eluden la posibilidad de fracasar.

En algunas personas, la pereza enmascara el miedo a no hacerlo bien, a la exposición y al juicio (pues, cuando hacemos nuestra obra, nos exponemos). Estas personas a veces experimentan un empuje inicial, pero, si las cosas no salen bien muy pronto, concluyen rápidamente que no valen, incurren en la rendición precipitada y en el abandono.

Hay personas en las que predomina la avidez; en otras, la inhibición; en otras, ambas actitudes se alternan. En todos los casos, se vive la propia actividad de un modo demasiado personal; no nos ponemos al servicio de la acción que se hace a través de nosotros, sino que ponemos la acción, o la evitación de la acción, a nuestro servicio: para sostener un yo-ideal, para llenar nuestros vacíos de identidad, valía, amor o idoneidad, para evitar experimentar una herida narcisista, etcétera.

Cuando una persona es un canal genuino, no existe en ella ese ruido mental. Todo se torna sencillo: trabaja y punto. Hace lo que tiene que hacer cada día. Y lo hace sin pretensiones: no se da importancia, no tiene ninguna grandilocuencia con respecto a sí misma ni a lo que hace. Pone el énfasis en la regularidad y en el oficio, no en la inspiración, porque no se la apropia. Sabe que la dedicación y la perseverancia son todo. En las actividades creativas, no espera la gran inspiración; y, por eso mismo, esta opera a través de esa persona, pues allí donde hay un canal limpio, sinceridad, desapropiación y oficio, la inspiración se abre paso y actúa.

Esta persona no vive su tarea de forma demasiado personal ni se identifica con ella. Se expone cuando tiene que hacerlo porque no teme verse en el espejo de la realidad. Encaja las críticas, no le paralizan, y no se envanece con las alabanzas. No busca, a través de su acción, poder, amor, reconocimiento, aprobación o atención. Actúa por amor a lo que hace, al trabajo mismo, a las personas y a los valores a los que sirve. No establece categorías entre acciones; pone esa dedicación amorosa en todas ellas.

—Otra manifestación de la acción descentrada es la actitud de esperar a dar lo mejor de sí cuando se tenga la situación ideal. Por ejemplo, quizá no nos reconocemos en lo que hacemos, pues creemos que nuestro trabajo no es el adecuado; quizá tampoco en nuestras circunstancias (sentimos que no estamos con la persona adecuada, en la situación de vida o en el ambiente en el que queremos estar). Fantaseamos con el trabajo ideal, la situación o circunstancia ideal, la pareja ideal... Tenemos una actitud pasiva de estar a la espera y, en consecuencia, hacemos con desgana lo que tenemos que hacer hoy; no ponemos lo mejor de nosotros en la acción y situación presentes.

Si pasan los días de manera que un buen número de nuestras acciones diarias no son acciones bellas, redondas, logradas, ¿cómo nos vamos a sentir? Fracasados y vacíos.

Nos podemos engañar pensando que nos sentimos así porque no nos gusta lo que hacemos, porque la vida no nos da lo que queremos. Pero nos sentimos así porque no hacemos bien lo que tenemos que hacer y porque no hacemos todo lo que podemos hacer hoy (lo que incluye poner los medios para cambiar de actividad o de circunstancias, si es lo que queremos y si está en nuestra mano). Nos sentimos mal porque no estamos poniendo lo mejor de nosotros en la acción.

Esperar a que llegue la situación ideal para ofrecer lo mejor de nosotros es un engaño; de hecho, sucede todo lo contrario: solo a través de nuestra acción completa, cuando hacemos bien lo que tenemos que hacer hoy, culminamos nuestra experiencia actual y establecemos las condiciones para abrirnos a una situación nueva. Solo cuando pasamos bien la página del presente se puede iniciar un nuevo capítulo de nuestra vida.

La lógica competitiva versus la lógica creativa

–Otro signo de la acción descentrada es que en ella hay comparación y competición. Quienes se desenvuelven en la lógica competitiva se comparan. Ven con inquietud que otros hagan lo mismo o algo similar. Les incumbe lo que hacen los demás: los otros son la competencia, o bien son los medios y los peldaños para alcanzar sus objetivos. A menudo, estas personas no encauzan en su actividad lo que les sale de lo más hondo, sino lo que creen que les otorgará un lugar destacado según parámetros competitivos. Por ejemplo, el artista que hace concesiones a la galería lo justifica en que necesita la fama y su rédito económico para poder dedicarse a lo que ama; el problema es que, cuando la consiga, ya habrá perdido su alma, la fuente de la inspiración.

Quien es un canal genuino no vive en la lógica competitiva, sino en la lógica creativa. No está pendiente de lo que hacen los demás. Sabe que la expresión de cada cual es singular y que lo singular no es comparable. Sabe que nadie que obra auténticamente quita nada a otros («Cuando yo creo, el mundo se enriquece, y cuando otro crea, el mundo se enriquece»). Una flor no siente que las demás flores y plantas sean la competencia.

Para la persona que actúa desde la lógica competitiva, existen unos pocos huecos que muchos quieren ocupar. Teme, por tanto, que alguien ocupe el sitio por ella deseado. Quien actúa desde la lógica creativa no tiene esta mentalidad de escasez.

394 El coraje de ser

Sabe que todos tenemos un sitio. Sabe que el potencial creativo de la vida y el suyo son inagotables, ilimitados, y que todo el que ofrece algo auténtico crea su propio lugar y encuentra sus interlocutores.

–Otra característica de quien se desenvuelve en la lógica competitiva es la propensión a la crítica innecesaria. Como dijimos al hablar del miedo a la propia luz, quienes protagonizan su propia vida con creatividad y libertad no critican: inspiran, alientan y ayudan.

–Por último, hay personas que no se apegan a los frutos de su acción ni alimentan con ellos un yo-ideal, pero que tampoco recorren el sendero de la acción sabia porque no tienen una dirección clara o porque no han vislumbrado la belleza y la importancia de sus acciones diarias, porque no reconocen que son administradoras de un gran poder creador.

4. Ser cauces o instrumentos de la vida: «Solo hemos hecho lo que debíamos hacer»

> ¿Acaso quien tiene un siervo ha de darle las gracias porque hizo lo que le fue mandado? De igual modo, vosotros, cuando hayáis hecho todo lo que os fue mandado, decid: «Somos siervos inútiles; hemos hecho lo que debíamos hacer».
>
> Lucas 17, 7-10

Estas palabras del Evangelio resumen la actitud de aquel cuya acción es sabia. Esta persona no siente que esté haciendo nada especial, sino, sencillamente, lo que tiene que hacer.

Cuando tenemos esta actitud, somos cauces, instrumentos de la vida. Como hemos aclarado, ser instrumento de la vida no equivale a permanecer pasivos esperando a que la vida nos utilice. Un instrumento blando es inservible. Ser instrumento es seguir el camino descrito de la acción bella.

Y de este modo, gracias a nuestras pequeñas acciones diarias hechas con amor y sin apego a los frutos de la acción, sucederán muchas cosas buenas; se establecerán numerosas conexiones que, a su vez, posibilitarán creaciones muy hermosas. Algunas las veremos; la mayoría, no las veremos. Muchas personas mueren sin ver el completo despliegue de sus acciones y las ricas consecuencias que de ellas se derivan.

Si comparamos el mundo con un tapiz, cabría decir que de nosotros solo depende dar bien unas pequeñas puntadas. No depende de nosotros diseñar el dibujo global del tapiz (cuando nos preocupamos por el futuro y por las derivaciones de nuestras acciones, pretendemos ocupar el lugar del gran diseñador). De estas puntadas bien hechas depende la belleza del gran tapiz de la vida.

En efecto, muchos efectos benéficos resultan de nuestras acciones cotidianas y anónimas. Pero la persona que está centrada ni siquiera piensa demasiado en ello («¡Qué gran labor he de prestar!»). Se toma tan en serio las pequeñas acciones o puntadas diarias como se toma a la ligera a sí misma. Sencillamente piensa:

Soy un siervo inútil; solo he hecho lo que debía hacer.

LUCAS 17, 7-10

«Yo no hago nada». Soy tan solo el «sirviente de mi alma».

Bhagavad Gita

Epílogo

A lo largo de estas páginas, nos hemos ido deteniendo en intuiciones sapienciales primordiales que iluminan, a su vez, distintas vertientes de la práctica del autoconocimiento filosófico sapiencial.

Como ha evidenciado este recorrido, hace falta una determinación firme y confiada –que no procede de nuestro empeño personal, sino que es fruto del amor incondicional a la verdad– para seguir la máxima «Conócete a ti mismo»: para ser luz para uno mismo y descansar en nuestro criterio íntimo; afrontar la verdad sobre nosotros; querer ver hasta el final la realidad interna y externa sin desfigurarla; asumir nuestra «soledad existencial» y abandonar la búsqueda de aprobación; soltar personajes que nos revisten, defensas, aferramientos y obstinaciones; recorrer el camino de la vulnerabilidad y reconocernos como seres imperfectos; examinar nuestras ideas más arraigadas; entrar en contacto con nuestros sentimientos reales y atravesar nuestros vacíos internos; asumir serenamente tanto nuestra sombra como nuestra luz; amar dando libertad al otro y dejándolo ser; revelarnos en las relaciones íntimas y ser nosotros mismos con los demás; avanzar por el camino con el que más se alegra nuestro corazón; decir sí a la propia vida y vivir al día; asumir que no somos la fuente última de lo que acontece en nosotros y rendirnos al Misterio que nos sostiene; «aceptar ser guiados desde el interior y permitir que la vida se convierta en una aventura hacia lo desconocido» (Nisargadatta). O, acudiendo a una imagen platónica, hace falta valor para romper las cadenas y franquear los muros de la caverna, los que nos ocultan la Luz, el Calor y el Poder de nuestra Presencia, de nuestra verdadera identidad.

Las muletas y las ilusiones nos debilitan. Sin coraje no puede haber verdadero vigor, consistencia ni fortaleza interiores. Sin él no es posible la aventura del autoconocimiento: la única que nos permite vivir auténticamente –no meramente existir– y ser lo que estamos llamados a ser.

Bibliografía

(Incluye solo los libros citados)

ARISTÓTELES. *Ética a Nicómano*. Alianza Editorial, Madrid, 1999.

Bhagavad Gita. Edición bilingüe con comentarios finales de Roberto Pla. Etnos, Madrid, 1997.

BORGES, JORGE LUIS. *Inquisiciones. Otras inquisiciones*. Penguin Random House Grupo Editorial, Barcelona, 2011.

CAMUS, ALBERT. *Bodas y El verano*. Penguin Random House Grupo Editorial, Barcelona, 2020.

CAVALLÉ, MÓNICA. *El arte de ser. Filosofía sapiencial para el autoconocimiento y la transformación*. Kairós, Barcelona, 2017.

—. *La sabiduría recobrada. Filosofía como terapia*. Oberón (Grupo Anaya), Madrid, 2002 / Kairós, Barcelona, 2011.

—. *Arte de vivir, arte de pensar. Iniciación al asesoramiento filosófico*. Desclée de Brouwer, Bilbao, 2007 (varios autores).

ECKHART, MAESTRO. *Tratados y Sermones*. Edhasa, Barcelona, 1983.

EMERSON, RALPH WALDO. *Essays & Lectures*. The Library of America, Nueva York, 1983.

—. *Confía en ti mismo*. Libros Río Nuevo, Barcelona, 1997.

EPICTETO. *Manual. Fragmentos*. Gredos, Madrid, 1995.

HESSE, HERMAN. *Siddharta*. Editores Mexicanos Unidos, México, 1975.

KANT, IMMANUEL. *La metafísica de las costumbres*. Tecnos, Madrid, 2005.

KIERKEGAARD, SØREN. *Los lirios del campo y las aves del cielo*. Rialp, Madrid, 2014.

KRISHNAMURTI, JIDDU. *El conocimiento de uno mismo*. Kairós, Barcelona, 1999.

Los estoicos antiguos. Introducción, traducción y notas de Ángel J. Cappeletti. Gredos, Madrid, 1996.

NISARGADATTA MAHARAJ. *Yo soy Eso*. Sirio, Málaga, 1988.

PESSOA, FERNANDO. *Libro del desasosiego*. Sex Barral, Barcelona, 2008.

PLATÓN. *Obras completas*. Aguilar, Madrid, 1988.

PLOTINO. *Enéadas* I-II. Gredos, Madrid, 1992.

RAMANA MAHARSHI. *Sé lo que eres. Las enseñanzas de Ramana Maharshi*. Sri Ramanasramam, Tiruvannamalai, 1994.

RODRÍGUEZ, MARIBEL. *Más allá del narcisismo espiritual*. Editorial Desclée De Brouwer, Bilbao, 2022.

SCHOPENHAUER, ARTHUR. *El mundo como voluntad y representación*. Akal, Madrid, 2005.

SÉNECA, LUCIO ANNEO. *Obras completas*. Aguilar, Madrid, 1961.

SHELER, MAX. *Ética. Nuevo ensayo de fundamentación de un personalismo ético*. Caparrós Editores, Madrid, 2001.

SPINOZA, BARUCH. *Ética*. Alianza Editorial, Madrid, 1999.

— . *Tratado breve*. Alianza Editorial, Madrid, 1990.

SWAMI RAMA TIRTHA. *In Woods of God-Realization*.

WEIL, SIMONE. *La persona y lo sagrado*. Hermida Editores, Madrid, 2019.

—. *Nota para la supresión general de los partidos políticos.* Precedido de "Desterrar los partidos políticos" por André Breton. José J. de Olañeta, Barcelona, 2014.

WELWOOD, JOHN. *Perfect Love, Imperfect Relationships: Healing the Wound of the Heart.* Trumpeter, Boston & London, 2011.

WILDE, OSCAR. *El alma del hombre bajo el socialismo.* Tusquets, Barcelona, 1975.

ZWEIG, STEFAN. *El misterio de la creación artística.* Sequitur, Madrid, 2015.

Agradecimientos

Mi gratitud a los amigos que, generosamente, me han dado sus consejos tras la lectura del texto y me han ayudado a depurarlo: Luisa López, Teresa Gaztelu, Alejo Etchart y Ana Pániker.

A todos ellos, y a Rafael Sánchez, Carmen Sánchez de las Heras, Amable López, Margarita Cepeda y Rafael Leiva, por sus sugerencias acerca del libro, la finura de su mirada y su apoyo incondicional.

A los amigos filósofos de la Escuela de Filosofía Sapiencial y a los compañeros de los Diálogos Filosóficos, por conformar un grupo humano en el que priman la libertad, la honestidad, el apoyo mutuo y el amor a la verdad.

A Agustín Pániker, por confiar en mí.

A Hugo Alcol, por su constante sostén.

editorial **K**airós

Puede recibir información sobre
nuestros libros y colecciones inscribiéndose en:

www.editorialkairos.com
www.editorialkairos.com/newsletter.html

Numancia, 117-121 • 08029 Barcelona • España
tel. +34 934 949 490 • info@editorialkairos.com